中国管理思想精粹

【第三辑】 "（学）派" 系列　吴

儒家行为管理

Confucian Behavior Management

（第二版）

余焕新　著

经济管理出版社

ECONOMY & MANAGEMENT PUBLISHING HOUSE

图书在版编目(CIP)数据

儒家行为管理/余焕新著.—2版.—北京:经济管理出版社,2017.2

ISBN 978-7-5096-4987-9

Ⅰ.①儒… Ⅱ.①余… Ⅲ.①儒家—管理学—研究
Ⅳ.①B222.05②C93

中国版本图书馆 CIP 数据核字(2017)第 043540 号

出版发行:*经 济 管 理 出 版 社*

北京市海淀区北蜂窝 8 号中雅大厦 11 层

电话:(010)51915602　　　　邮编:100038

印刷:玉田县昊达印刷有限公司　　　　经销:新华书店

组稿编辑:杜　菲　　　　　　　责任编辑:杜　菲
责任印制:黄　铄　　　　　　　责任校对:曹　平

720mm×1000mm/16　　　　　13.5 印张　　　268 千字
2017 年 2 月第 1 版　　　　　2017 年 2 月第 1 次印刷

定价:88.00 元

书号:ISBN 978-7-5096-4987-9

前　言

　　行为管理研究涉及管理学、经济学、法律学、伦理学、心理学、文化学等众多学科，它以动机、态度、知觉、激励、契约、人际沟通、群体结构、领导行为以及权力、工作设计和工作压力为研究对象，常常通过提出假设、设置变量、建构模型，探讨行为管理方法和策略。如为解决委托—代理（Principle-agent）关系中的败德行为（Moral Hazard），Ross、Harris、Raviv、Mirrlees、Zenger 等人设计了一种使代理人合理进行自我选择（Self-selection）的契约，Mirrlees 还因此获得了 1996 年诺贝尔经济学奖。

　　然而正如药方越多意味着顽症，近年来，世界范围的行为管理实践问题多多，如经营不守法问题、实行任期制的官员的短期行为问题、社会公众的道德行为滑坡问题、官员的腐败行为治理困难问题等。在著名的美国安然公司案件中，审计专家在查阅美国安然公司 2000 年度报告中发现，17 名董事中，除董事会主席和 CEO 外，其余 15 名均为独立董事，其中不乏著名社会人士，包括已退休的斯坦福大学商学院院长。但即使是这些德高望重的独立董事也不能为股东把好对管理人员的监督关，导致投资者遭受惨重损失。甚至巡店理货员的行为也是厂家管理的一个盲区，因为巡店理货员工作环境存在极强的流动性，工作内容又往往以过程改进为主，因此厂家很难对此实施量化考核，结果出现理货员"早晚报到，中间睡觉"的可怕行为。

　　古语说"有道无术，术尚可求；有术无道，止于术"。技术是不可或缺的，但技术不是万能的，行为管理在技术和方法之上还存在管理之"道"。

这里也引用一下被广泛引用的瑞典籍诺贝尔物理学奖获得者汉内斯·阿尔文所言："人类要生存下去，就必须回到25个世纪之前，去汲取孔子的智慧。"儒家思想中并不具备现代组织行为学中那样庞大、缜密的行为管理理论，但是其中关于行为管理的智慧是震古烁今的。儒学是仁学，而"仁"字出现在3000多年前，在甲古文中就已经有了，"仁"即指人与人之间相依相耦的关系。"仁"是儒家思想的核心概念，可以说，儒家文化就是关于关系和沟通的学说。而人际关系正是现代行为管理的中心，可见儒家学说内蕴行为管理之道。

现代行为管理学从心理学上的能力、人格、情绪、动机、知觉等方面，对个体行为进行条分缕析。而在儒家看来，个体管理归根结蒂是如何做人的问题。做人，修身是根本。儒学是"为己之学"，儒家认为管理的最终目的是人生精神境界的提升，推动人与自然的和谐与共同进步。为此，作为管理主体的人应架构起生命的宽宏格局，管理者既要积极进取、发愤有为，又要保有诗意情怀、宁静心灵，还要始终维持内省的勇气，保持一份对神圣的敬畏。

21世纪是一个团队至上的时代，所有事业都将是团队事业，因而团队运作方法、绩效管理成为团队管理研究的热点。从儒家学说中我们领会到，团队管理的要诀在于"和"。儒家和而不同、群而不党的思想既是团队建设的基本方针，也提示了团队管理的策略措施。

在我们看来，儒家"忠"、"恕"二字道破了沟通的不二法门，而儒家"三贵之道"、"君子九思"则提示了人际沟通的要领。

现代领导学说可谓丰富极了，如特质理论、行为理论、权变理论等，对领导科学进行了多角度、多层次的探讨。儒家说"政者，正也"，一语道出领导影响力的来源。"道之以德，齐之以礼"之于领导方略，"中庸守常"之于领导思维，"无为而治"之于领导艺术，都具有深刻的启迪意义。

与西方官僚制组织形态迥异，在东方存在一种伦理型的组织理念与组织形态。这样的组织都是以家庭关系为基础，以"家"为原型的。它倡导明分使群、因材任使的组织管理方式，儒家的核心概念"义"、"仁"包含着对组织社会责任的深刻体认。

　　管理是一种文化，文化是一种行为方式，儒家文化在形成中国人的文化心理和性格方面有着根本的影响。有效的管理必须结合特定的民族传统文化。任何社会的文化都在塑造社会人格，社会中个人虽有各种独特的差异，但其在人格上也有个人不能逃避的一种文化标记。人的行为具有文化性、传统性，思维方式有民族性，所以行为管理方式必须适应民族文化传统。如西方行为管理理论建构的激励模式及公司治理结构对人的行为的规范和引导发挥了重大的作用，取得了很大的成功。但是，这些做法在中国的效力却打了折扣。尽管有学者从股权结构、组织方式等方面寻找中国公司治理问题的原因，但深层次原因则在文化上，从而使在西方被奉为公司治理圭臬的委托—代理模式在中国也发生了变形，出现了"橘生淮南而为枳"的状况。有效的管理必须结合特定的民族传统文化。传统往往是相当稳定的，通常社会组织方式、经济活动形式发生了显著变化，而由文化塑型的人的行为方式、思维习惯则较少发生变化。管理理论和管理模式越是与特定的文化背景相吻合，就越能发挥其功效。因而"抛弃传统应该看成是新事业的一种代价，保留传统则应算是新事业的一种收益"。① 研究儒家行为管理思想，对于指导中国现时代的管理实践，提升人力资源效率也是十分必要的。

---

① ［美］希尔斯．论传统［M］．中译本．上海：上海人民出版社，1991

Abstract

In Confucianism discourse, "Confucianism" equals to "the doctrine of benevolence", and benevolence means interdependent and promotive mutually relation. Interpersonal relationship is the core of modern organization behavior management. In other words, Confucianism is a theory about relationships and communication, which grasps the supreme principle of behavior management.

For the Confucians, the theme problems of individual behavior management can all be reduced to how to conduct oneself. Confucianism is a philosophy of "For Ego", and it views that the ultimate goal of management is to raise human's spirit state. Consequently as the subject of management, man should acquire a broader mental outlook, have enterprising spirit and firm resolve to succeed, while preserve a peaceful mind free from the disturbance of sense object, maintain to be introspective, hold a solemn awe and reverence toward holy things.

Confucianism believes that the art of team management consists in harmony. Harmony but not uniformity, being sociable but not clannish is the basic principle of team management, which inspires us with strategies and initiatives for team management.

Confucian "loyalty" and "magnanimity" blurt out the truth of communication, and it's a great strategy to overcome the communication barrier successfully. The Confucians say "administration depends on self cultiva-

Abstract

tion", which reveals the source of influence.

Confucian views have the value of profound enlightenment，such as leading by virtue and uniformizing by the rules of propriety for leadership strategy，doctrine of means for the leaders thinking course，governing efficiently without exertion for art of leadership.

In Confucianism-dominated Asian countries，there is an ethical organization form and organization structure，which is based on family relationship，advocates defining clearly responsibilities and distributing rationally work. Confucianism realizes profoundly social responsibility of organization through the central ethics ideas of Righteousness and Benevolence.

目　录

Contents

第一章

绪 论

　　管理是一种文化，文化是一种行为方式，儒家文化在形成中国人的文化心理和性格方面有着根本的影响。儒家管理思想具有天人一体的管理哲学、以和为贵的管理目标、德性可塑的人性论、以民为本的价值取向等基本特征。知识经济、信息社会、全球化的时代，人类社会呈现出某些回归传统的迹象，管理思想正经历着历史性的东方回归，发源于先秦时期的儒家思想可以穿越时空，给今天的管理实践以启迪。

第一节　管理是文化的产儿

一、管理是一种文化

趣味阅读

　　一头牛、一只鸡和一片水草，如果把它们分为两类，是鸡应该跟牛归在一起，还是水草应该跟牛归在一起？研究发现，中国人在进行归类分析的时候，愿意根据事物的关系来进行归类，中国人认为牛要吃草，所以把水草跟牛归在一起。西方人则是根据事物的本质和本性来进行归类。鸡跟牛都属于动物，所以西方人把它们归在一起。

　　这两种不同的归类方式反映了东西方不同的思维及行为方式。

　　管理是人类为了实现社会生活有序化和高效率的一个最基本手段。管理具有二元性结构，一方面管理以中性事物假定为基础，用数理方法进行定量研究，以求得管理问题普适性的最优解；另一方面管理要面对组织中的人，而组织成员是有思想意识和心理欲求的，而这些意识和欲求是有差异的，因而管理方法、措施总是特定的，而非普适的。这就是管理原理的普遍性与特殊性问题，管理学界对此有过一系列讨论。

这种特殊性主要表现在文化上。管理学者很早就开始关注管理与文化的关系问题。美国著名管理学家切斯特·巴纳德（C. L. Barnard）很早就把文化这个概念用于企业管理，研究企业价值观念以及社会文化传统等对企业管理的影响。在《管理工作的职责》一书中，巴纳德认为办好企业的关键是价值观问题，是人的积极性问题。1957 年，美国学者塞尔茨尼克（P. Selznilk）在《领导与行政管理》一书中也曾指出，机构的领导人主要是促进和保护价值的专家。1970 年，美国波士顿大学组织行为学教授戴维斯（S. M. Davis）在其《比较管理——组织文化的展望》一书中，明确而系统地从民族文化、社会文化、组织文化诸角度研究企业管理。1971 年，美国著名管理学家德鲁克（Peter Drucker）把管理与文化直接联系起来，他说："管理虽然是一门科学——一种系统化并得到到处适用的知识——但同时也是一种'文化'。它不是一种超乎价值的科学。管理是一种社会职能，并根植于一种文化（一个社会）、一种价值传统、习惯和信念之中，根植于政府制度和政治制度之中。管理受到而且应当受到文化的影响。"[①]

学者们试图进一步揭示文化与管理的更为内在的关联。荷兰学者霍夫斯坦德（Geert Hofstede）在其《文化的结局》和《文化与组织观念的软件》两部著作中，提出和分析了对管理发生重大影响的一种文化因素，这就是"权力差距"、"防止不确定性"、"集体主义和个人主义"以及"男性化和女性化"。作者指出，以上四种文化因素的差异，对于管理中的领导方式、激励方式和组织结构具有极为重大的影响，是不同国家或民族各种不同管理模式得以形成的决定性根源。管理不是处理具体的东西，而是处理对人有意义的"信号"。这种信号是在家庭、学校、社会等文化背景下长期形成的，它渗透于管理和组织的全过程。丹尼尔·雷恩（Daniel Wren）在《管理思想的演变》一书中，努力从文化环境影响的角度来说明管理思想和管理模式的演变。"管理思想不是在没有文化的真空中发展起来的，管理人员往往会发现，他们的工作总是受到当前文化的影响。"在作者看来，"管理是文化的产儿"。

---

① ［美］彼得·德鲁克. 管理：任务、责任、实践［M］. 北京：中国社会科学出版社，1994

二、文化是一种行为方式

文化可以内化于管理之中成为管理文化，体现为组织中人的观念、行为以及行为方式。文化心理决定文化行为，人的行为方式必定融入了价值观念、信仰信念等精神意识的东西。

所谓文化，从最一般的意义上讲，就是指一切人为的东西。人类创造的物就是"文物"，而自然形成的物就是"天物"。从物质到精神，只要是人为的，就进入了最广义的"文化"范围。"文化"一词在我国的出现至迟可以追溯到西汉时期。西汉刘向的《说苑·指武》中有"圣人之治文化也，先文德后武力。凡武之兴，为不服也，文化不致，然后加诛。"这里的"文化"，是指与"武力"相对的教化。文化就是文治教化、礼乐典章制度，这种理解在我国一直保留到近代。

"西方文化"（Culture）一词起源于拉丁文的动词"colere"，意思是耕作土地，后引申为培养一个人的兴趣、精神和智能。现在的英、法、德等西方语种中保留了拉丁文的某些含义。19 世纪中叶，一些新的人文学科如人类学、社会学、民族学等在西方兴起，文化的概念也随之发生变化，开始具有现代意义，成为新兴学科的重要术语。最先把文化作为专门术语来使用的是英国的"人类学之父"泰勒（Tylor）（1832～1917 年），他在 1877 年发表的《原始文化》一书中说，"文化是一个复杂的总体，包括知识、信仰、艺术、道德、法律、风俗，以及人类在社会里所有一切的能力与习惯"。[①] 所谓"复杂的总体"可以把文化理解为人类生存和发展的方式、过程、状态，即"人类生活的总和"。[②] 从这个层面上讲，政治、法律、经济、科技、军事、社会、人口乃至与人类有关系的自然都属于文化的范畴。泰勒的观点被许多学者接受。

20 世纪 50 年代，美国学者克罗伯（A. Kroeber）在前人研究的基础上，提出了影响深广的"文化概念"。他认为现代意义的文化概念，应包括五种含义：①文化包括行为的模式和指导行为的模式；②模式不论外观或内涵，皆由后天学习而得，学习的方式是通过人工构造的"符号"系统；③模式物化体现于人工制品中，因而这些制品也属于文化；④历史上形成的价值观念乃是文化的核心，不同质的文化，可以依据价值观念的不同进行区别；⑤文化系统既是限制人类活动方式的原因，又是人类活动的产物和结果。美国学者萨缪尔·亨

---

① E. Tylor. 原始文化［M］. 连树声译. 桂林：广西师范大学出版社，2005

② 陈序经. 文化学概观［M］. 北京：中国人民大学出版社，2005

廷顿（Samuel Huntington）则认为："我们关心的是文化如何影响社会发展；文化若是无所不包，就什么也说明不了了。因此，我们是从纯主观的角度界定文化含义的，文化是指一个社会中的价值观、态度、信念、取向以及人们普遍持有的见解。"① 我国文化研究的著名学者梁漱溟先生也认为，文化不是什么别的东西，乃是人类生活的样法。他在 1949 年完成的《中国文化要义》（1987年 6 月版）中说："文化，就是吾人生活所依靠的一切。"

概括地说，文化是一种生活（行为）方式。文化制约并影响着管理和管理的实践模式。文化对行为管理的作用表现在以下方面：②

其一，价值定位。任何管理活动，都离不开价值定位。价值定位的不同，会使行为管理出现重大差别。欧美的个人主义定位所形成的行为管理模式，与东方集体主义定位的行为管理模式明显不同，即使是韦伯式所谓的官僚组织的价值中立，实际上也是一种价值定位，即效率优先的选择定位。

其二，优先选择。管理者所面临的主要问题，是在价值冲突中进行优先选择。优先选择的考虑权重，文化因素占第一位。尽管当代有着众多理性选择方法甚至数量方法，却不可能彻底取代经验和直觉的选择方法，原因就在这里。而且即使采用了理性方法或数量方法，文化也会对其起支配作用。

其三，惯习支配。按照西蒙的研究，人的行为可以分为两种模式：一是"犹豫—选择"模式；二是"刺激—反应"模式。③"犹豫—选择"模式是一种看起来完美的理性模式，但是，现实管理中由于各种各样的条件限制，尤其是选择的成本问题，使这种模式的实用性不强，而"刺激—反应"模式的简单性和快速性，使其更为常见。因此，在管理中，绝大多数情况下，人们的行为是类似于条件反射的"刺激—反应"模式。当代管理学家明茨伯格也用自己的实证研究证明了这一点。根据明茨伯格对经理人员的调查，现实中的经理很少有"深思熟虑"式的行为，大多是直觉式的快速行动，因而，高度理性的学理推演对管理实践没有多大帮助。④ 经理人员的这种行为模式，与其说是受管理理论支配的，不如说是受习惯支配的，而这种习惯的形成，与文化密不可分。

人的生命是由生物的 DNA 和文化的 DNA 两部分组成的。中国人的文化DNA 主要来自儒释道精英文化与民间文化的互动过程并沉淀在老百姓深层的

---

① ［美］萨缪尔·亨廷顿. 文化的作用［C］//塞缪尔·亨廷顿，劳伦斯·H. 文化的重要作用：价值观如何影响人类进步. 程克雄译. 北京：新华出版社，2002

② 刘文瑞. 管理与文化的关系探讨［J］. 管理学报，2007（1）

③ ［美］Simen H. A. 管理行为［M］. 詹正茂译. 北京：机械工业出版社，2004

④ ［加］Mintzberg H. 经理工作的性质［M］. 孙耀君，王祖融译. 北京：中国社会科学出版社，1986

心理结构中，凝结在国民文化性格或民族性格中。其中儒家的人生观和价值观对国人的思想渗透是极为深刻的，早已成为中国人思想中不可泯灭的组成部分，对中国人的思维方式、行为方式乃至性格都具有温和而持久、顽固和不易消除的影响。儒家文化对中国人的影响，在形成中国人的文化心理和性格方面主要体现在自强、中庸、求实三种特质中。①

"自强"是儒学中最根本、最核心的文化精神。《周易》中的"天行健，君子以自强不息"指引中国人与自然、社会、自己抗争奋斗了几千年，形成了中华民族的民族精神。中国人的自强品格突出表现在"三军可夺帅，匹夫不可夺其志"的气节，每当国家民族处在危难关头，总会有人迎着压力和打击去伸张正义，去为真理而呼喊，这种自强品格堪称中华民族的脊梁。

"中庸"是中国人的一个典型的文化性格特征。它包含思维方式、行为方式与人格特点。做事不过又避免不及，看人看事不太走极端，是中国人特有的思维方式。与外国人相比，中国人行动起来并不火暴，较温和，既不刚烈又不柔弱，是"刚健"与"宽柔"的圆满结合，好像"毛笔写出的字，刚劲又具柔性，都是心力所致"（辜鸿铭）。

"求实"或"务实"也是中国人的性格特征。"求实"是中国古人的一种文化精神，它产生于民族生存与发展的一种责任意识、忧患意识，是人在精神上的自觉意识的一种表现。

趣味阅读

美国、日本、中国三国在山顶上举行阅兵仪式，大家按国家分成三列纵队向前走，各国的指挥官喊着口号"一二一……一二一……"三国的士兵都在较着劲，比着谁步调一致、纪律严明。

突然，士兵们发现前面的路断了，再往前走就是悬崖。而指挥官们却根本没有注意到这一切，依然在高声地喊着前进的口号："一二一……一二一……"

这个时候，美国的士兵停了下来，大声地向指挥官报告：前面是悬崖，我们不能走了！

日本的士兵，依然向前方走过去，结果，全部掉下悬崖。

中国的士兵，没有向指挥官申告，也没有继续向前走，他们怎么做的呢？他们在保持队形的情况下，原地踏步走。

这个故事说明了民族文化对人的行为的深刻影响：美国人讲理性，面对

---

① 邵龙宝，李晓菲．儒家伦理对当下中国人的影响［J］．文史哲，2005（6）

悬崖停止前进是最优选择；日本人讲执行，即使是死路，只要长官有命令也得走下去；中国人讲合情合理，寻找既不违反长官的命令又保全性命的决策方案。

三、管理的关键在于有效的行为管理

目前，行为管理（包括对管理者和被管理者）已成为跨学科的研究内容，涉及管理学、经济学、法律学、伦理学、心理学、文化学等，其内容包含动机、激励、契约、代理理论、管理者市场等方面的研究。随着实践的发展，行为管理理论也在不断发展。近 20 年来基于对策论（Game Theory）的报酬机制设计理论发展很快，为解决委托—代理（Principle-Agent）关系中的败德行为（Moral Hazard），Ross、Harris、Raviv、Mirrlees、Zenger 等人设计了一种使代理人合理进行自我选择（Self-selection）的契约，Mirrlees 还因此获得了 1996 年诺贝尔经济学奖。

然而正如药方越多越意味着顽症，近年来，世界范围的行为管理实践的问题多多，如经营不守法问题、实行任期制的官员的短期行为问题、社会公众的道德行为滑坡问题、官员的腐败行为治理困难问题等。在著名的美国安然公司案件中，审计专家在查阅美国安然公司 2000 年度报告中发现，17 名董事中，除董事会主席和 CEO 外，其余 15 名均为独立董事，其中不乏著名社会人士，包括已退休的斯坦福大学商学院院长，但即使是这些德高望重的独立董事也不能为股东把好对管理人员的监督关，导致投资者遭受惨重损失。甚至巡店理货员的行为也是商家管理的一个盲区，因为巡店理货员工作环境存在极强的流动性，工作内容又往往以过程改进为主，因此厂家很难对此实施量化考核，结果自然很难监控，出现理货员"早晚报到，中间睡觉"的可怕行为。

管理是通过其他人来完成工作的艺术，[①] 或者说，管理是和其他人一起并通过其他人来切实有效地完成活动的过程。[②] 如何使他人的行为与目标相一致，并使他人的活动有效率，这就是管理问题。管理的任务就是通过调节、沟通和合作使个别的分散的行动整合统一起来追求组织的整体目标。可以说，管理的本质就是通过对人的行为进行控制、规范或引导，从而有效地实现组织的

---

① 玛丽·帕克·福莱特，引自吴照云. 管理者学（第四版）[M]. 北京：经济管理出版社，2004
② 斯蒂芬·罗宾斯和玛丽·库乐塔，引自吴照云. 北京：管理者学（第四版）[M]. 经济管理出版社，2004

目标，而管理的过程也主要是对人的行为进行管理的过程。管理的最重要及最普遍的内容就是通过对被管理者的行为进行控制，从而实现管理者的意图。从这个意义上说，管理的成败关键在于能否实施有效的行为管理。

人类从文化环境中学习到价值观、规范、风俗、习惯、民族性等。任何社会的文化都在塑造社会人格，社会中个人虽有各种独特的差异，但其在人格上也有个人不能逃避的一种文化标记。个人虽有选择和适应的能力，但他的社会人格大半是文化的产物，所以我们可以分辨出一个人是典型的中国人、美国人、法国人或意大利人。人的行为具有文化性、传统性，思维方式有民族性，所以行为管理方式必须适应民族文化传统。如西方行为管理理论上建构的激励模式及公司治理结构对人的行为的规范和引导发挥了重大的作用，取得了很大的成功。但是，这些做法在中国的效力却打了折扣。尽管有学者从股权结构、组织方式等方面寻找中国公司治理问题的原因，但深层次原因则在文化上，从而使在西方被奉为公司治理圭臬的委托—代理模式在中国也发生了变形，出现"橘生淮南而为枳"的状况。甚至有研究表明，管理实践和民族文化的契合程度与其财务业绩呈正相关。①

有效的管理必须结合特定的民族传统文化。传统往往是相当稳定的，通常社会组织方式、经济活动形式发生了显著变化，而由文化塑型的人的行为方式、思维习惯则较少发生变化。管理理论和管理模式越是与特定的文化背景相吻合，就越能发挥其功效。因而"抛弃传统应该看成是新事业的一种代价，保留传统则应算是新事业的一种收益"。②

补充知识

1979 年，美国哈佛大学东亚研究所所长埃兹拉·沃格尔（Ezra F. Vogel）出版了《日本第一，美国要吸取的教训》一书。指出日本的经济发展和工业成就源于日本特有的管理模式。1981 年，美国斯坦福大学教授理查德·帕斯卡尔（R. T. Pascale）和哈佛大学教授安东尼·阿索斯（A. G. Athos）合著的《日本的管理艺术》一书出版。作者通过对日、美两家最具代表性的企业松下电器公司和国际电话电报公司进行全面细致的对比，证明两国的管理在制度、结构和战略等"硬件"方面并无不同，差别只在人员、技能、作风和最高目标

---

① Newman K L, Nollen S D. Culture And Congruence: The Fit Between Management Practices And National Culture [J]. Journal of International Business Studies, 1996, 27 (4)

② [美] 希尔斯. 论传统 [M]. 中译本. 上海：上海人民出版社，1991

等文化的"软件"方面。因此，作者认为，"美国人的敌人不是日本人或西德人，而是我们企业管理文化的局限性。"同年，美籍日裔学者威廉·大内（William Ouchi）出版了《Z理论——美国企业如何迎接日本的挑战》。作者在书中分析了企业管理与文化的关系，不仅证明以无形的信任、情感的微妙性和集体价值观为特征的日本管理方式更适应现代生活，能带来更高的生产率，而且进一步揭示了形成日美管理模式差别的文化原因，指出日本管理模式根源于日本民族长期的"文化均质"，而美国是一个"异质性"的国家。

第二节　管理思想的发展和管理变革

一、西方管理思想的发展

以泰勒、法约尔和韦伯为代表的古典管理理论从个人、组织和社会的角度来解答组织和管理问题，他们试图通过对动作、组织、管理过程等进行精确分析，以达到管理的标准化、专业化和精确化，从而提高效率。古典管理理论第一次以科学系统的方法来探索管理问题，从此科学开始代替随意，理性开始代替经验，管理学从此成为一门科学。古典管理理论奠定了管理学发展的基础，当代管理技术与管理方法从根本上说是来源于古典管理理论。然而古典管理理论经济人是抽象和片面的。古典管理理论视人为"经济动物"，无视人的主体性，把人当作机器来管理。这种建立在经济人假设基础上的管理思想和理论在实践中不可避免地显现出其局限性，出现管理者与被管理者关系紧张、工人抵触情绪严重等问题，因而引起人们的怀疑和批判。

行为科学理论出现于20世纪30年代，它主要包括人际关系理论、激励理论、团体动力理论、领导理论。行为科学理论以人的行为及其产生的原因作为研究对象，从人的需要、动机、欲望、目的等心理因素的角度研究人的行为规律，并借助于这种规律性的认识来预测和控制人的行为，通过人来提高生产效率，达到组织的目标。行为科学引起了管理对象重心的转变。管理重点从对事和物的管理转移到人及其行为的管理上来，管理者可以通过对人的行为的预测、激励和引导，来实现对人的有效控制，并通过对人的行为的有效控制，达到对事和物的有效控制，从而实现管理的预期目标。行为科学理论引起了管理方法的转变，由原来的监督管理转变到人性化的管理。然而行为科学理论虽强调了人的复杂性和社会性，但仍未跳出机械观的窠臼，把人当作"条件反射"的机器来加以考虑，企图按经典物理学的模式构建一种经过实验验证的、关于企业组织中人的行为的知识体系，以实现管理活动的科学化。

现代系统论、信息论、控制论、数学、统计学、经济学等研究方法的出现，极大地丰富了管理科学研究。由于这个阶段的管理理论没有一个主流的、较为统一的理论学派，而是呈现出百家争鸣的态势，故孔茨称之为"管理理论丛林"时代。这一时期的管理理论学派主要有管理过程理论学派、社会系统学派、决策理论学派、管理科学学派、经验主义学派等。现代管理理论对管理思想的发展主要表现是由封闭系统向开放系统转变，将理性行为与非理性行为、程序性决策与非程序性决策结合起来研究现实的管理问题。

20世纪80年代后，西方管理学者对全球新的竞争条件下的企业生存和发展进行了深入思考，形成了一些新的思想，它主要侧重于研究战略管理、组织结构、组织的变革与发展、知识管理、文化管理、企业的国际化战略与跨文化管理等。随着管理理论对人性的认识以及人力资源成为组织的核心资源，要求以人为中心的管理指导思想深入人心。管理理论和实践者发现企业能不能在竞争日趋激烈的市场中获胜，不仅在于适应外部环境，更在于企业自身形成核心竞争能力，即在企业内部形成击败竞争对手的独特资源和能力，这才是企业立于不败之地、持久发展的基础和决定性力量。而核心竞争能力的形成，关键在于企业内部员工创造力的迸发和企业组织创新能力的发掘，在于组织内部有效形成不断学习、不断创新的机制。当代管理理论关注个体和组织学习能力，关注组织的整体价值观。

西方管理理论在不同发展时期呈现不同的特点，但其中贯穿的一条主线是对理性主义方法论的推崇，也就是它们始终把追求经济利益最大化作为自己的最高价值目标。这种理性主义又是与所谓的资本主义精神一脉相承的。马克斯·韦伯在《新教伦理与资本主义精神》中，借本杰明·富兰克林之口说出了资本主义精神的实质："时间就是金钱"、"信用就是金钱"。韦伯认为理性资本主义就是要求人们把争取高效率、高质量的劳动成果和不断创造更多的财富作为人生的目的。韦伯虽然指出不择手段地通过赚钱谋取私利，不受任何道德规范约束、无情谋取财富的现象绝对不能代表现代资本主义精神，却坚决肯定"从牛身上榨油，从人身上赚钱"的贪婪哲学。马克斯·韦伯认为贪婪哲学体现了个人对于增加自己的资本并以此作为目的的负有某种责任的观念、尽职的观念，同时把在增值过程中所表现的执著视为伦理观念、精神气质的表现。

二、对理性主义的反思

对理性主义和资本主义精神的片面性，学者们进行了反思。学者们认为，片面追求经济利益最大化目标的过程中，不仅使得工人的利益受损失、尊严被践踏，而且社会的整体利益也受到不同程度的损害，"它们给最大多数人造成了最大的伤害。"[①] 德鲁克于 1954 年在其发表的《管理实践》一书中，对片面追求经济利益最大化的理论进行了全面、系统的批判。他认为，如果把企业看成一个谋取利润的组织，这种看法"不仅不对，而且牛头不对马嘴。"[②] 美国管理学家劳伦斯·米勒（Miller）指出，资本家把企业视为"一个不讲人性的唯物主义机构，它既不激励人类去追求崇高目标，又不激励个人为了自己而对公司忠诚和献身。"[③]

美国当代著名的批判社会学家、未来学家丹尼尔·贝尔（Daniel Bell）在《资本主义文化矛盾》一书中从文化层面对于资本主义精神衰变原因和过程作了深刻的分析。贝尔认为近代资本主义精神是由两个要素构成的：一个是宗教冲动力，即韦伯所谓的"禁欲苦行主义"；另一个是经济冲动力，就是桑巴特在《现代资本主义》一书中所提出的"贪婪攫取性"。在资本主义上升时期，宗教冲动力抑制着经济冲动力，这两股力量之间是平衡的。苦行的宗教冲动力使资产者精打细算、兢兢业业，贪婪攫取的经济冲动力培育了他们激烈进取的冒险精神。然而随着资本主义制度巩固与进一步发展，尤其是科学技术与经济的迅速发展，这两股力量之间平衡被打破了，经济冲动力逐渐摆脱宗教冲动力的制衡，直至今天完全摆脱。西方资本主义失去了宗教苦行禁欲主义的束缚，经济冲动力成了社会前进的唯一主宰，社会完全被世俗化了。资本主义精神随着宗教禁欲与节制失去控制力而失落，资本主义已难以为人们的工作与生活提供所谓的终极意义了。贝尔认为资本主义精神发生的裂变，是当今资本主义文化矛盾的根源，造成人们普遍的精神危机。

贝尔在《资本主义文化矛盾》一书序言中呼吁，整个社会应"重新向某种宗教观念的回归"。他还为"后工业社会"设计出他称之为"公众家庭"理论的新宗教，他认为资本主义前工业化阶段主要任务是直接处理人与自然的关系，工业化阶段的中心任务是通过机器间接地处理人与自然的关系。到

① ［英］苏·纽厄尔. 构建健康组织 [M]. 北京：机械工业出版社，2004
② ［美］彼得·德鲁克. 管理实践 [M]. 北京：工人出版社，1989
③ ［美］劳伦斯·米勒. 美国企业精神 [M]. 北京：中国友谊出版公司，1985

了"后工业社会"面临的首要问题是人与人、人与自我之间的问题。因此，新宗教必须在人际关系和个人对社会的重新认识基础上求得成为维系新的精神的支柱。

三、伦理在行为管理中的回归

人类社会进入文明时代，首先是在血缘关系、熟人社会的襁褓中得到抚育而安全成长的。正如丹尼尔·雷恩所言，"由于小农经济的脆弱性，家庭和家族内部各成员之间必须紧密联系，相互帮助和协作，才能应对种种不确定性所带来的不测，当然这也是人类社会发展之初的共同特点"。[①] 儒家行为管理思想可以说是在这种社会形态中形成的伦理式管理范式。

商品经济的兴起，人类活动大举向着陌生人社会拓展。工业生产不同于农业生产的一个显著特点，是生产的商品化，即生产不是为了生产者自身的消费，而是为了销售。于是，"不断扩大产品销路的需要，驱使资产阶级奔走于全球各地。它必须到处落户，到处创业，到处建立联系。""资产阶级，由于开拓了世界市场，使一切国家的生产和消费都成为世界性的了……新的工业的建立已经成为一切文明民族的性命攸关的问题；这些工业所加工的，已经不是本地的原料，而是来自极其遥远的地区的原料；它们的产品不仅供本国消费，而且同时供世界各地消费。旧的、靠国产品来满足的需要，被新的、靠极其遥远的国家和地带的产品来满足的需要所代替了。过去那种地方的和民族的自给自足和闭关自守的状态，被各民族的各方面的互相往来和各方面的互相依赖所代替了。"[②] 人们在其中交往的不再是狭小的、封闭性的"血缘社会"，而是广阔的、开放性的"市民社会"。传统社会那种稳定的、有限交往的安全感为流变的、扩大交往的危险性所替代；原先依托血缘情感与习俗维系的信任关系，逐渐被外在的契约合同的硬性约束所取代。

梅因在《古代法》中曾言，身份关系与契约关系分别标识了前现代性社会与现代性社会的基本特质，随着前现代性社会向现代性社会的转变，身份关系也相应地向契约关系转变。[③] 如果说儒家行为管理思想是熟人社会的伦理管理范式，那么近代西方行为管理思想则是陌生社会的契约管理范式。

然而如今社会的发展似乎正经历一个熟人社会—陌生人社会—熟人社会的

---

① ［美］雷恩．管理思想演变［M］．北京：中国社会科学出版社，1986
② 马克思恩格斯选集．第 1 卷［M］·北京：人民出版社，1972
③ 梅因．古代法［M］．罗娣伦等译．北京：商务印书馆，1995

轮回。覆盖全球的现代化信息网络以其信息传播的高同步性、全方位性、高精确性、大众化，跨越一切时空障碍，把人们紧紧联结为同一个整体，使全球变成了一个"地球村"。人们无须远涉重洋，坐在电视机或电子计算机前，即可对一个遥远的国度了如指掌。甚至全球生活形态趋向统一，食物、服装、娱乐等国际时尚全球同步流行，人既是世界公民，又是"地球村"的村民。人类似乎回到了祖先的氏族社会之中，人们发现，人际交往除了需要契约，伦理又变得越来越重要。

其实，西方管理思想也呈现出伦理化趋向。西方管理理论的"工具人"、"经济人"、"社会人"、"文化人"、"网络人"和"知识人"等关于"人性"的不同假设，代表了西方行为管理理论发展中"人性化"的不同发展阶段和表现形式。[①] 其间呈现出一条伦理化趋势。管理理论产生之初，管理的对象主要是企业内部的各种要素，其目的是提高工人在工厂生产中的作业效率，因而主要研究的是工厂对生产过程的管理，也就是对工人劳动的管理。法国的法约尔、德国的韦伯、美国的穆尼、英国的厄威尔等古典管理学派的重要代表人物也关注的是组织功能而非人。如果说 20 世纪 80 年代以前的管理理论，包括企业战略管理理论都侧重于技术方面的管理的话，那么，进入 80 年代以后，管理理论强调的重点是"公司文化"或"企业文化"，并一度出现了"企业文化热"。在这一时期，由于跨国公司的出现，母公司必须研究各子公司所在国的民族文化（如价值观念、社会风俗习惯、政治制度、经济水平、科学教育文化水平等），研究适用于子公司所在国的有效的管理模式、管理方法和管理经验。相比较工业社会，信息社会要求管理者更加重视人力资本的概念，能够体现出柔性化发展方向的管理理论诸如人本管理、团队管理、文化多元化、管理伦理、社会公正等。

从 20 世纪 70 年代的美国到 80 年代的欧洲，管理伦理成为管理学和伦理学交叉研究的一个热门话题，并迅速发展成为一门正式学科。在东方，日本和亚洲"四小龙"经济的迅速崛起，特别是其成功的经营管理之道，推动了管理伦理研究的深化和东西方研究的融合。其基本经验就是将西方管理理论的科学精神和东方传统文化中深厚的人文伦理精神有机结合，既不轻视管理的科学技术基础，并开放性地汲取西方合理有效的管理理论和经验，又不因此而放弃自身传统文化的资源，并积极地汲取中国传统儒家伦理的精髓，从而创造了成功管理范式。人们已普遍注意到了人文伦理对于有效管理的重大价值，甚至有的学者断言管理与伦理结合将带来管理思想的深刻变革并会成为管理科学发展史

① 霍福广. 论西方管理理论的发展趋势 [J]. 华南理工大学学报（社会科学版），2000（2）

上的新的里程碑。① 人力资源的开发与管理成为最重要的管理课题。随着现代科技革命的开展和信息时代的来临，人的因素——价值观、创造性、个性、才能，在生产经营活动中越来越显现出重要的作用和影响。以人为本的思想被广泛地承认、应用和强化。组织乃至社会的投资向人力资本倾斜。人们已普遍认识到人力资源是最重要的资源，人力投资是最合算的投资。管理须尊重人的价值和能力，通过激励人、关心人、尊重人的价值和能力，以感情联络来调动人的积极性、主动性和创造性。

第三节　儒家管理思想的基本特征

儒家管理思想具有天人一体的管理哲学、以和为贵的管理目标、德性可塑的人性论、以民为本的价值取向等基本特征。

一、天人一体的管理哲学

儒家认为，万物存在最根本的力量是宇宙间生生不已的阳刚之气。这就是"天道"，也就是太极阴阳的生生不息的运动之道。天地万物的生化过程是：太极→两仪→四象→八卦→六十四卦→万物万象。《周易》认为世间万物皆由阴阳构成，阴阳是对立统一的，互相联系、互相作用、相辅相成。因此，自然界万物和谐发展的本质是阴阳和谐。《周易》认为人类社会是自然界发展到一定阶段的产物，自然界是和谐有序的，由它产生的人类社会的发展当然也是和谐有序的。"有天地然后有万物，有万物然后有男女，有男女然后有夫妇，有夫妇然后有父子，有父子然后有君臣，有君臣然后有上下，有上下然后礼义有所错"（《序卦传》）。天地是万物之祖，产生在前，人类夫妇、父子、君臣产生在后。《易经》中每一卦中的六爻都包含了三才之道。《说卦传》曰："昔者圣人之作易也，将以顺性命之理。是以立天之道，曰阴与阳；立地之道，曰柔与刚；立人之道，曰仁与义。兼三才而两之，故易六画而成卦。分阴分阳，迭用柔刚，故易六位而成章。"天地人三者是遵循同一规律而运动的。《周易》称人的社会伦理为"四德"，即"元、亨、利、贞"。从自然界看，它是春、夏、秋、冬；而从人类社会看，它则是仁、礼、义、信。《易·乾文言》曰："元

---

① 张文贤. 管理伦理学 ［M］. 上海：复旦大学出版社，1995

者，善之长也。亨者，嘉之会也。利者，义之和也。贞者，事之干也。君子体仁足以长人，嘉会足以合礼，利物足以合义，贞固足以干事。君子行此四德者，故曰：元、亨、利、贞。"善之长，是仁；嘉之会，是礼；利物，是义；贞者正也，正固干事，是信。此四德出于天地自然，是君子行为的理据。人之善性由天决定，人的伦理四德由天决定，天人合一，自然界发展和谐有序，人类社会是承天道而来，所以也和谐有序。

圣人在《周易》一书中占有崇高地位。《系辞传》说圣人能"成天下之务"、"定天下之业"、断"天下之疑"，能"明于天之道，察于民之故"，是"知周乎万物，而道济天下"之人。《乾》九五爻辞"飞龙在天，利见大人"，讲的就是圣人在位治理天下。故《乾文言》释"利见大人"说："夫大人者，与天地合其德，与日月合其明，与四时合其序，与鬼神合其吉凶，先天而天弗违，后天而奉天时。天且弗违，而况人乎，况于鬼神乎。"这个大人就是在位的圣人，大人能与天地、日月、四时、鬼神合德、合明、合序、合吉凶，就是进入了"天人合一"境界，实现了人与人和谐、人与社会和谐、人与自然和谐。《周易》把人的因素、物的因素、相互的因素整合成为一个系统过程，人能够基于其内在本性来参与并实现一种创造性的活动，尽人之性，尽物之性。而且，有机宇宙本体是生命存在与发展的方式。人作为宇宙的精灵与世界的主宰，对宇宙本体价值的体验，呈现为道德价值，人性的完成也就是宇宙性的完成。

天地人文的贯通思想在《中庸》里表述得更加明确。《中庸》开宗明义："天命之谓性，率性之谓道，修道之谓教。""道"既是天道，也是人道，二者彼此贯通。"率性"之"性"，就是贯通天人的神性，就是通体透明的"天下之大本"，它涵括万物。人的善的、光明的德性是根于天的。而天道就是中庸之道。朱熹解曰："中者，天下之正道；庸者，天下之定理。"中庸之道在人主观的表现是"喜怒哀乐之未发，谓之中。发而皆中节，谓之和。"而外在的表现是"中也者，天下之大本也；和也者，天下之达道也。"如果能通过君子圣人的"维天之命，于穆不已"的努力自修和教化，就能够"致中和"，达到理想的宇宙秩序"天地位焉，万物育焉"。中庸所开显的天地万物的各守其位，各安其位而又生生不已的气象，在人类社会就是人民安居乐业，政治秩序井然，礼仪昌明的清明盛世。

儒家认为，人乃万物之灵，人是宇宙中最宝贵的存在。"故人者，天地之德，阴阳之交，鬼神之会，五行之秀气也。"（《礼记·礼运》）天以覆盖万物为德，地以载负万物为德，人感应天地之德而生，因而具有天地的覆载之德。人秉父母之气而生也，又是形体和灵魂的统一体。人秉受五行之秀异之气，有仁义礼智信，由此而异于宇宙的其他生物，而具有非凡的灵性，人在宇宙中处于中心的、非凡的地位。人和宇宙万物具有同一性，又具有相异性。人承继天地之德，具有善的道德观念以及表现这些善的观念的行为规定。

二、以和为贵的管理目标

在儒家看来，管理的目标可以集中概括为一个"和"字。

《周易·乾象》："乾道变化，各正性命，保合太和，乃利贞。"意思是，天道表现在运动变化之中，表现于万物的生生不息。受天道的支配，万物生长发育，实现并完善各自的本性，它们相互之间形成了各种有机的联系，形成了统一的整体，由此天保持了最高的和谐。"太和"即最高的和谐，包括人与自然的和谐以及人与人之间的和谐。

《中庸》直接把"和"确定为天道："中也者，天下之大本也；和也者，天下之达道也。致中和，天地位焉，万物育焉。""和"是天地万物产生、生存、发展必定遵循的普遍法则，天下之理都从"中"而出。这种"和"是各种具体事物之和的根源，具体事物的"和"则是作为天道之和的表现。

世界及事物包含着差别、矛盾、对立、斗争和冲突，这些概念突出了事物内部之间排斥、对抗、分裂、离散、毁灭等方向，却不能表达世界或其中事物的本然状态：多样性的统一，有机的联系和秩序。和意味着从冲突到融合，再到新事物的产生。事物两相对立本需要发展到更高阶段，即和，这样才能出现不同或对立事物的交融。和不仅意味着统一性，而且内涵各种成分升降相荡的能动性和活力，充满生命力。所以，《周易·系辞传下》有"天地氤氲，万物化醇。男女构精，万物化生。"

孔子对"和"进行了多角度阐述。他说"礼之用，和为贵"（《论语·学而》）。"和为贵"喻示了孔子管理思想的价值取向。在儒家看来，人生不是个人的独奏，而是个人与社会的协调活动。儒家的管理目标就是"和"。"和"有和谐圆通、井然有序、和而不同等意涵。

孔子的学生颛孙师（子张）问他："何如，斯可以从政矣。"他回答说："尊五美，屏（摒）四恶，斯可以从政矣。"（《论语·尧曰》）"五美"是"惠而不费"、"劳而不怨"、"欲而不贪"、"泰而不骄"、"威而不猛"。"四恶"是"不教而杀"、"不戒视成"（不预告而要求拿出成果）、"慢令致期"（不及早出令而临时限期）和"出纳之吝"（对财物吝付）。可以看出，"五美"都是为了在管理过程中保持和谐、圆融，而"四恶"则会导致摩擦和怨恨。孔子认为，在"从政"即从事国家管理工作时，应该提倡美的管理，避免恶（丑）的管理。

从"五美"、"四恶"的具体内容看，孔子所要求的是在国家管理工作中，不仅要充分实现管理目标，完成规定的任务，取得预期的成果，还要使整个管理过程进行得尽量平稳、顺畅、圆融，人际关系尽量和谐，少有摩擦和冲突，给人以美的感受。①

孟子强调在管理中争取民心，也就是赢得被管理者的支持和认同的重要性。他说："得天下有道，得其民，斯得天下矣；得其民有道，得其心，斯得民矣；得其心有道，所欲与之聚之，所恶勿施尔。"（《孟子·离娄上》）他提出了"天时不如地利，地利不如人和"的著名观点，极大地突出了"人和"即和谐的人际关系和团队精神的重要性。他说："天时不如地利，地利不如人和。三里之城，七里之廓，环而攻之而不胜，夫环而攻之，必有得天时者矣；然而不胜者，是天时不如地利也。城非不高也，池非不深也，兵革非不坚也，米粟非不多也，委而去之，是地利不如人和也。"（《孟子·公孙丑下》）孟子指出在战争中，天时、地利、人和这些因素都会影响到战争的胜败，但最终起决定作用的因素既不是天时，也不是地利，而是人和，即是否得到老百姓的拥护。

在儒家看来，"和"还是一种各得其所、秩序井然的状态。孔子认为，在"为政"中，要做到"君君，臣臣，父父，子子"。为君、为臣、为父、为子都必须严格按照各自的标准，恪守各自的职责范围，如果做君的不能履行君主的职责，做臣的不能履行臣子的职责，做父亲的不能履行做父亲的职责，做儿子的不能履行做儿子的职责，整个国家"君不君"、"臣不臣"、"父不父"、"子不子"，那么，一个国家的秩序就不复存在。要达到秩序井然的状态，管理者特别是高层管理者应该严格遵循自己的职责标准，譬如国君，他必须按照"君道"而行，才于名、于实都是真正的君。如果一个高层管理者能够达到他所从事职位的各项标准，就能实行有效的管理，达到和谐状态。

"和"不是无原则的迁就，孔子特别区分了"和"与"同"这两个概念。孔子说："君子和而不同，小人同而不和。"（《论语·子路》）在这里，孔子把"和"与"同"作为两个不同的概念严格区别开来，"同"是指无差别无原则的绝对等同；"和"是指不同人、不同意见的平衡、和谐、统一，不是否认矛盾，取消矛盾，而是追求对立面的协调、统一。以和为贵的管理，就是要处理好主体与客体的矛盾。

---

① 赵靖. 谈孔子的管理艺术 ［J］. 孔子研究，1998（4）

补充知识

　　格兰仕在1992年进入微波炉行业后不久便不得不与世界级企业竞争，主要竞争对手有日本松下、韩国LG、美国惠而浦等。在这些巨头面前，小小格兰仕想要做到"最好"，只有集中资源点上出击。在这种情形下，格兰仕逐渐收缩轻纺业务，将经营重点转移到以微波炉为核心的家电业。格兰仕陆续关掉轻纺业工厂转向家电业，不仅令当初创业的老员工们感情上难以接受，还使文化程度不高的工人们担心自己的饭碗。但在转产过程中格兰仕并未选择全套年轻化、文凭化，一名工人都没有辞退，而是全部培训后上新岗。

　　这实在是太不寻常了，甚至不可思议——企业向家电行业转产，那些没什么文化的老员工留下来做什么，国有企业还下岗呢，格兰仕这么做不是没事给自己找事吗？的确，格兰仕这种做法看上去非常落伍，甚至有违现代企业的管理规则。可梁庆德讲了这样一番话："流淌在我们血液中的是重情重义"，"我们的老员工为格兰仕工作了十几年，立下汗马功劳，怎么能卸磨杀驴呢，这不合情理，做人做事要以心换心。""以心换心"赢得了员工的普遍支持和忠诚。正是这些没多少文化的老员工，以令人吃惊的速度生产出最初的微波炉；后来在1994年洪水巨灾面前，公司上下更是全力保卫厂区，迅速恢复生产。1992年，格兰仕的工程师来自上海，技师来自重庆，而最早的工人都是从服装厂和毛纺厂转过来的。所幸员工们进步很快，在同心协力的工作氛围中，工程师和技师都特别有耐心，仔仔细细向文化程度不高的工人们讲解每个部件的作用，告诉他们该怎么做，不久就使他们掌握了必要的生产技术。

　　企业转产，原服装厂、毛纺厂年纪比较大没读过什么书的部分老员工跟不上也是很自然的事，梁庆德把他们都转到了后勤部门。留下老员工的回报之一，就是后勤部门每个人都倾心尽力主动做好后勤工作。他们来自车间，知道工人的辛苦，如果是新招的后勤人员，就算同样能按照制度完成工作，也很难像他们一样带着感情去工作。在格兰仕接待大厅，有位圆脸的前台阿姨。不论国外企业还是国内企业，前台工作人员一般都是漂亮的年轻姑娘，格兰仕这位阿姨却已过不惑之年，说一口好听的普通话，笑容可掬，一看就让人感到亲切，大家都亲热地叫她"霞姐"。她是转产时退到后勤的老员工之一，土生土长，只读过两年小学。这样一位人到中年的女工竟学会了讲普通话。舞厅DJ通常都由新潮年轻人担任，格兰仕员工舞厅的DJ同样是一位年近50岁的女工，也叫"霞姐"，转产时退下来的，这之前从来没有碰过音响，但很快她不仅掌握了所有设备的操作，还会跳很多种舞，甚至能当舞蹈培训老师。

不抛弃老员工，也赢得了新一代的忠诚之心。员工感受到企业的温情，企业的稳定和安全。"格兰仕永远属于你"不是"悬空"的标语，它是员工实实在在的"家"，企业上下从普通员工到高层都觉得这个"家"可靠，实在，有情有义，为了"家"愿意努力工作。

资料来源：邓德海. 格兰仕商道：持续 27 年稳健成长［M］. 广州：广东经济出版社，2006

格兰仕看似与现代管理原则相悖的管理观念渊源有自，它与儒家文化有内在的联系。

三、德性可塑的人性论

任何管理理论都是以一定的人性假设为其前提。不同的人性假设，其管理的方法、过程和目标就不同。儒家学说作为一种古代成熟的社会管理理论，也十分重视人性的问题。孟子明确提出"性善论"的人性假设，目的是为他的"仁政"服务的。荀子提出人性本恶的观点，对人之本性有更深入的挖掘。而他们都认为人性是可塑的。

《周易》、孔子都是从性善出发提出社会治理思想的。《周易》认为人的本性、人类的伦理是由天地自然决定的。它说："一阴一阳之谓道，继之者善也，成之者性也。"（《系辞传上》）因为"天地之大德曰生"（《系辞传下》），而生养万物就是善。万物无不得天地阴阳二气而生，也就得到了天地的善质，此即"继之者善也"。得到天地善质的万物各有自己的特殊性，即"成之者性也"。《系辞传》又说："成性存存，道义之门。"指人们要修养自己受之于天的善性，使之存之又存，不要丢失，就进入了"道义之门"。可见，《周易》关于人性的观点，实际上也是性善论。

孔子认为从"修己"可达到"安人"，进而达到"和为贵"的管理目标，其中隐含了人性向善的假设。在《论语·颜渊》中，孔子说："政者，正也。子帅以正，孰敢不正？"在《论语·子路》中又说："正其身，不令而行；其身不正，虽令不从。""苟正其身矣，于从政乎何有？不能正其身，如正人何？""上好礼，则民莫敢不敬；上好义，则民莫敢不服；上好信，则民莫敢不用情。"（《论语·子路》）"为政以德，譬如北辰，居其所而众星共之。"（《论语·为政》）在孔子看来，行仁好礼就是正道，若君王能时时以仁义礼信自律，则可为百姓树立一个可遵循的道德与行动标准，为政以德能产生像众星拱卫北斗那样的凝聚力。

孟子对性善论在理论上进行了系统阐述。孟子认为人性天生是善良的，他说："人性之善也，犹水之就下也。人无有不善，水无有不下。"(《孟子·告子上》) 在这里孟子用水往低处流这一自然现象来论证人性趋善的必然性。孟子所说的人性并不是指人生来就有的一切本能，而是指人与其他动物不同的，使人成其为人的那些特性。他所谓人性本善是指人的那些特殊本性是善的。具体说就是只有人才具有的恻隐之心、羞恶之心、恭敬之心（有时称为辞让之心）、是非之心。他说："恻隐之心，人皆有之；羞恶之心，人皆有之；恭敬之心，人皆有之；是非之心，人皆有之。恻隐之心，仁也；羞恶之心，义也；恭敬之心，礼也；是非之心，智也。仁义礼智，非由外铄我也，我固有之也。"(《孟子·告子上》) 就是说人生来就具有仁、义、礼、智四种善良的天性，这四种天性是"不学而能"，"不虑而知"的"良知"、"良能"(《孟子·尽心上》)。"今人乍见孺子将入于井，皆有怵惕、恻隐之心。非所以内交于孺子之父母也，非所以要誉于乡党朋友也，非恶其声而然也。由是观之，无恻隐之心，非人也；无羞恶之心，非人也；无辞让之心，非人也；无是非之心，非人也。恻隐之心，仁之端也；羞恶之心，义之端也；辞让之心，礼之端也；是非之心，智之端也。人之有是四端也，犹其有四体也。"(《孟子·公孙丑上》) 人有不忍人之心，说明人性善良。不善的症结在于人，而不在于"性"。孟子强调，人之所以不能发挥自己天生的善良本性，完全是受了外界不良因素的影响，恢复人善良本性的途径是通过道德教化的力量，使其彰显出来。

孟子的全部管理思想都是建立在"人性本善"的基础上的，"性善论"是孟子管理思想的基本出发点与依据。孟子这里所说的实际上就是人具有的同情心，自尊自重，渴望被人理解，渴望激励，渴望和谐的人际关系，必要时能担当社会责任的勇气等精神方面的需求。孟子的性善论突出了人作为社会动物具有相互依存、利他性的一面，这种对人性的积极乐观的态度，影响到孟子行为管理思想的基本面貌。主张性善论，是要唤起人们对自身善良本性的觉悟，循着人性的本来方向发展自己。

与孟子主张的人性本善不同，荀子认为，人性是"恶"的。同时荀子区别"性"、"情"、"欲"三者的不同。

荀子说："性者，天之就也；情者，性之质也；欲者，情之应也。"(《荀子·正名》)"性"指人的自然性；"情"，即喜、怒、哀、乐等，是"性"的内容；"欲"是与外界事物发生交感之后而产生的心理倾向或追求。荀子认为，由于人的这种自然的本性，生而好利多欲，为了满足这种利欲故必争斗，所以人的本性是"恶"的。荀子说："今人之性，生而有好利焉，顺是，故争夺生而辞让亡焉；生而有疾恶焉，顺是，故残贼生而忠信亡焉；生而有耳目之欲，有好声色焉，顺是，故淫乱生而礼义文理亡焉。然则从人之性，顺人之情，必出于争夺，合于犯分乱理而归于暴。"(《荀子·性恶》) 荀子的结论是："人之性恶，其为善者伪也。"在荀子看来，"性者，本始材朴也；伪者，文理隆盛也。"(《荀子·礼论》) 即"性"为"本有"，而"礼"为"伪有"。"本有"指人生理本能或生理欲望，"夫人之情，目欲綦色，耳欲綦声，鼻欲綦臭，心欲綦佚。"(《荀子·王霸》)"饥而欲饱，寒而欲暖，劳而欲息，好利而恶害，是人之所生而有也，是无待而然者也。"(《荀子·非相》)"目好色，耳好声，口好味，心好利，骨体肤理好愉佚，是皆生于人之性情者也，感而自然，不待事而后生之者也。"(《荀子·性恶》) 人的这种好、恶、喜、怒、乐的情感，就是人性本有的内容。这些情感与外界的事物发生交感时，便产生了欲望，而在欲望的驱动下，就要产生满足这些欲望的行动，于是争斗就发生了，这就是荀子所说的"性恶"。

荀子又认为庶民百姓，学《诗》、《书》、《礼》、《乐》、《春秋》，习"先王之遗言"，"真积力久"，"入乎耳，箸乎心，布乎四体，形乎动静"(《荀子·劝学》)，"积礼义而为君子"，"积善而全尽"为圣人。(《荀子·儒效》) 这里似乎陷入了"性恶"与"成圣"的矛盾之中。

荀子认为这并不矛盾，因为"心"与"性"是分而为二的。心的本质是"虚壹而静"，不包含恶的本性，人"性"恶，"心"未必就为恶。这就是说，人们认识"先王之道"，学习"先王之遗言"，积习积善，改造人性是可能的。荀子所说的"虚"是不以已有的知识去妨碍接受新的知识；"壹"是不以已有的这一种知识去妨碍接受另一种知识；"静"是不要以梦想和烦恼去扰乱了心智。学习要有虚怀若谷和全面接受各方面知识的态度，要有安静的心态和专注的精神。心若虚谷，新的知识就能进入；心若专注，就能安静；心能安静，就能明察。明察就能分辨是非，就能学得"先王之道"。认识"道"，又能透彻理解"道"，又能实行"道"，这算是真体悟到了"道"，也就达到了"大清明"的境界。"人何以知道？曰：心。心何以知道？曰：虚壹而静。心未尝不藏也，然而有所谓虚；心未尝不两也，而有所谓一；心未尝不动也，然而有所谓静。人生而有知，知而有志。志也者，藏也。然而有所谓虚，不以所已藏害所将受谓之虚。心生而有知，知而有异。异也者，同时兼知之；同时兼之，两也。然而有所谓一，不以夫一害此一谓之壹。心，卧则梦；偷，则自行；使之，则谋。故心未尝不动也，然而有所谓静，不以梦剧乱知谓之静。未得道而求道者，谓之虚一而静。作之，则将须道者之虚，虚则入；将事道者之壹，壹则静；将思道者谓之静，静则察。知道，察；知道，行，体道者也。虚一而静，谓之大清明。"(《荀子·解蔽》) 唐君毅指出，孟子之学"心"即"性"也，荀子则把"心"和"性"分别开来；而荀子的"心"又有"知识心"和"礼义心"以及"人心"和"道心"之分。他认为：荀子在分别"心"与"性"之中，"未涵性必恶之义"，所谓"性恶"是相对于礼义而言的，由于"人之生而有好利之性等，则必使礼义辞让亡……礼义辞让善，则性必不善而为恶。礼义文理为理想，性则为其所转化之现实；为因理想之善，方见现实之恶"。① 他还发现，在荀子的"性恶论"中并不包含人的"本质自身"是恶的，而只具有相对比较的意义。

荀子认为，既然人性本恶，同时"心"、"性"两分，那么对人的管理就应该"化性起伪"了。人们受各种"蔽"的影响，总是"蔽于一曲，而暗于大理"。人的"蔽塞"有种种："欲为蔽，恶为蔽，始为蔽，终为蔽，远为蔽，近为蔽，博为蔽，浅为蔽，古为蔽，今为蔽"。总之，凡对事物的任何差异的认识都可能称为"蔽"。因为对事物的任何一个差异方面认识，都会产生认识上的片面或局限。在荀子看来，为了要获得全面正确的认识，就需要"解蔽"。为了要获得正确的认识，必须"兼陈万物而中县衡"，把不同的事物都陈列起来，建立一个标准，去进行分析比较，然后作出判断，这样就不会造成片面和局限，搞乱事物的本来面貌。荀子在回答普通人何以可以"为禹"时说："然则仁义法正有可知可能之理，然而途之人也，皆有可以知仁义法正之质，皆有可以能仁义法正之具，然则其可以为禹明矣。"（《荀子·性恶》）"仁义法正"具有可以认识的本质，而人又具有能认识"仁义法正"的能力和条件，这就使"化性起伪"成为可能。

21

荀子是把"性"和"伪"置于矛盾的辩证统一之中的，他真正强调的是"性伪合一"，他说："天地合而万物生，阴阳接而变化起，性伪合而天下治……宇中万物，生人之属，待圣人然后分也。"（《礼论》）即是说，"性伪合而天下治"是荀子人性治理模式的最好表达。人性多欲，那就要满足人的生存的需求，尽量满足人的欲望；但是，人的欲望又是没有止境的，所以必须要用礼义来教化，使之节欲，把人们的欲望限制在"礼"所规定的范围之内，使人各自按照自己的职分、地位去行事，不能有僭越的行为。社会上各个阶级、各个阶层、各个等级的人，都按照"礼"的规定，各安其本分，各得其位，社会才能安定和谐。②

孟子和荀子的人性论表面上看是针锋相对的，其实他们有着共同的一面，即人的本质属性是道德性，人性不是已成的，而是待成的，认为无论人性善恶

---

① 唐君毅全集·卷15［M］．台北：台湾学生书局，1986年全集校订版
② 陈述德．论荀子"性伪合而治"的人性管理模式［J］．中华文化论坛，1999（2）

都是可以教化的，所以都主张把道德教化作为行为管理的重要手段，主张实行宽厚温和的政治统治。又由于他们对人性认识的区别，他们行为管理策略各有侧重。

四、以民为本的价值取向

"以民为本"是中国传统文化的特征之一，也是儒家坚持的行为管理原则之一。所谓以民为本，即不仅把民众看成是事业成功最基本、最主要的因素，而且民众是目的本身，民众是行为管理的出发点和归宿。

《周易》中有"民为邦本"，主张"损上益下"，满足人们的基本物质需要。《益》卦象辞有："益，损上益下，民说无疆；自上下下，其道大光。"这就是说，减损于上，增益于下，这样民众的欣悦就不可限量，居上位者施利于下，这样道义必能发扬光大。《益》九五爻："有孚慧心，勿问元吉；有孚惠我德"，九五以阳刚中正之德尊居"君位"，下应居中得正柔顺的六二，犹如怀有诚信惠下之心，自损益下，天下人也必将真诚信实地感激我的恩德，毫无疑问是大吉大利。《周易》认为"损上益下"是天道。故《象传》进一步阐述益道说："益动而进，日进无疆。天施地生，其益无方。凡益之道，与时偕行。"《益》卦由震、巽组成，震为动为雷，巽为顺为风，是震动风从，故每日都有进益。"天施地生"，是说当益之时天地和谐，万物滋生，天地滋养万物的作用无处不在，无时不在，故曰"其益无方"。益道是天道，天道就要与时偕行，在自然界，天时一到，万物滋生；在人类社会，当人们需要帮助时，国家就一定要给予帮助。《益》卦告诉统治者救灾要"有孚中行"（《益六三爻辞》），讲信用、行中道。又要"告公用圭"，即要由国君亲自用信符颁布救灾命令，要各级政府认真执行。它要求在上位的统治者时刻注意社会下层人民的利益，要保障社会下层人民有衣有食，安居乐业。下层人民遇到灾荒或困难，要认真予以解决，使"民说无疆"，社会自然就和谐稳定了。

孔子更是主张统治者要富民、惠民、足民、利民，希望统治者"泛爱众"，（《论语·学而》）"博施于民而能济众"，（《论语·雍也》）反对一味攻伐，反对横征暴敛，提倡使"老者安之"、"少者怀之"（《论语·公冶长》），对"鳏寡孤独"等不幸者要给予关怀。孔子非常关注社会大众的生命安全。《论语·乡党》载："厩焚。子退朝，曰：'伤人乎？'不问马。"孔子反对以人陪葬的残暴制度，甚至反对以人形的土俑木俑来陪葬，痛骂"始作俑者，其无后乎！"（《孟子·梁惠王上》）

孟子继承了上述重民思想，并把它发展成为激进的民本思想，鲜明地提出了"民贵君轻"论。在管理者和被管理者这对矛盾中更突出和强调了被管理者的地位和作用。孟子说："民为贵，社稷次之，君为轻。是故得乎丘民而为天子。"（《孟子·尽心下》）指出人民的地位是至高无上的，民是国之根本，政权的更迭、君主的易位，都取决于民众的态度，因为"得民心者得天下"。国君应该"进贤"，应该"乐以天下，忧以天下"，应该"民悦之则取之，民不悦则不取"（《孟子·梁惠王下》）。孟子还提醒统治者要"制民之产"，即给民众一定的私有产业，满足他们的物质生活需要，要"薄税敛"，减轻农民的负担，只有这样才可"保民而王"。

继承孔子的人道主义，孟子主张行仁政。他反对"以力服人"的"霸道"，反对滥杀无辜，指出"不嗜杀人者"方能得天下。孟子云："行一不义、杀一不辜而得天下，皆不为也。"（《孟子·公孙丑上》）

以民为本的理念落实在行动上就是要实行"仁政"。孟子的"仁政"学说从根本上讲，就是要管理者重民、爱民，以民为本，即在决定或实施各种管理决策或管理措施时，首先要考虑到民众的利益。孟子的"仁政"思想是从孔子的"仁"发展而来的。他把孔子主要讲个人修养的"仁"推广到政治领域，把仁爱同政治结合起来，提出了"仁政"这一新概念，把它发展为安邦治国的政治学说和管理学说。孟子说："不以仁政，不能平治天下。"（《孟子·离娄上》）"仁政"有时又称为"不忍人之政"，就是用一种对被统治者和被管理者比较宽容同情的态度来进行统治和管理，孟子认为这将有助于更好地达到管理的目的："以不忍人之心，行不忍人之政，治天下可运之掌上。"（《孟子·公孙丑上》）这就是说，只要统治者和管理者能真正体现出尊重人、爱护人和同情人的精神，就能平治天下，取得管理工作的成功也就很容易了。相反，如果不行"仁政"，忽视了人甚至侮辱人和践踏人，那就必然衰弱败亡："天子不仁，不保四海；诸侯不仁，不保社稷；卿大夫不仁，不保宗庙；士庶人不仁，不保四体。"（《孟子·离娄上》）

实施"仁政"从一定意义上讲就是"以佚道使民"。他说："以佚道使民，虽劳不怨。"（《孟子·尽心上》）根据他的说明，"以佚道使民"至少应包括以下三方面的内容：一是"取于民有制"（《孟子·滕文公上》），对租税徭役的征发应依制度而行，并有一定的限制。二是"勿夺其时"或"不违农时"（《孟子·梁惠王上》）。这是指徭役的征发要避开农忙季节，不打乱正常的农业生产秩序。三是"制民之产"（《孟子·梁惠王上》），就是要发展一家一户的小农经济，让人民拥有自己的私有产业，保障人民最低限度的生活水平，使其"仰足以事父母，俯足以畜妻子，乐岁终身饱，凶年免于死亡"（《孟子·梁惠王上》）。他的"以佚道使民"，所要达到的目标之一就是民"虽劳不怨"。又说：

"君行仁政，斯民亲其上死其长矣。"（《孟子·梁惠王上》）也就是统治者实行宽松式的统治，人民会更努力、更忠诚。

民本思想在荀子的论述中就是要"平政爱民"。"庶人安政，然后君子安位。故君人者，欲安，则莫若平政爱民矣"。爱民就是施恩惠于民，养民富民。百姓安政，国君才能安位。民安君安，社会才能安宁和谐。实行"平政爱民"要在尽可能地"养人之欲，给人之求"（《荀子·礼论》），"不富无以养民情，不教无以理民性"（《荀子·大略》）。人有各种欲求是人的本性，荀子对人的欲求不是"寡欲"更不是"灭欲"，而是"养欲给求"。这种"养"和"给"又不是无限制的，而是有节制的"养"和"给"。荀子说："欲虽不可尽，可以近尽也；欲虽不可去，求可节也。所欲虽不可尽，求者犹近尽；欲虽不可去，所求不得，虑者欲节求也。道者，进则近尽，退则节求，天下莫之若也。"（《荀子·正名》）即是说，按照"礼"的规定，尽量满足人的欲求；同时又用"礼"的规定节制人的欲求。荀子认为，凡治理国家者，"得百姓之力者富，得百姓之死者强，得百姓之誉者荣。三者具而天下归之……天下归之谓之王。"（《荀子·王霸》）平政爱民要"使民夏不宛暍，冬不冻寒，急不伤力，缓不后时，事成功立，上下俱富，百姓皆爱其上，人归之如流水。"（《荀子·富国》）爱民，民则亲上；民亲上，则政治平和。

荀况特别重视人的劳动在财富创造中的作用，认为"用国者，得百姓之力者富"（《荀子·王霸》）。因此，国家必须善于使用民力。首先，要"度人力而授事"（《荀子·富国》）。国家应根据所拥有的可以使用的劳动力的数量，来安排或兴办各项事业，使投入和产出能够相抵，并能取得一定的盈余，这是动用民力必须遵循的原则："量地而立国，计利而畜民，度人力而授事。使民必胜事，事必出利，利足以生民，皆使衣食百用出入相揜，必时藏余，谓之称数。"（《荀子·富国》）其次，必须"审劳逸"（《荀子·富国》），既要使百姓努力从事各项生产事业，又要使他们能够得到休息，做到劳逸结合，不能使百姓劳而不息。使用民力要选择合适的时间，尽量减轻人民的负担："时其事，轻其任，以调齐之。"（《荀子·富国》）

补充知识

王永庆50年的企业实践，不仅缔造了一个石化王国，也总结和实践了中国式的管理思想。

（一）什么是中国企业管理之魂

王永庆对此做出了明确回答：只能是中华民族的信仰和文化。具体说，就是要靠中华民族的"勤劳朴实"、"止于至善"的精神来办好企业，这也是民族精神的精髓。只要以这个民族精神为"根"，经过不断实践和思考，再实践再思考，没有企业是办不好的。

（二）什么是企业家的做人准则

王永庆说："这就是对自己负责，对他人负责。"就是要"利己利人，回馈社会"。王永庆强调了四个善待："善待客户、善待员工、善待社会、善待自然。"为此，他把发展社会公益事业作为经营企业的主旨。

（三）什么是发展企业的依靠

王永庆发展企业有两大依靠：第一是靠不断演进的领先理念带动企业员工行动；第二是以实践为本，不断探讨实践，使之发现新理念，引领企业的进步。企业的文化，就是在理念与实践持久互动中形成的。王永庆发展企业依靠的是创新文化，而创新文化的灵魂是持久执著的"创心"。

（四）什么是企业家的风范

王永庆身边人都对他的风范有深刻感受。他的风范是：永远用平民语言向员工、干部讲管理的道理。他善于用自己的经验、体会和逻辑，以讲故事的方式娓娓道来。听过之后，留下深刻印象的就是简而明的哲理，因为真理就应当是简单的。

（五）什么是企业成功的信条

一是尊重知识，对"知识就是权力"这个铁律深信不疑。表现在王永庆身上，不只是尊重有知识的人，还有他那炽热的求知欲。他相信：知识是工作前进的动力源。有了这一条，就能做到遇事有"三预"：一是预感（感性）；二是预见（悟性）；三是预谋（胆识）。有了这"三预"，就有了应变决策的能力。王永庆50年的巨大成功在此一条。

二是追求"合理化原则"，一切遵守"止于至善"的严细要求。实现"合理化原则"与"止于至善"的要求在于认真负责、实事求是。王永庆在管理上几乎永不改变的目标，就是把企业引向永无休止地追求合理化的长河之中。

（六）如何认识管理的本质

王永庆毫不含糊地说："管理学的本质是实践。"他认为：世界上"只有实际体验、用心追求，才会有自己的经营理念"。

（七）大企业如何"活化"机制

台塑的管理体制与西方不同，王永庆根据中国文化传统采取了决策集团体制——集团虽不是法人，但却凌驾于下属各法人公司之上，集团绝对是决策与指挥全局的大脑。集团通过一系列工作制度和行政命令，有效地掌控各公司的发展方向和进程。

台塑本身就带有"虚拟组织特征"。王永庆既是集团董事长，又是下属公司董事长，对下属公司实行以事业部为单位的产销一元化经营责任制。二级公司或事业部是制度、指令的执行主体。它的职能有二：一是设定经营目标；二是实施盈亏自负的独立核算。每个公司或事业部全权负责完成产销各项任务，形成台塑集团所属的250个利润中心和500个成本中心。为了有效地执行集团决策，从集团到事业部都设总管理处、总经理室，王永庆称之为"行政幕僚机构"的行政管理系统。其职能特征是支持性服务，对产销业务没有直接指挥权，但有绝对的建议权和稽核权。这就从上到下形成业务与行政两条线，二者是互动关系，形成台塑特有的"集权决策、分权执行"的基本框架。

台湾企业界、学术界评价王永庆所创的管理体制，是"以中国传统文化为背景的决策集权、执行分权的管理体制"。其特点是：寓理念于权力之中；寓权力于管理之中；寓管理于服务之中。

（八）大企业如何"活化"日常沟通

人们常说："沟通就是管理。"因为如何实现上下持续有效地沟通，至为关键。王永庆的办法，就是"午餐汇报制度"。尽管不少企业老板也这么做，但谁都没有王永庆坚持得好。王永庆认为：沟通制度决定着执行的结果和质量。只要领导或部属发现有"异常现象"，领导就要在午餐会上追根问底，问几个"为什么"，一直到提出有效解决办法为止。干部们反映每次午餐会的印象，多是"追问在情理之中，而答案则往往在意料之外"。

此制度不在本身，而在于坚持与彻底的"止于至善"的认真态度。台塑就通过"午餐汇报"等制度消灭管理上的疏漏和死角。外界人士说："台塑的绩效是吃出来的。"

（九）什么是管理的最高境界

管理是发现问题、解决问题，更多地表现在人与人关系的矛盾问题上。王永庆如何对待矛盾？

除了强化沟通，加强上下左右互相理解与支持外，王永庆的成功很重要的在于对化解矛盾的基本认识。王永庆认为人与人、对立与矛盾是"划分你我给划分出来的"。如劳资关系，不应该是对立斗争的关系，应该是为公司长远发展共同努力的伙伴，是为消灭贫困共同努力的朋友。要看到彼此的矛盾是分则斗，合则和，"分则两败俱伤，合则共赢"。一切只要认真贯彻实事求是的合理化原则，人或群体之间的矛盾是可以化解的。矛盾是绝对存在的，但斗争则是不可取的。在合理化原则指导下，取双方共识之长，通过协商与检讨，矛盾不仅没有破坏性，还会形成共存共荣的动力源。

在王永庆眼中，管理的终极目标，是给每个人发展空间、发展目标、发展希望，实现在企业内要让每个人有"切身感"。

资料来源：http：//wenku．baidu．com/view/b1c51920192e45361066f5e0．html

第四节　儒家行为管理思想的现代启示

丹尼尔·贝尔认为，"后工业社会"面临的首要问题是人与人、人与自我之间的问题，人不能唯我独尊和无节制地享受纵欲，而应与社会患难与共。他所设计的"公众家庭"理论与以儒家思想为代表的中国传统文化的精髓相贯通。

儒家管理思想在现代化进程中的积极作用已为人关注。以日本的发展为例，儒家伦理在其经济腾飞中发挥了重要的作用。它为经济发展提供了良好的社会环境，即发挥了儒家伦理的社会功能。由于儒家伦理道德的倡导，社会冲突被保持在很小的限度内，即使冲突产生，也尽可能用协商的办法去解决，而不像欧美那样进一步扩大冲突。在儒家伦理文化精神价值指导下形成的忍耐、勤俭、节约的美德，同清教伦理下的冒险、进取观念一样也是经济发展的内在经济改革的动力。在对日本现代化经验的总结中，许多人已指出儒学因素在其中发挥的重要作用。森岛通夫曾系统论述了儒家伦理观对日本资本主义所起的作用，他认为这种儒学意识形态"对于帮助指导日常经济活动的各种可能性起了关键的作用"。日本企业的"和"式特征主要表现在：①整体协作。雇员与雇主之间不仅是工作关系，而且是类家庭关系，彼此之间的多重纽带形成了一个整体，亲情与工作以外的交往增强了企业的自我调控能力。②集团价值。企业采用集体责任制，实行集体决策，个人和企业休戚与共，员工对企业有很强的归属感。③人文评价。企业对员工的评价与晋级不是单纯专业性的，除工作效率评价外，还涉及决策、态度和价值观，包含人格提升的伦理意味。④全面关怀。企业不仅关心员工在工作时间和分工有关的保障问题，而且关心员工作为社会人的生活、交往、感情等各个方面，充满了人情味。而中国的儒家文化不仅构成了"和"的重要组成部分，而且是它的基础，是"和"之魂。[①]

马克斯·舍勒指出，一个价值体系是不同的价值要求依据优先性法则即价

27

---

①　孙耀君等．西方管理名著摘要［M］．南昌：江西人民出版社，1995

值核心所构成的，价值核心是价值体系中的决定性因素，诸多具体价值要求都服从这一价值优先性法则而获得自身存在的合理性根据。① 儒家行为管理是以中华传统管理文化为主要内容的管理理念和管理思想。以儒家文化为主体的中国传统文化的价值核心是和谐。它是一种立足于现实世界，以维护社会的和谐与稳定为价值取向的内敛型文化。不管是强调仁、强调义、强调家庭本位、强调天人合一，它的内脉中自始至终都贯穿着一个主题，即和谐。苏东水说，西方管理所强调的追求利润最大化或成本最小化，不过是东方管理的初始目标或具体的行动目标，东方管理的终极目标是：有效地实现人与自然、人与社会、人与人关系的和谐统一，达到逐步提高人的生命存在质量的人生目标。② 中华传统文化提倡和睦、和为贵、和气生财、和衷共济、政通人和、和而不同、家和万事兴等和谐共生理想。和谐思想是"整个中国传统文化的最高价值原则"，③"和谐"是中国传统文化的核心理念和根本精神，是中华传统智慧的集中概括，也是儒家行为管理思想的智慧所在。这种智慧表现在管理与人生合一、人我合一、天人合一、"理性地适应世界"、整体思维等方面。

一、管理与人生合一

儒家认为，管理的出发点和归宿都是做人，管理、事功和人格完善、人性丰富是同一的。儒家行为管理思想的逻辑起点是"修身"，即从自我管理开始，从社会细胞"家"开始，将管理行为建立在牢不可破的根基之上。中国哲学重视人的道德和行为的可塑性，认为一个人的成长是一个"正己"的过程，同时也是一个获得人们认同的过程。"正己正人"作为中国管理文化的本质特征，揭示了现代管理主体与管理客体之间的辩证关系。正己正人是对古今中外管理行为本质的高度概括，是激励与服务积极行为的综合体现，强调人自身行为的激励与修养。④"正人必先正己"，就是要求每个管理者首先要注意自身的行为修养，然后从"正人"的角度出发，来控制和调整自己的行为，创造良好的人际关系和工作环境，使管理者和被管理者丰富人性，完善人格。

儒家文化以探讨人生问题为出发点。在先秦儒家的典籍中，往往以"君子"一词来指称其理想人格。《论语》中，子路问孔子，怎样才算是一个君子，

① 马克斯·舍勒. 价值的颠覆 [M]. 刘晓枫等译. 北京：三联书店，1997
② 苏东水. 东方管理学 [M]. 上海：复旦大学出版社，2005
③ 张岱年. 中国文化与文化论争 [M]. 北京：中国人民大学出版社，1990
④ 苏东水. 管理学 [M]. 北京：东方出版中心，2001

孔子以"修己以敬"、"修己以安人"、"修己以安百姓"(《论语·宪问》)来描述。这种以"仁"为道德修养的重心，以济世救民为价值目标的君子品格，包含了一个由己及人、由内向外的过程。"修己"与"安人"就是强调通过管理者的道德威望的感召力和示范力，在无形中影响被管理者，从而使国家、社会与人际关系处于安稳和谐之中。[1]

儒家行为管理强调个体在成就道德和推行道德过程中的主体地位和主导作用，"君子求诸己，小人求诸人"，"为仁由己"，"我欲仁，斯仁至矣"，个体成就仁德，完全依赖于一种内在的道德自觉和高尚的德性追求，所以通过自身的努力君子人格是人人可以具备的，"人皆可以为尧舜"，"涂之人可以为禹"。孔子和先秦儒家也很强调人的尊严和独立人格。如孔子就说过："三军可夺帅也，匹夫不可夺其志也。"(《论语·子罕》)又说："志士仁人，无求生以害仁，有杀身以成仁。"(《论语·卫灵公》)孟子对此更加以发挥说："居天下之广居，立天下之正位，行天下之大道；得志，与民由之，不得志，独行其道；富贵不能淫，贫贱不能移，威武不能屈，此之谓大丈夫。"(《孟子·滕文公下》)又说："生亦我所欲也，义亦我所欲也，二者不可得兼，舍生而取义可也。"(《孟子·告子上》)孔、孟鼓吹"匹夫不可夺其志也"，要做"独行其道"的大丈夫，甚至不惜牺牲性命以成仁取义。

儒家认为人格独立、人格完美就要达到欲与理之间的"中行"状态，这必须确立"寡欲"、"导欲"、"不使可欲"等理智原则。"寡欲"是说在自我人生活动中对不断勃发的生命之欲应有一个规范整理的过程，在确立一些最基本的欲望作为生命的理想去孜孜追求以外，对其他的欲望应持一种淡泊或漠然的态度，所以孟子说"养心莫善于寡欲"。当然，"寡欲"绝不是禁欲，而是基于不同欲望之于自我人生有不同的意义而作出的一种理性而明智的抉择。"寡欲"恰恰是自我理性的智慧抉择，是欲与理之间恰到好处的平衡之道。在儒家那里，这一欲与理之间恰到好处的平衡之道也体现为"导欲"和"不使可欲"的智慧。"导欲"是指在自我人生的活动过程中，自我凭借理性的认知，对生命之欲进行引导、规范和改造，以达到"中行"的过程。"不使可欲"是指自我在对待那些学习之前尚未成为我们生命欲望的欲望时采取一种自我节制和回避的理性态度。生命之欲是丰富多样的，其中一部分欲望是需要经过后天的了解或学习才能成为自我生命之欲的。对待这种需学习而后才能成为生命之欲的欲望，除非这些欲望是自我人生价值实现所必须追求的，否则，儒家明确主张应

① 郭齐勇. 儒家人文精神的特色与价值 [J]. 新华文摘，2002（6）

该对它持"不使可欲"的节制态度,即对各种物质诱惑的一种理性回避。①

作为一个管理者,如果在财富欲望与道德理性之间没有营造和谐的身心关系,就不可能有和谐的自我人生;没有和谐的自我人生,自然就不可能构建和谐企业。现代人在自我人生追求中由于物质生活与精神生活的失衡而造成价值体系瓦解、心理障碍、道德滑坡和生活无序,人为物欲所异化。解决这个问题,不妨去儒家管理思想中寻求真谛。

二、人我合一

儒家管理重视人与人之间关系的协调。孔子提出的"己所不欲,勿施于人","己欲立而立人,己欲达而达人",强调处理人与人之间关系最基本的要求是,不能把自己的要求强加于人,更不能把不希望加之于自己的加之于别人。要实现人与人之间的和谐,还要求发挥人的善性,要"善群"、"利群"、"乐群"。只有乐于助人,将心比心,推己及人,才会有社会的和谐。

人际和谐以"仁爱"为基础。孟子说:"爱人者,人恒爱之;敬人者,人恒敬之。"要"老吾老,以及人之老;幼吾幼,以及人之幼"。只要人与人之间充满善意,相互尊重,就能够达到和谐的社会理想。再推而广之,把和谐推广到处理民族国家关系中,"协和万邦",达到"天下一家"。居上位的管理者要谨守"仁道"。对于"仁道"管理的基本要求,孔子明确将其理解为爱人。儒家认为,仁者爱人的基本点是视他人为自己的同类,即将别人看做是与自己一样的人。所以,《中庸》说:"仁者,人也。"意思是说,仁道首先是承认他人是人,将他人当做人来对待。有了这一前提,就能关怀、同情、尊重、体贴他人,这乃是仁道的基本要求。它以一种"将心比心"的人性逻辑,用柔性的管理智慧,不仅使统治者与被统治者达到和谐的状态,而且在理想的状态下还有效地培养了因感恩而产生的赤胆忠诚。

人与他人的和谐关系同样是现代管理者必须着力营造的。因此,儒家倡导的"人我合一"的中庸平衡智慧也给我们极大的启迪。事实上,正如我们在一些信奉"儒家资本主义"发展模式的企业所看到的那样,人我之间的和谐包容,追求"致中和"的人际关系境界,一方面能营造一个祥和稳定的团队,而这样的团队因为有了个人与他人的祥和与稳定,才能有凝聚力,从而形成强大的力量去战胜任何困难;另一方面它本身也是团队内部培养认同度、执行力和

---

① 姜展鹏,黄寅.和谐管理的传统文化视阈——基于中庸之道的当代发掘 [J].浙江大学学报(人文社会科学版),2008(5)

忠诚的有效途径。儒家"和为贵"以及"和而不同"、"和而不流"的处世智慧正日益凸显其全球性的价值。在人类文明对话年（2001 年），由科菲·安南所主持的一个世界知名人士小组中，瑞士学者孔汉思提出：儒家的恕道（己所不欲，勿施于人）和仁道（己欲立而立人，己欲达而达人）可以作为全球伦理的基本原则。①

三、"理性地适应世界"

马克斯·韦伯在《新教伦理和资本主义精神》一书中指出，资本主义兴起的文化原因是基督新教的伦理。资本主义和新教伦理这种相互关系的根源，则在于加尔文救赎预定论和清教禁欲主义引发了近代经济理性主义精神。为了进一步证明新教伦理，韦伯还对包括中国儒教和道教在内的世界各大宗教进行了比较研究，从而在人类文明发展的背景上，探究了经济理性主义为什么不能在基督教文化以外的其他国家出现的原因。在《儒教与道教》一书中，韦伯用了全书一半的篇幅，从经济、政治和社会等方面，分析了中国社会结构的基本特征，指出中国社会同样也有资本主义产生的有利因素，中国之所以没能走向资本主义，是因为儒家伦理的价值体系与基督新教伦理不同，它缺乏发展资本主义的有力动因，不能诱导出经济理性主义，因为"儒教的理性主义是去理性地适应世界，清教的理性主义是去理性地支配世界"。② 在韦伯看来，儒家伦理是强调对于一个人的环境，对世界的现状能动的调节适应的思想。在儒家伦理中，一个君子儒其行动是非常协调与和谐的。他的行为是理性化的（但仅仅是在低水平之上），他没有全力把自己发展成为系统的专业化单位。他过分强调对完美人格的培养，而忽视了一种有能力并且有决心征服自然主宰世界的进取性的人格。他过多地展示作为一个人的有用的、特殊的复杂性格。他可以同时是一个业余画家、诗人、官僚和学者，而且这些身份并不互相排斥，但他不是一个成功的有产者。这就是西方典型的资本主义也被后人称为典型的现代化模式没有在中国得到相当发展的诸多社会、政治原因之一。所以，韦伯的结论是：儒家伦理是抑制资本主义在中国发生的文化因素。

且不说韦伯是站在资本主义文化精神的立场上，用唯文化观念单一地解释复杂的中国管理形态和制度的变迁，不免形而上学，他通过中西方的比较研究，确实揭示了儒家伦理与西方伦理的一个本质区别：一个理性地去适应世

31

① 杜维明 . 儒家传统的现代转化［J］. 浙江大学学报（人文社会科学版），2004（2）
② 马克斯·韦伯 . 儒教与道教［M］. 南京：江苏人民出版社，1995

界，一个理性地去支配世界。西方这种理性精神确实曾促进了资本主义的兴起和繁荣，而其现代管理中的种种困惑也莫不与此相关联。理论物理学家卡普拉（F. Capra）在其著名的《物理学之"道"——近代物理学与东方神秘主义》一书中写道："我发现中国的词语，阴和阳，对于描写这种文化上的失衡非常有用。我们的文化总是偏爱阳，或男性的价值观和态度，却忽视与其互补的阴，或女性的对应物。我们看重坚持己见，甚于归纳各方面的意见；看重分析，甚于综合；看重理性知识，甚于直观的智慧，看重科学，甚于宗教；看重竞争，甚于合作；看重扩张，甚于保守；诸如此类。这种单方面的发展，已经到了产生社会、经济、道德和精神方面的危机、令人极为担忧的阶段。"①

西方近代人类文化精神的实质，是一种自我迷信。从文艺复兴的人文主义运动到理性主义运动，人类推翻了宗教神学的权威，代之以对人自身的崇拜，主张人性至善，理性至上，个性至尊。近代西方尤其是 16 世纪开始发展起来的自然观，在"人定胜天"、"征服自然"等思想的支配下，一方面取得了巨大的物质文明成就；另一方面随着工业文明的发达，生态平衡、环境污染、能源危机等令人忧虑的社会问题迭起。人类这才开始从盲目的自我迷信中猛醒。戴维·埃伦费尔德提醒我们要防止"人道主义的人的僭妄"；佩奇惊呼："进入历史危机时刻的当代人，再也不能无视全人类所处的险境和未来的选择了！"②

在人与自然的关系问题上，中西文化的基本差异之一，就是中国文化比较重视人与自然的和谐统一，而西方文化则强调人要征服自然、改造自然，才能求得自身的生存和发展。儒家思想反对把天和人割裂、对立起来的观念与做法，而是竭力主张天人协调，天人合一。在中国先哲们看来，天与人、天道与人道、天理与人性是相类相通的，因而完全可以达到天人和谐统一的境界。天人协调的思想起源于《周易》，经过孔子、孟子、董仲舒、张载等人的发展，成为中国文化的一个基本特征。这一思想反对把人与自然对立起来，认为人是自然界的一部分，人和自然界组成了一个和谐的生命统一体，"和谐"是自然界的内在精神。人在改造自然的同时，要遵循自然规律，不要任意妄为，以达到"天人合一"。孔子主张爱护自然界的生命："君赐生，必畜之。"孟子提出："爱物"的思想，要求不要用细密的网打鱼，砍伐树木要遵守规定的季节。只有保护自然，才能使自然用之不尽。张载提出万物都是我的朋友的思想："民吾同胞，物吾与也"，"是故立必俱立，知必周知，爱必兼爱，成不独成。"人

---

① 卡普拉. 物理学之"道"——近代物理学与东方神秘主义［M］. 朱润生译. 北京：北京出版社，1999

② A. 佩奇. 世界的未来——关于未来问题［M］. 北京：中国对外翻译出版公司，1985

与自然的关系正由征服自然、统治自然转向协调和保护的关系。自然不仅是人需要改造的对象，而且更重要的是人赖以生存的环境。并不存在"征服自然"、"统治自然"的问题。人可以认识、掌握自然规律，也可以利用、改造自然事物，但最终也不是消灭自然，而是使之更适应于人类的生存和发展。自然既不是敌手也不是奴隶，而是人的另一半，是人的家园和归宿。儒家把安身立命的理想目标确立为"天人和谐"，其积极意义是明显的。正因如此，当代西方许多学者对中国儒家文化中"敬天"、"畏天"从而追求"天人和谐"、"天人合一"的思想开始表现出极大的关注和向往。

为韦伯所不赞赏的"理性地适应世界"正是儒家行为管理的智慧所在。"理性地适应世界"本质上是指行为管理的合理和适度，对事物的合理性的追求也就是中庸之道。但作为一种一般的思维方式，"中庸思维"有着强大的生命力。任何事情都要注意一个合理的范围，而管理的目的本来就是力求使事物处于合理的最佳状态，以发挥出最佳效益。中庸之道讲求的正是"适其时"、"取其中"、"得其宜"、"合其道"，注意分寸，掌握火候，抓住时机，严防"过"与"不及"，做到宽严适度，实行适度管理。中庸包含中、和两个方面，即执中致和。执中，表示采取正确的方法；致和，反映达到理想的目的。所以《中庸》认为："致中和，天地位焉，万物育焉"，说明"中和"这一过程完美实现后，即能使事物发展到最佳境界，成为万物生长的根源。

辜鸿铭曾言："欧人于精神上之问题……非学于我等中国人不可。""诸君之文化基于物质主义及恐怖与贪欲者也，至醇至圣之孔夫子当有支配世界之时，彼示人以达于高洁、深玄、礼让、幸福之唯一可能之道。"西方有学者也认为中国的这种智慧恰可弥补西方理性管理的不足。英国著名历史学家汤因比（A. J. Toynbee）在其著作中说："中国文化如果不能取代西方而成为人类的主导，那么整个人类的前途是可悲的。"[1]

现代人对世界更应该多一些适应少一点支配。如今，物质的富足、生活的便利已经超出了前人的想象，祖辈们几乎所有的梦想都已变成现实。现时代是一个守成的时代，一个和谐发展的时代，我们更需要的是精神的自由和富足。"理性地适应世界"是一种懂得自醒、谦恭和敬畏的智慧。

趣味阅读

很久很久以前，人类都还赤着脚走路。有一位国王到某个偏远的乡间旅

---

[1] 汤因比. 汤因比文粹［M］. 香港：南粤出版社，1980

33

行，因为路面崎岖不平，有很多碎石头，刺得他的脚又痛又麻。回到王宫后，有一个太监为了取悦国王，把国王所有的房间都铺上了牛皮，国王踩在牛皮地毯上，感觉双脚舒服极了。

国王想让自己无论走到哪里都感觉到舒服，于是下令把全国各地的路都铺上牛皮。众大臣听了国王的话都一筹莫展，知道这实在比登天还难。正在大臣们绞尽脑汁想如何劝说国王时，一个聪明的大臣建议说："大王可以试着用牛皮将脚包起来，再挂上一条绳子捆紧，大王的脚就不会受到痛苦。"于是，鞋子就这样发明了出来。据说，这就是"皮鞋"的由来。

把全国的所有道路都铺上牛皮，这个办法虽然可以使国王的脚舒服，但毕竟是一个劳民伤财的笨办法。那个大臣是聪明的，改变自己的脚，比用牛皮把全国的道路都铺上要容易得多。按照第二种办法，只要一小块牛皮，就与整个世界都用牛皮铺垫起来的效果一样了。其实，许多时候我们是可以改变自己来适应环境的。

四、整体思维

从总体上看，近代西方哲学的主流思潮是分析性的、还原论的，这种思维方式是把自然现象还原为机械运动，进而分解为基本的零件来认识其构成和功能，从而忽略了实在的关系特征和整体性。尤其是近代科学诞生以来，西方文化一直是以分析主义、原子主义和还原主义为主要思维模式的。"还原论的思维方式也就是把世界分解得尽可能小，尽可能简单。为一或多或少理想化了的问题寻找解题的答案，但却因此而背离了真实的世界，把问题限制到了你能发现解决办法的地步。"[①]

儒家文化思维方式是整体思维，这集中体现在《周易》哲学之中。《周易》最根本的思想是把宇宙看作是一个动态开放的各部分相互联系、相互贯通的整体。这种观点是把天、地、人作为一个巨系统来对待，作为系统的整体考察，把握它们运行的普遍规律，求得它们的和谐相处，共生共长。在《周易》中，无论六十四卦或每一别卦，特别是卦象，都表现为一种整体性结构，只有从整体上去理解，才能把握其实质。《周易》在分析卦象系统的构成要素时，首先不是从它们本身的属性入手，而是从它们在整体中的位置，即它们与其他要素的结构关系入手，然后再将它们本身的属性估计进去。在八卦和六十四卦图像

---

① ［美］米歇尔·沃尔德勒．复杂［M］．北京：三联书店，1997

中，构成要素即阴阳二爻被看作是相对不可分解的，每一卦象作为一个整体，它的属性不仅由其构成元素的属性所决定，更重要的是由其诸元素的结构关系，其所包含的各个部分的综合性联系所决定。[①] 更重要的是，八卦和六爻不是静态结构，而是明显的动态结构。在《周易》中，八卦和六十四卦图形代表了世界上所有的动态之象和内容万千、复杂多变的整个宇宙过程。

《周易》中的"六位成章"、"刚柔立本"的管理原则便充分体现出这种整体性思维。它将管理看作是一个复杂的、动态的、统一的整体和过程，力求达到管理系统与管理外部环境以及组织各部分和各状态之间的最佳和谐，把管理的要素和功能组成一个统一的有序结构。[②] "六位成章"指《周易》中六十四卦每一卦都是由六卦所组成的稳定结构，每一爻都是这个结构的一个层次，在一卦中每一爻都因其性质和位置空间的不同，表现出彼此相互联系的关系。也就是说其中一个因素的变化，会引起整体结构的变化。在"刚柔立本"中，所谓"刚柔"，即阴阳；所谓"立本"，是指每卦的根本是阴阳的变化和相互配置。阴柔阳刚中，阳刚代表刚健猛烈、积极的东西；阴柔代表柔弱温和、消极的东西。阴阳二性的调和，构成大千世界稳定协调的状态。而作为万物之灵的人类，正效法天，即效法宇宙自然的这种精神不断发愤进取，永不停息，此所谓"天行健，君子以自强不息"。然而，一味地进取、刚强，并不能保证事业的成功，刚和柔须相辅相成。人在刚强进取的同时还要具备"坤"的阴柔、退让性格。一味刚强，必遭折断；刚柔相济，才能成功。古人主张的外圆内方、智欲圆而行欲方的处世原则，便是这一原则的具体体现。

《周易》认为整个客观世界是由阴阳两大势力所组成，处于普遍的联系之中，是个一体化的大系统，表现为大化流行的动态过程，生生不已，变化日新，其内在的动力机制则是阴与阳的协调并济，相反相成。阳之性为刚健，阴之性为柔顺；阳之功能为创生，阴之功能为成全；阳居于领导地位，阴居于从属地位。此二者的关系，既对立，又统一，相互依存，彼此感应，由此而形成"天地交泰"（《泰·象传》），这就是宇宙的和谐、自然的和谐。人类可以推天道以明人事，顺应自然界的和谐规律来参赞天地的化育，促进事物的发展，并且谋划一种和谐的、自由的、舒畅的社会发展前景，使社会领域的人际关系能够像天地万物那样调适畅达，各得其所。

在这里"阴阳之道"、"君子之道"与"生生之道"（易道）完全合一了。阴阳相交相合的关系在太极图中表现得更为直观，阴阳没有明显的界限，而是

35

---

① 刘长林 . 中国系统思维［M］. 北京：中国社会科学出版社，1997

② 彭新武 . 管理哲学导论［M］. 北京：中国人民大学出版社，2006

自然地相互黏合，并以流畅的曲线表现出内在贯通和相互吸引、相互转化的趋势。阴阳之间不存在截然对立和以吃掉对方来实现自身飞跃的内在矛盾，而是显现出一种基于平等的根本差异。惟其平等和差异才使双方从根本上相互需要、内在亲和，构造出生生不息的生存态势。① 所以行为管理是要建立在阴阳和合、天人合一的基础上而不是建立在主客分离的基础上，也就是说管理是一种自然的、系统的、和谐的控制，而不是外力的强行干预、一种刻意的控制。这样的控制必然是深得人心的控制。管理者所处的管理环境无时无刻不在变化当中，所以要在管理过程中认识变化、驾驭变化，最重要的是把握变化的规律，然后应用于管理实践。这种以变应变，面对变化的内外环境，采取最适宜的管理方法，以取得最佳的管理效果的权变观点，恰是与现代系统理论、权变理论相一致的。

补充知识

涩泽荣一，日本近代著名企业家。他一生参与创立的企业总数达 500 多家，而且其中留下的至今仍是日本的一流企业（如东京海上保险公司等）；他还在日本指导和普及了股份公司（即株式会社）的建立，促进了大型企业的迅速发展，被誉为"日本近代企业之父"。涩泽在回顾自己创业时指出："我的经营中虽饱含辛苦和惨淡，但常遵孔子之教，据《论语》之旨，故使经营获得了成功。"

涩泽荣一 1840 年生于武藏国榛泽郡（今东京都）一豪农之家，自幼便接触了中国儒学经典。明治维新前，儒学在日本处于兴盛期，因而，不论是京都还是江户（东京）或各个诸侯国，全以汉籍施行教育。他的老家武川，小孩先学《千字文》、《三字经》，进而读"四书五经"。其父喜欢《论语》，并是极其严厉之人，涩泽小时稍有过错，其父就直接引《论语》来批评，如"吾日三省吾身，为人谋而不忠乎？与朋友交而不信乎？传不习乎？"使涩泽受到了耳濡目染的影响。他 7 岁时由父亲教《三字经》，继而从堂兄尾高蓝香学《大学》、《中庸》、《论语》、《孟子》，并决定以《论语》为学习重点。后来为什么舍去《大学》、《中庸》，独选《论语》一书呢？涩泽荣一解释道，《大学》以论述治国平天下之道为重点，比起修身齐家它更重视政治方面的教诲。《中庸》站在更高的角度谈"致中和，天地位焉，万物育焉"，它离修身齐家之道更远。至

36

---

① 杨恺钧．《周易》管理思想研究［D］．复旦大学博士学位论文，2004

于《论语》，它是每字每句均能在日常处世生活上可以运用之教，是朝闻之，夕可行之道。"故我确信，遵守《论语》之教，人可很好地修身齐家，安稳无事地度过一生。以《论语》为日常修身方法，便可万事无碍圆通，不论何事有难以判断之处，取《论语》这把尺子加以衡量，必定免过。"

对涩泽一生的思想和生活产生重大影响的是这样一件事，1867 年 1 月至 1868 年 11 月，他随政府使节德川昭武参加了巴黎万国博览会后，对法国和欧洲各先进国家进行了详细考察，深入了解了西方近代资本主义文明，尤其是经济和企业方面的情况。涩泽因为协助过家庭经营，又对日本当时最发达的城市——大阪经济状况有感性认识，本来就已有一定的经济知识（如票据的发行、交换，制定各种利息制度等）和理性认识，很容易消化和吸收欧洲的新事物。

"合资组织"（股份公司）的经营方式、作为国家元首的比利时国王对实业活动热心支持、欧洲社会的"官民平等"三件事给他留下了深刻的印象。

涩泽通过将近两年的西欧考察，看到了资本主义商业及企业的发展所带来的经济繁荣、物质文明。资本主义的企业组织法（股份公司）管理法、重视经济效益的思想值得借鉴。但是，西方资本主义商业和企业活动中图利不讲道德的倾向日趋严重，以致有的商人或企业为了眼前小利，违背道德，不择手段，乃至最后失去大利。为了既要学习西方近代企业的长处，又要克服其弊端，涩泽提出了具有东方特色的近代企业文化观——"《论语》和算盘一致"论。涩泽说"《论语》和算盘，换言之是道德与经济的合一"。因而"《论语》和算盘一致"论实际上指孔子的伦理思想与日本近代经济发展是相适应的。一个是古代人生伦理的哲学经典，一个是近代企业管理的计算工具，二者为什么会"一致"或相适应呢？

涩泽认为，《论语》讲了很多修身养性之道，特别是讲了许多关于如何处理"义"、"利"关系的道理。这些道理通俗易懂，很适合经商办企业。经济（算盘代表近代经济或近代企业）的发展、振兴，必须有一个好的指导思想作为精神支柱和行动标准。"我之所以爱读《论语》，是因为本来商人是争锱铢之利的，贤者如有一步失误的话，是为利而失道的，更何况商人生活在世俗社会之中，如无防止失误的规矩准绳，那么是很危险的。""如无仁义道德、正义道理之富，其富便不能持久。"《论语》与算盘二者紧密结合，相得益彰。"学问不是为学问而学问，是作为人类日常生活指南针的学问。即学问是人生处世的准则，离开实际无学问，同时离开学问实业也不存在。故我平生提倡《论语》和算盘一致说，试图使实业与《论语》一致。""学术因实业而显贵，农工商的实业因名教道德而发光。二者从根本上是一致的，绝不许背离。如二者背离，学问成死物，名教、道德也是纸上空谈，以致读《论语》而不懂《论语》。"他还指出，道德和经济如鸟之双翼、车之双轮，缺一不可。换言之，《论语》和算盘并不是对立之物，可以右手拿《论语》讲之，左手把算盘计之，退则可利家和富国，进则可理天下之经济，赵普以半部《论语》辅佐太祖，盖不感意外，故余抱此主旨实行之，并致力于诱导后进。

涩泽是企业家，因而他不仅是从理论上阐述"《论语》和算盘一致"的思想，而且还将之运用在自己一生创办、管理企业的活动中。正如他自己所说："对于《论语》，我和社会上各位的兴趣多少有些不同，只不过是致力将《论语》的思想实施在今日的处世实际之中。"他用一致的思想指导了自己创办银行业的实践，他说："明治六年，我从事银行业工作时，觉得有必要选一个自己的舵，于是便想起了《论语》。道德和经济的关系虽极高深，但可作极通俗的理解，故我准备按《论语》之旨，使自己经营的银行发达起来，道德和增加利润可以并存。现在社会上有人缺乏真实本领，流于淫靡浮薄，以虚伪来不道德地发展事业，偶然得富的轻佻者很多，作为银行家值得注意。然而有些银行家被此种不谨慎的事业家所误，每日可见，实在令人惋惜。这毕竟是因道德和经济相背离产生的谬误，忘《论语》偏算盘之过失。我此时讲《论语》或许有点隔世之感，但如进一步思考的话，现在濒临破产的银行如果以《论语》经营其业务的话，即使不盛大也能稳健地持续下去吧。"

在日本近代企业史上，涩泽确实作出了重要的贡献。他首先经营了第一国立银行（今第一劝业银行），随后又帮助建立了许多国立银行、专业银行、普通银行，成立了银行家同业组织"拓善会"，指导成立了票据交换所，为奠定日本的金融事业作出了很大成绩。在金融业外，他还建立和管理了王子造纸厂（1873年建立）、大阪纺织厂（1879年成立，后改名为东洋纺织厂）、东京海上保险公司（1879年成立）、日本铁道公司（1881年成立）、东京煤气公司、东京电灯公司、石川岛造船所、浅野中心、札幌麦酒厂、东洋玻璃厂、明治制糖厂、帝国饭店等企业500多家。此外，他一生支持和赞助事达600多项。而《论语》在这些工作中，起到了"精神支柱"的积极作用。涩泽荣一还注意培养孔子伦理思想与企业管理相结合的人才，他坚持多年亲自向企业员工讲授《论语》，并著有《论语讲义》和《论语加算盘》等书，使孔子思想深入到他所领导企业的每个人心中，构成其企业文化的核心。以至"在涩泽身边及其以后，受其感化和影响，接连不断地涌现出一大批精明强干的'小涩泽'式的企业家。"

涩泽"《论语》和算盘一致"的思想及其运用所取得的实绩，受人赞誉。在其七十大寿之际，一位叫小山正太郎的画家作了一幅意味深长的"《论语》

算盘图",图上有四件物品,《论语》、算盘、礼帽、大刀。并写有"以《论语》为基础,经商事,执算盘,论武士之道,非常之人,非常之事,非常之功"。

《日经产业新闻》1983年曾对日本企业家最崇拜的人物进行调查。调查结果是,涩泽荣一占第二位。《〈论语〉加算盘》至今仍是日本企业家最爱阅读的著作之一。

资料来源:徐水生.儒家思想与日本近代企业——《论语》对涩泽荣一的影响 [J].孔子研究,1993(2)

第二章

儒家个体行为

　　儒学是"为己之学"，儒家认为管理的最终目的是人生精神境界的提升，推动人与自然的和谐与共同进步。为此，管理者既要积极进取，发愤有为，又要保有诗意情怀、宁静心灵，还要始终维持内省的勇气。

第一节　为己之学

趣味阅读

　　有一个美国商人坐在墨西哥海边一个小渔村的码头上，看着一个墨西哥渔夫划着一艘小船靠岸。小船上有好几尾大黄鳍鲔鱼，这个美国商人对墨西哥渔夫能抓这么高档的鱼恭维了一番，还问要多长时间才能抓这么多？

　　墨西哥渔夫说：才一会儿工夫就抓到了。

　　美国人再问：你为什么不多抓一些？

　　墨西哥渔夫觉得不以为然：这些鱼已经足够我一家人生活所需了！

　　美国人又问：那么你一天剩下那么多时间都在干什么？

　　墨西哥渔夫说：我呀，我每天睡到自然醒，出海抓几条鱼，回来后跟孩子们玩一玩，然后睡个午觉，黄昏时晃到村口喝点小酒，跟哥儿们玩玩吉他！

　　美国人不以为然，说：我是在美国哈佛大学攻读 MBA 的，我认为你应该每天多花一些时间去抓鱼，到时候你就有钱去买条大一点的船。自然，你就可以抓更多鱼，再买更多渔船。然后你就可以拥有一个渔船队。再往后，你就不必把鱼卖给鱼贩子，而是直接卖给加工厂。然后你可以自己开一家罐头工厂。如此你就可以控制整个生产、加工处理和行销。然后你可以离开这个小渔村，搬到墨西哥城，再搬到洛杉矶，最后到纽约，在那经营你不断扩充的企业。

墨西哥渔夫问：这又花多少时间呢？

美国人回答：15～20年。

墨西哥渔夫问：然后呢？

美国人大笑着说：然后你就可以在家当皇帝啦！时机一到，你就可以宣布股票上市，把你的公司股份卖给投资大众。那时你就发啦！你可以几亿几亿地赚！

墨西哥渔夫问：然后呢？

美国人说：到那个时候你就可以退休啦！你可以搬到海边的小渔村去住。每天睡到自然醒，出海随便抓几条鱼，跟孩子们玩一玩，然后，睡个午觉，黄昏时晃到村口喝点小酒，跟哥儿们玩玩吉他！

墨西哥渔夫疑惑地说：我现在不就是这样了吗？

一、管理的终极追问

管理是什么？

法约尔认为，企业的全部活动可分为技术活动、商业活动、财务活动、安全活动、会计活动和管理活动。管理就是实行计划、组织、指挥、协调和控制，并提出了管理的十四条原则。

孔茨说："管理就是通过别人来使事情做成的一种职能。"为了达成管理的目的，要进行计划、组织、人事、指挥、控制，管理就是由这几项工作所组成的。

德鲁克说："管理就是牟取剩余。"所谓"剩余"就是产出大于投入的部分。他认为，任何管理活动都是为了一个目的，就是要使产出大于投入。

此外还有："管理是指同别人一起，或通过别人使活动完成得更有效的过程。"[①] "管理就是设计并保持一种良好环境，使人在群体里高效率地完成既定目标的过程。"[②] "所谓管理指的是处在一定社会关系中的人们，按照自己的利益和意志，有意识地利用这种社会关系或创造新的社会关系以实现对人对事物加以调控、配置、组织、规范的活动。"[③]

现代学者对管理的界定各有侧重，但都赋予管理增进效率的使命，致力于

41

---

① 斯蒂芬·罗宾斯．管理学（第四版）[M]．北京：中国人民大学出版社，1997

② 哈罗德·孔茨，海因茨·韦里克．管理学（第十版）[M]．北京：经济科学出版社，1998

③ 张曙光．关于管理的哲学思考 [J]．河南大学学报（社科版），1997（1）

通过科学的方法来运用人力资源和其他资源，提高资源的利用率，以有效地实现目标。但是，对一个管理者来说，在实现目标的过程中如何把握自己呢？目标实现之后又该何去何从呢？换句话说，管理的出发点在哪里，归宿又在何方？对管理的出发点和归宿，西方管理理论没有做出明确的回答。管理者在现实中遇到问题时，却不得不思考这个问题的答案。

趣味阅读

31 岁的张力拥有三个工厂，主要生产服装和鞋子，经营状况良好，拥有数千万身家。他是典型的白手起家的成功人士，出生在四川一个农村，下面有两个弟弟、一个妹妹，家境贫寒，小学三年级时家里一时凑不起学费令他险些辍学。他从小就立下志向："一定要挣很多很多钱，让人们瞧瞧。"因为这个志向，初中毕业后，张力就来到了珠三角打拼。和他一起出来的还有几个伙伴，但张力从不和他们联系，他也不回家，因为他的目标是"等我挣到第一个 100 万后，我再找到他们好好款待一下。"

4 年后，年仅 21 岁的张力如愿以偿地挣到了第一个 100 万，他"衣锦还乡"，在生日那一天请村里的父老乡亲看了一场美国大片，还摆了村里人从来没有见过的盛宴款待每一个愿意来的人。

早已是千万富翁的张力对生活要求很低。住的，是一套两室的房子；吃的，他不讲究，吃一顿妈妈做的咸菜泡饭就是最大的满足；穿的，没有一件是名牌；行的，是一辆 20 多万的轿车。

成功后的感觉很快乐吗？张力根本感受不到；相反，"事业越来越大，我却越来越小"，他解释说。他觉得自己越来越没用，"挣这么多钱有什么意思呢？"在这种自我怀疑中，他的情绪也越来越低落。

以前，他最在乎成功。现在，他成功了，人生反而失去了方向，他突然发现成功并不是他的真实目标。

当今许多企业家并不缺财富、缺物质，也不缺事业成就感，就是缺乏快乐。有不少企业家表面风光，但却内心彷徨，虽然经营业绩蒸蒸日上，但个人心情和快乐指数并未随之提升，甚至有人越来越烦恼。"工作太累，压力太大"是成功人士的普遍感受。他们精神的弦总是处于紧绷状态。因为经营企业需要完全地投入，资金、项目、人员、市场，一切都需要殚精竭虑、费尽心思，企业家无时无刻不是战战兢兢、如履薄冰。成功人士常常不同程度地患有焦虑症，他们或莫名其妙紧张和烦躁，或记忆力下降，睡眠障碍，等等。

可见，成功之后的人生需要一种快乐地看透世事并奋发向上的精神营养，因此"如何获得人生快乐"是所谓成功人士迫切需要解决的问题。

另外，偏执也是成功人士的一种类型的自我迷失。偏执往往以大胆创新的面目出现，而且有一定的合理成分，许多人将偏执当成一种优良品质来看。其实偏执的结果可能是灾难性的。

补充知识

禹作敏，天津市静海县大邱庄原党支部书记、大邱庄农工商联合总公司原董事长。

禹作敏虽只粗通文墨，但话语颇有哲理："抬头向前看，低头向钱看，只有向钱看，才能向前看。"昔日"喝苦水，咽菜帮，糠菜代替半年粮"的大邱庄，既不处于对外开放的阳光地带，也不属于享受特殊政策的经济特区，短短十几年越上"九重天"，这与禹作敏敢想、敢干的作风有很大关系。由于他的决策正确，他领导的大邱庄由一个华北盐碱地上的"讨饭村"变成全国最富有的村庄。1991 年，大邱庄工农业总产值 18 亿元，比 1978 年增长 1300 倍，公共积累达到 4.8 亿元。1992 年，在国家统计局的统计年鉴里，大邱庄成为社会总产值、人均收入等多项经济指标连年稳居第一位的中国"首富村"。禹作敏一度成为国内外知名的"新闻人物"。当时的禹作敏俨然已成为"中国第一农民企业家"。这年的 3 月 1 日，他在《经济日报》上发表"春节寄语"：大邱庄最大的贡献，是给中国农民长了脸。

富裕之后，禹作敏曾说："没有我禹作敏就没有大邱庄的今天。"在禹作敏"统治"期间，大邱庄成为针插不入、水泼不进的独立王国。

1992 年 11 月，大邱庄华大集团公司总经理李凤政突然病故，资金流向说不清楚。大邱庄总公司的会议室成了一个私设的公堂。禹作敏让人准备了警棍、皮鞭等刑讯器材，并设置了录音、录像设备。在禹作敏的主持下，大邱庄企业集团总经理禹绍政（禹作敏之子）、大邱庄治保主任周克文、总公司副总经理兼秘书长石家民等，先后对华大集团公司氧气厂厂长田宜正、华大公司副总经理侯洪滨、华大公司养殖场场长宋宝进行了非法审讯。12 月 7 日，禹作敏主持审讯，他首先动手打人，别的打手一拥而上，拳打脚踢，一直把人打得鼻青脸肿，按照他们的要求"承认"了问题才罢休。事后，他重赏了审讯的"有功人员"。

禹作敏敢于私设"公堂"，他的部下就敢动用酷刑。12 月 13 日，万全集团经理部经理刘云章把养殖场业务员危福合带到会议室，要他交代问题。危福合说自己没有问题，打手们扒光危福合的上衣，用电警棍击，用三角带当鞭子抽，一批人打累了再换另一批。这场审讯持续了7个小时，万全公司先后有18个人参加了对危福合的殴打。当晚10点，危福合停止了呻吟，被送到医院后抢救无效死亡。

执法部门通缉嫌疑犯并开始搜查时，大邱庄在统一指挥下，调动汽车、拖拉机、马车，设置重重障碍，组成"五道防线"，叫嚣天津公安部门非法抓人。天津市公安局派员去调查，被村民拘禁13个小时。其后的调查则更为危险，大邱庄里有15支枪，2000发子弹，还有一个猎枪厂。

"垮我禹作敏，大邱庄都得垮！"禹作敏把家人、亲信都绑到他的这架战车上，决心抗争到底。当执法部门进村搜捕犯罪嫌疑人时，禹作敏让领导班子成员组织3万人到县城游行。

禹作敏的骄横在后来已经到了难以遏制的地步，他会跟国家领导人比谁的工资高，跟部长比谁的皮带贵，他曾对一位离休官员说，"你是带着穷人打倒了富人，我是带着穷人变成了富人。"有一次，一位香港记者问他，"有人说你是这里的土皇帝……"禹作敏没等他把话说完，就笑着应声答道，"我去了'土'字就是皇帝。"

1993年，禹作敏从"天堂"坠入"地狱"，他因犯窝藏罪、妨害公务罪、行贿罪、非法拘禁罪和非法管制罪被判处有期徒刑20年。目无王法、目中无人为禹作敏的人生埋下了悲剧的伏笔，而这出悲剧的导演就是他本人。

二、为己之学

管理的始点不是赚钱或者利润，终点也不是所谓的成功。那么管理的出发点和归宿在哪呢？儒家圣贤做出了回答。

孔子曰："古之学者为己，今之学者为人。"（《论语·宪问》）意思是，古人学习的目的是做人，完善自己、成就自己；而今人学习的目的则是为了卖弄学问，沽名钓誉，给别人看的。孔子认为，学不应是为了见知于人，而应是"为己"，是为了成就自己、完善自己。孔子眼中的"学"是"为己之学"。对于"为己之学"，徐复观解释说："所谓为己之学，是追求知识的目的，乃在自我的发现、开辟、升进，以求自我的完成。"[1] 杜维明也认为，为己之学"就

---

① 李维武. 中国人文精神之阐扬：徐复观新儒学论著辑要［M］. 北京：中国广播电视出版社，1996

是学做人"，"学习成为一个完善的人"。①

《大学》云："物格而后知至，知至而后意诚，意诚而后心正，心正而后身修，身修而后家齐，家齐而后国治，国治而后天下平。"孔学是讲内圣外王的，"外王"的前提就是"内圣"。所以，孔学对"己"这个前提，是看得很重的。孔子云："富贵可求也，虽执鞭之士，吾亦为之；如不可求，从吾所好。""不义而富且贵，与我如浮云。"（《论语·述而》）可见，在这一点上，孔学的态度是很明确的，即富贵也好，事功也好，都要以堂堂正正的手段去取得，而不能靠玩弄阴谋诡计，或以违法乱纪的手段去取得。孟子讲得更彻底，他说世间有"天爵"、"人爵"两种爵位，"仁义忠信，乐善不倦，此天爵也；公卿大夫，此人爵也。""古之人修其天爵而人爵从之；今之人修其天爵以要人爵，既得人爵而弃其天爵，则惑之甚者也，终亦必亡而已矣。"（《孟子·告子下》）就是说"己"这个"本"要固，不固，不论干什么，都是干不好的，只会给社会带来灾难。这就是"本乱而末治者未之有也"（《大学》）。

"为己之学"是为了人生精神境界的提升，以自己的内在性情为归依。在儒家看来学就是学做人。真正的学问就是学做人而不是出自其他的考虑。孔子说："弟子，入则孝，出则悌，谨而信，泛爱众，而亲仁。行有余力，则以学文。"意思是，在家孝顺父母，出来对别人友爱，慎重，诚信。把这些做到了还有余力，那才学文。孔子的弟子子夏曾说："贤贤易色；事父母，能竭其力；事君，能致其身；与朋友交，言而有信。虽曰未学，吾必谓之学矣。"意思是，对父母能够尽孝，对领导能够尽忠，对朋友能够言而有信，能够做到这三方面，就算没有读过一本书，没上过一天学，我一定认为你是有学问的。做人首先要的是道德上的完善，人格的确立及精神境界的升华。儒家之"学"虽有认识论的意义，包括知识经验的积累，但更主要地应理解为自我道德修养。儒家并不排斥智性甚至主张"尊德性而道问学"（《中庸》）、"必仁且智"的。（董仲舒《春秋繁露》）宋代政治家司马光在总结历史上用人治国的经验教训时指出："才者，德之资也；德者，才之帅也。"德靠才来发挥，才靠德来统率，二者相辅相成，同样重要。只有德才兼备，才为贤者。但儒家总体上是以尊德性为优先价值，以仁为本的。德与才是有机的统一体，二者不可分割，不可偏废。儒家把他们的学问称为"圣人之学"，它所关注的焦点是人如何成就德性完善人格的问题。学做人的圣人之学也就是为己之学。或者说学做人是为己之学的性质，而学道德或道德修养是为己之学的内容。

中国素有重视德行的传统。儒家经典《周礼》中有"敏德以为行本"之

① 杜维明．儒家思想新论——创造性转换的自我［M］．南京：江苏人民出版社，1995

说。《诗经》里也有"高山仰止，景行行止"的诗句，比喻对道德高尚、光明正大者的敬仰。《论语》中孔子也说："如有周公之才之美，使骄且吝，其余不足观也。"即使有周公那样的才能和美好的资质，只要骄傲吝啬，他其余的一切也都不值一提了。这其中，才能资质属于才的方面，骄傲吝啬属于德的方面。也就是说，如果一个人才高八斗而德行不好，那么也是不值得一提的，只有德才兼备才是完美的人。由此可见，孔子人生哲学的重心在道德品行的养成。无论做人做事都要以道德作为基础，只有品德高尚的人才能获得真正的成功。

趣味阅读

有一位老锁匠一生修锁无数，技艺高超，收费合理，深受人们敬重。老锁匠的年纪渐渐大了，为了不让自己的技艺失传，他决定为自己物色一个接班人。最后老锁匠挑中了两个年轻人，准备将一身技艺传给他们其中一个人。一段时间以后，两个年轻人都学会了不少东西。但两个人中只有一个能得到真传，老锁匠决定对他们进行一次考验。

老锁匠准备了两个保险柜，分别放在两个房间里，让两个徒弟去打开，谁花的时间短谁就是胜者。结果大徒弟只用了不到10分钟就打开了保险柜，而二徒弟却用了半个小时，众人都以为大徒弟必胜无疑。

老锁匠问大徒弟："保险柜里有什么？"大徒弟眼中放出了光亮："师傅，里面有很多钱，全是百元大钞。"老锁匠又问二徒弟同样的问题，二徒弟支吾了半天说："师傅，我没看见里面有什么，您只让我打开锁，我就打开了锁。"

老锁匠十分高兴，郑重宣布二徒弟为他的正式接班人。大徒弟不服，众人也不解，都来询问老锁匠，他微微一笑说：我收徒弟是要把他培养成一个高超的锁匠，他必须做到心中只有锁而无其他，对钱财视而不见。否则，心有私念，稍有贪心，登门入室易如反掌，最终只能害人害己。我们修锁的人，每个人心上都要有一把不能打开的锁。

按照儒家的思维方式，自我处于各种关系的核心，因此，要外王必然要内圣，要实现天人合一、社会和谐，均要以个人的自觉修养为基础，内在的认识自己是在外部世界正确行为的前提。儒家为己之学对于管理活动中提升价值理性、弘扬人文精神，克服工具理性与功利主义思潮过于膨胀的偏颇有积极的借鉴意义。

儒家的为己之学传统，其价值导向的精神实质在于它是成人成圣的心性之学，而非功名利禄的事功之学，旨在强调一种道德价值而非功利价值。同时它是对人的自我完善、安身立命的内在价值的弘扬，是对人不受外在的功名利禄所役的独立精神和人的主体性的肯定。修心、进德、成性的最终目的是自我完善，实现身心和谐、人际和谐，最后达至天人合一的最高境界。

　　作为人际关系中心的自我，是道德修养的主体和核心，是为学的起点。内在地认识自己是在外部世界正确行为的前提。孔子说"三军可夺帅也，匹夫不可夺志也"（《论语·子罕》）。孟子要人们善养浩然之气，要有"大丈夫"气概（《孟子·离娄下》）。荀子说："志意修，则骄富贵；道义重，则轻王公，内省而外物轻矣。传曰：君子货物，必人役于物，此之谓矣。"（《荀子·修身》）这种内在精神诉求就是人的安身立命之所，安身立命之所不在彼岸，也不在来生，而是在自己的身心性命中，在自己的现实存在之中。这实际上就是在自己身上实现人生的理想，找到人生的归宿。而"为己之学"就是这种安身立命的唯一正途，以主体实现为最高原则，以自我实现为旨归，自安其身，自立其命，以实现自身心灵的安宁，而不为外物所动。

　　管理的最终目的是推动人与自然的和谐与共同进步。最高境界的管理模式应当是在对人性普遍价值目标、宇宙价值目标的认知与自觉的基础上发展出来的。事实上，价值与哲学可以说是管理的真正起点。只有把握本体价值，进而把握道德价值，我们才能把经济活动维护在一定范围，使它不因为手段而丧失目的，使人不至于在经济活动中工具化、机械化。

　　为己之学是一条由本及末、由体及用的正确道路，而为人之学却以学求人知，追求功名利禄，不但不能成就自我，反而丧失了自我，更无以成就万物，这是一条逐末忘本的歪门邪道。虽然人性中也不免有功利的一面，为学也不免有追求功名利禄的一面，不能完全排斥学以致用的工具性价值，但儒家的价值观仍然是坚持以修身养性为为学正途根本和基础而反对一味追名逐利的不良学风。"为己之学"反映了儒家对主体自我的肯定，体现了对个体内心精神世界的关切。现代西方管理学理论承认人是管理的主体，又把人性与财、物一样看成管理的客体，而且人性和事态都被纳入到科学化的管理模型中去加以分析和整合。由于这种思维方式将人"物化"，忽视了人的主动性和自我发展性，因而未能充分开发人的潜能，甚至使人异化为技术的附庸，使人失去自我，失去生活的原本目标，使人沉沦为商业化的、贪图享乐的甚至最终被货币主宰的物的附庸。在这一点上，可以说儒家为己之学旨趣更高。在当今中西文化冲突与融合的时代背景下，面对人役于物、工具理性凌驾于价值理性之上的人类的尴尬境地，现代新儒家杜维明对传统儒家的"为己之学"赞赏有加，认为在人类现代化的进程中，儒家的为己之学仍具有强大的生命力。他说："在儒家的传统里，学做一个完善的人不仅是一个首要关切的问题，而且是终极关切和全面关切的问题。"

补充知识

在李嘉诚看来，只贪图利益的人，充其量一辈子做一个小商人，而一个能把做人的原则放在首位的人，才能成为一代大商人。做人之道与经商之道其实并不矛盾；相反，它们是紧密相连的。李嘉诚坚信天下最聪明的生意经是"做人重于经商"，也就是说，要经商必须先做人。他认为，那些眼睛只看到钱，甚至企图靠坑蒙拐骗做生意的人，永远都不可能把生意做大。而那些心明眼亮，懂得把做人的利害关系放在第一位，能够以诚待人的人，则会树立起自己的人格品牌，把人格转化为无形的资产，最后成就一番大的事业。

李嘉诚善于做人，精于经商。谈到做生意的秘诀，李嘉诚最看重的就是一个"信"字。他曾反复强调"要令别人对你信任。不只是一个商人，一个国家亦是无信不立。"李嘉诚对事业的"信"与他对人的"诚"是分不开的，诚信相合，即为"义"。

李嘉诚说"对人要守信用，对朋友要有义气。今日而言，也许很多人未必相信，但我觉得'义'字，实在是终身用得着的。"

青年时的李嘉诚为了独立创业，拥有一方属于自己的商业天地，他满怀愧疚之情离开了对他有知遇之恩的塑胶公司。老板是个善人，非但没有怪他，还设宴为他饯行，这更让李嘉诚感动。20多年后的1973年，由于世界经济危机的冲击，香港塑胶业出现了史无前例的原料大危机。已经是潮联塑胶业商会主席的李嘉诚挂帅救业，同时，把自己公司的库存原料拨给以前自己打工的那家塑料公司，把自己的恩公从倒闭的边缘挽救回来。年过花甲的塑胶公司老板噙着热泪说："我没有看走眼阿诚的为人。"也许有人认为，传统道德与商业文化大相径庭，水火不容。但成为商界巨子的李嘉诚，却能将这两者很好地融为一体。在香港这个物欲横流的商业社会中，他体现出了一个中国人应有的传统美德，确实难能可贵。

在众人的眼中，李嘉诚是一个成功的企业家、商业巨子，懂得如何赚大钱。但在他两个儿子的心里，李嘉诚有另一种心灵上的追求，感觉很温馨，因为李嘉诚并不把赚钱视为唯一，而是告诉他们做人之道与用钱之道。

做人跟做生意一样，李嘉诚有自己坚守的原则。他常对儿子讲："有些生意，给多少钱让我赚，我都不赚……有些生意，已经知道是对人有害，就算社会允许做，我都不做；在滚滚红尘当中，可以辟一处地方安顿好自己的良心，身心亦较舒坦；做人要留有余地，不把事情做绝；有钱大家赚，利益大家分享，这样才有人愿意合作，假如拿10％的股份是公正的，拿11％也可以，但是如果只拿9％的股份，就会财源滚滚。"李嘉诚的箴言，不仅是他对两个儿子的要求，也是他从商一辈子的经验处世准则。

就是这个看似简单不过的原则，让李嘉诚结交了无数商界朋友，赢得了广大股东和职员的信赖与支持，树立了崇高的形象，同时为他赢来了无数的商机和财富，并一举登上香港首富、世界华人首富的宝座。

资料来源：武迪，周善文．李嘉诚成功凭什么？［M］．北京：北京科技出版社，2007

第二节　生命格局

趣味阅读

商场亦战场，中国企业家们不缺昂扬斗志。但当暗淡了刀光剑影，企业面对自己——这个最大敌人时，是否能真正领悟"文治"、"武功"？也许，这时我们应该细细品味曾国藩赠给其弟曾国荃的一副对联——"千秋邈矣独留我，百战归来再读书"。

其实中国的企业家虽多，但无非三种境界：草商、儒商和哲商，如果要用动物来比喻，那就是土狼、猎豹与大象。

草商，指不需要也不太喜欢动脑筋，目光不长远但富有冒险精神实干主义的"草莽英雄"，他们为生存而奋斗，凭经验管理、靠直觉做事，敏于行，讷于言，拙于思，"小脑发达，大脑不发达"。这些人就是商业丛林中的土狼，体格强健，四处奔跑，永不疲倦，永不言败。

企业家第二种境界是儒商：以知识武装自己，具有"士魂商才"的商人。所谓士魂，就是这种企业家在市场大潮里沉浮多年，必然会要严格遵守商业道德，诚信为本，谋利有度；所谓商才，指的是这类企业家在商场中修炼有成，善于抓住商机、把握经营之要，圆融管理智慧，熟练运用各种管理方法和管理工具。他们正像以敏捷和速度著称的猎豹，嗅觉敏锐，行动快捷，能够巧妙地避开陷阱，迅猛地抓住猎物，并且在复杂多变的环境中修炼出了对危险和机会特殊的直觉。他们世事洞明、人情练达，熟悉每一种利益格局，懂得在灰色领域如何灵活自如地穿行。

而哲商，顾名思义，就是商人和哲人的结合体，是用智慧统率知识的新商人，在他们的经营运作中体现出来的不是小聪明，而是大智慧。他们就像草原中的大象一样，站得高、看得远，走得虽慢，却是脚踏实地、一步一个脚印，不断累积雄厚的实力。这些人平时看起来四平八稳、不轻易出手，但随便跺跺脚，商界就要晃三晃。在很多时候，他们的行事方式往往也让土狼、猎豹们难以理解、无法认同。如美国前总统小布什上任后，宣布了 1.6 万亿美元的减税计划，其中包括将每年减少 300 亿美元的遗产税。这对富人是个利好消息，可是比尔·盖茨、沃伦·巴菲特、索罗斯等 120 名富翁却联名上书，反对政府取消遗产税：不能允许我们的第二代不劳而获！他们如果不劳而获，会使他们跟同时代的年轻人处于不公平的竞争情况，这种现象会影响美国未来长久的国力！心里时刻装着国家与社会，这就是哲商们的情怀，他们以企业为平台，以财富为力量，以报效社会为己任，以利益众生为追求，在企业成功、事业有成的同时也实现生命升华和智慧圆满。

资料来源：http://money.163.com/09/0318/14/54MP9PJ3002524TH.html

一、人生境界

哲学家冯友兰运用"境界"一词来讲人生哲学。在冯友兰的人生哲学中，境界是指由人的主观觉悟和了解造成的精神状态，他认为人生有四种境界：[①]

一是"自然境界"。这是一种蒙昧状态，不知道或者不大知道自己所做的事有什么意义。此时的人，活在没有意义的时空，活在无思无想的层面。

二是"功利境界"。此时人的思想意识已有所加强，了解自己的行为目的，为了达到目的会进行系列设计，并有步骤地实施计划。功利境界虽也是对人的意识的一种发展与提高，比起自然境界来较能体现人作为社会存在的特点，但功利境界毕竟狭小，只有"小我"，没有"大我"，这样的"小我"不够深沉阔大。

三是"道德境界"。人明白个人与社会的关系，为社会的利益做事，事事讲道德，事事都有道德意义。即舍利而求义。道德境界是建立在人对社会的亲和与认同之上的，个人之"小我"融化进社会之"大我"中。

四是"天地境界"。心目中有宇宙的整体，为宇宙的利益做事，是自觉的

---

① 冯友兰. 中国哲学简史 [M]. 北京：新世界出版社，2004

天民，与宇宙同一。此时的人在生存方面，已经进入了极为广大自由的境界，随心所欲而行事，无不合规矩合目的，指向人的健康与全面发展。

"天行健，君子以自强不息；地势坤，君子以厚德载物"（《周易·坤卦·象传》），前者为自强不息、刚健有为；后者为厚德载物、包容万物。"自强不息"是"天"的德行，"厚德载物"是"地"的德行。儒家认为，与"天"、"地"并列为"三才"的"人"，则应取法"天"、"地"，具有天、地的德行，既要积极有为，又要胸怀博大。只有这样，"人"才能成为"顶天立地"、"与天地参"的人。可见儒家追求的正是天地境界。

二、守护理想

《论语》中有这样一则故事：子路宿于石门。晨门曰："奚自？"子路曰："自孔氏。"曰："是知其不可而为之者与？"（《论语·宪问》）意思是，子路在石门也就是鲁国都城的外门过夜。隐士问："从哪里来？"子路说："从孔氏那里来。"隐士说："就是那个明知做不到却还是要做的人吗？"

"明知不可为而为之"是一个理想主义者的形象勾画。明知自己所从事的事情在自己的有生之年不可能取得成功，但他还是一丝不苟地坚持做下去，为自己的信念和理想而献身。孔子何尝不知道"克己复礼"任重而道远，但却周游列国，"累累如丧家之犬"而精神不改（《史记·孔子世家》），晚年退居讲学，仍然以礼乐文化为核心内容，为推行"仁道"而贡献力量。

儒家倡导的君子人格，无不是内涵饱满，境界深远的。儒家就一直鼓吹君子应养"大体"，不能成为"饮食之人"，即要求精神境界的自我超越，故而儒家大力提倡君子应"立志"，应树立挺拔坚贞的人格，即所谓"士不可以不弘毅"。（《论语·泰伯》）正是执著于德性的圆满，所以儒家认为在生命之上还存在着更高的意义和价值。

儒家认为，一个人要实现人生价值，完善人生理想，达到人生目的，就必须在确立理想志向的同时，积极进取，发愤努力，孜孜不倦，奋斗终生。非如此，人生价值、理想、目的，是不可能实现的。孔子倡导顽强执著、知难而进、坚韧不拔、不畏艰辛、敢于牺牲的勇气和精神："士不可以不弘毅，任重而道远。仁以为己任，不亦重乎？死而后已，不亦远乎？"（《论语·泰伯》）"君子无终身之间违仁，造次必于是，颠沛必于是。"（《论语·里仁》）"岁寒，然后知松柏之后凋也。"（《论语·子罕》）

孔子周游列国的时候，从卫国到陈国去经过匡地，匡人曾受到鲁国阳虎的掠夺和残杀，因孔子的相貌与阳虎相像，匡人误以孔子就是阳虎，就将他们围困。孔子曰："文王既没，文不在兹乎？天之将丧斯文也，后死者不得与于斯文也；天之未丧斯文也，匡人其如予何？"（《论语·子罕》）意思是，周文王死了以后，周代的礼乐文化不都体现在我的身上吗？上天如果想要消灭这种文化，那后代的人就再也没有机会学习这种文化了；上天如果不想灭绝这种文化，那么匡人又能把我怎么样呢？

这段话证明了孔子将传播仁道、教化人们走向正途当作上天赋予自己的使命，"天命不可违"，危难不足惧，决心不能改。正是这种毅力和精神驱动着孔子历经磨难，终成大成至圣先师。正如钱穆所评注的那样："孔子临危，每发信天知命之言。盖孔子自信极深，认为己之道，即天所欲行于世之道。自谦又甚笃，认为己之得明于此道，非由己之知力，乃天意使之明。此乃孔子内心诚感其如此，所谓信道笃而自知明，非于危难之际所能伪为。"

鲁哀公六年，孔子 63 岁的时候，他与弟子们从陈国前往蔡国，结果途中被困在陈蔡之间，断了粮食，这就是所谓的"陈蔡之厄"。从行的弟子们都饿病了，站都站不起来。子路心怀不悦，来见孔子，说："君子也有如此般走投无路的吗？"先生说："是呀。君子走投无路的时候仍然坚守自己的原则，但小人一旦走投无路便恣意妄为了。"

自孔子以来，从中国历史上看，儒家学者多对社会抱有"以天下为己任"的忧患意识。它是由于儒家始终抱有的对天下国家一种不可推卸的社会责任感和历史使命感而产生的。《论语》有多处讲到"忧"（忧虑、忧患），其中"君子忧道不忧贫"可说是代表着孔子的精神。"道"是什么？就是孔子行"仁道"的理想社会。孟子曰："万物皆备于我矣。反身而诚，乐莫大焉。强恕而行，求仁莫近焉。""万物皆备于我"表征着"为仁由己"的道德自律性和自足性，体现一种充满主体意识、乐观向上的心态。孟子有句常为人们所称道的名言："生于忧患而死于安乐"（《孟子·告子下》），这种"忧患意识"正是因为他要"以天下为己任"。孟子在中国历史上以具有平治天下的抱负著称。为了"平治天下"，他一生奔波，游说诸侯，虽不得志、不得位，无所施展其治世的才能，然犹以此志谆谆教诲其门徒。他不仅以平治天下为己任，并认为自己具备平治天下的能力。他曾经对他的学生说过这样的话："如欲平治天下，当今之世，舍我其谁也？"（《孟子·公孙丑下》）而且，他还认为每个有作为的人都应当以天下为己任。他曾引用颜回的话说："舜何？人也。予何？人也。有为者亦若是。"（《孟子·滕文公上》）舜是中国历史上以天下为己任的传说中的最伟大的人物之一，而颜回却说舜是人，我也是人，有作为者就应当与舜一样行事。孟子引用并赞赏颜回的这段话语，是借此表明他自己也认为凡有作为者均应以天下为己任。

张载认为知识分子的责任是"为天地立心，为生民立命，为往圣继绝学，为天下开太平"，更是明确地表现了仁人智者要以天下为己任的社会责任意识这一道德要求。可见，在儒家思想里，实现人的社会责任要从自我做起，他们也试图把对国家的政治参与作为实现社会责任意识的手段。

责任意识与担当精神就是一个人最重要的素质，也决定了一个人事业的发展趋势。李嘉诚说过，用人最主要是看其责任心和忠诚可靠程度，对于这样的员工，企业将会给其最大的发展机会。责任的承担，并不是一定要身居高位。对于企业里的一个普通员工，当上级将一项工作交给你，就这项工作而言，工作的成功与失败在很大程度上取决于你自己，所以需要担当。

新东方教育集团创始人俞敏洪在一次演讲中说，人应该具有水的精神，他说："每一条河流都有自己不同的生命曲线，但是每一条河流都有自己的梦想——那就是奔向大海。我们的生命，有的时候会是泥沙。你可能慢慢地就会像泥沙一样，沉淀下去了。一旦你沉淀下去了，也许你不用再为了前进而努力了，但是你却永远见不到阳光了。所以我建议大家，不管你现在的生命是怎么样的，一定要有水的精神。像水一样不断地积蓄自己的力量，不断地冲破障碍。当你发现时机不到的时候，把自己的厚度给积累起来，当有一天时机来临的时候，你就能够奔腾入海，成就自己的生命。"

53

趣味阅读

在古希腊神话中，有一个西齐弗的故事。

西齐弗因为在天庭犯了法，被大神惩罚，降到人间来受苦。对他的惩罚是：要推一块石头上山。每天，西齐弗都要费很大劲把那块石头推到山顶，然后回家休息。可是，在他休息时，石头又会自动地滚下来，于是西齐弗又要把那块石头往山上推。这样，西齐弗所面临的是：永无止境的失败。大神要惩罚西齐弗，也就是折磨他的心灵，使他在"永无止境的失败"命运中，受苦受难。

可是，西齐弗不肯认命。每次，在他推石头上山时，大神都打击他，告诉他不可能成功。西齐弗不肯在成功和失败的圈套中被困住，一心想着：推石头上山是我的责任；只要我把石头推上山顶，我的责任就尽到了；至于石头是否会滚下来，那不是我的事。

再进一步，当西齐弗努力地推石头上山时，他心中显得非常的平静，因为他安慰着自己：明天还有石头可推，明天还不失业，明天还有希望。

大神因为无法再惩罚西齐弗，就放他回了天庭。

一个人能不能经受住考验，境界是高是低，平常的情况下是很难看出端倪的。只有在大顺之境和大逆之境方才能看出究竟。正如孔子所说："三军可夺帅也，匹夫不可夺志也。"（《论语·子罕》）"士而怀居，不足以为士矣。"（《宪问》）"志"就是一个人的理想、志向、抱负，是一个人坚定的人生信念。正是这种信念才形成强大的驱动力量，鼓舞着我们，感动着我们，鞭策着我们，勇往直前，赴汤蹈火，不达目的誓不罢休。人生也是一种事业，一个人如果确立了自己远大的理想，就不能再斤斤计较个人眼前的利害得失，不能沉溺于日常衣食住行的琐事之中。要培养自己的内在定力，驱除掉浮躁，耐得住寂寞，经得起诱惑，平心静气，心无旁骛，专心致志地倾注于善行的修造，事业的提升。

综观当前国际风云，瞬息万变，然而万变不离其宗，任何国家欲之强盛，能立于世界民族之林，在于在剧烈的国际经济竞争之中，立于不败之地，以求得国家经济之稳定与发展，综合国力之增强。一个企业家，一个有为的管理者应当是以天下为己任，也就是以振兴中华为己任。

补充知识

卢作孚（1893～1952年），原名魁先，出生于重庆合川一个普通的麻布商贩家庭。由于经济条件拮据，卢先生仅小学毕业即辍学，后全靠刻苦自学而成才。他思想进步，早年参加同盟会，积极投身四川辛亥革命运动，而后，又致力于教育事业，先后在泸州等地进行新教育试验、于成都创办"成都通俗教育馆"等，可谓成绩斐然！然而，面对刘湘、杨森等四川军阀屡以相请的高官职位，先生却一再推辞，毅然回到家乡，靠多方筹措股金，创办了民生实业有限公司。以高远精准的眼光和超人的勇气，投资航运业。以一艘载重仅70余吨的"民生"轮起家，在短短的二十余年时间内，至1949年已拥有150多艘客货轮，载重吨位共计7.2万吨，成为旧中国最大的民营航运企业。此外，他还积极推动北碚乡村建设等事业，其发展成就令人瞩目。新中国成立后，毛泽东在谈到旧中国的工商业时，提到四位人士不能忘记，其中就有卢作孚！

从卢作孚传奇而卓越的一生来看，体现了真正的儒商本色！主要表现在这几方面：

首先，是积极入世、以天下为己任的人生态度。"穷则独善其身；达则兼济天下。"这是儒家特别尊崇的理念，而这在卢先生身上，体现得尤为明显。

他为民生公司拟订的"服务社会、便利人群，发展产业，富强国家"之企业宗旨，更是直接体现了这一精神。"教育救国"、"实业救国"是当时最为流行的口号，而真正付诸实践而取得成功的人却寥若晨星。卢作孚先生则是这星空中耀眼的一颗。而且，他还将教育与实业融为一体，正如他所说："我前半生办教育，后半生办企业，实际也是办教育。"先生以借鉴教育的独特方法，成功地发展壮大企业。

在抗战期间，民生公司更是倾其全力，为抗战做出了巨大贡献。据统计：到1945年抗战胜利，经民生公司船只运送出川的川军和壮丁总数达270万人，武器弹药等30余万吨。在抗战开始后的几年中，民生公司先后抢运入川旅客共约6.4万人，并将武汉会战中光荣负伤的万余名伤兵抢运入川。在抢运撤退物资方面，先生也做出最大努力。据不完全统计，抗战前期，民生公司从上海、南京、芜湖、武汉等地抢运入川的重要器材和物资，仅兵工器材即达16.28万吨。被时人誉为"中国实业上的敦刻尔克"的宜昌物资大抢运，面对敌机狂轰滥炸的危急时刻，卢先生亲自坐镇，采取一系列行之有效的紧急措施，在短短两个月的时间内，便将9万余吨的物资全部抢运入川，总吨位竟相当于公司1936年全年的货运量。同时，在抢运过程中，民生公司也付出了极其惨重的代价。据统计，民生船只在战时因被炸和触礁等沉毁的共达16艘，光荣牺牲的船员在百人以上。卢先生率领的民生公司，秉承"天下兴亡，匹夫有责"的理念，在抗击日寇侵略的战斗中屡建功勋，真不愧是一支能打硬仗的抗日航运"舰"队！

"天行健，君子以自强不息！"企业的生命，在于创新能力，创新是企业家精神的本质。民生公司以改革创新精神废除带有封建性和买办性的旧管理制度，创立新型现代管理制度。并在技术方面积极探索，亲身参与技术创新实验，并多次出国考察和订购轮船，不断追踪国际先进水平，进而提高运能和效率，实现更丰厚的效益。

以人为本，不是西方的首创。儒家早已提出人本主义的观念。卢先生曾写有《中国的根本问题是人的训练》一文，较为系统地阐明了自己的人本主义观点。文中提出，在充分尊重的前提下，重视人的训练，强调人的积极作用。中庸、和谐，是儒家的信条。卢先生在管理企业方面，也充分借鉴了此点。他从不依靠官僚资本，而是自力更生，企业走的是中间道路。以和谐共赢的思想，与其他公司进行互利合作。在公司内部管理上，着力营造和谐良好的企业文化。组织了诸如篮球队、足球队等文艺团体，丰富和活跃职工业余生活，同时还十分重视职工福利，如购买住宅区、兴建医院、公园、学校等，体现出极大的人文关爱。民生员工在充满"爱、秩序、进步"的企业文化氛围中，将自己的思想和行为潜移默化地融入企业精神中，从而使员工具有高度的认同感、参与感及使命感，企业更具吸引力和凝聚力！

作为企业家，当然必须要有高远的眼光、丰富的经营管理知识、经验。这一点，从民生公司的对外投资、联合经营等一系列成功的运作就能得到充分印证。窃以为，这对于企业不是最重要的，而精神才是最重要的。孙中山先生曾说过："青年人不要立志做大官，要立志做大事！"先生一生淡泊官场，致力实业救国，真乃此格言的真实写照。排除了外界众多纷扰，作孚先生更能专注于企业，从而使企业发展得更好、更快。比之现在的那些身在企业、心在官场的企业领导人，其敬业精神和平和踏实的作风恐怕要胜过百倍！黄炎培先生曾称赞卢先生："他是耐苦耐劳的，是大公无私的，是谦和周到的，是明决爽快的，是虚心求进的，是富于理想而勇于实行的。"此评确非溢美之词！

再看作孚先生的操守，更是清正严明、克己奉公。对公司的管理，以制度、计划为纲，严格要求，艰苦奋斗，以身作则。用人方面，选贤任能，而从不任人唯亲。因而，他在企业中树立了崇高的威信和声誉，深得人心。如公司规定，员工一律不得抽大烟，而先生的胞弟卢魁杰却屡抽大烟不改，卢即亲笔批示"立即除名，永不录用"。先生个人生活十分俭朴，从不特殊。常穿的是公司统一定做的粗布制服，吃的是公司规定的八人一桌的饭菜，住的是公司分给的普通住房。他私蓄有限，在公司所占股份始终不大，对于公司赠送的股权，从未取过红利，兼职的薪水，一律捐给公益事业。对自己的子女要求很严格，从不允许单独使用他的公车，身后更未留下巨额遗产给家属。正如美国"Asia and America"杂志所登的《卢作孚与他的长江船队》所评："卢作孚是一个没有受过正规学校教育的学者，一个没有现代享受要求的现代企业家，一个没有钱的大亨。"

当前，像作孚先生这样德才兼备、勇于创新、颇具人格魅力的企业家似乎太少了。而屡屡见诸媒体的许多腐败贪污案件，很多却都与企业领导者有关。在深化企业改革的浪潮中，除了不断健全完善相关法律、制度以外，更期待涌现更多的清正敬业、胸怀天下的企业家来！

资料来源：http://blog.tianya.cn/blogger/post_read.asp?BlogID=1236018&PostID=13330235

三、浩然正气

《论语》中曾子曰："士不可以不弘毅，任重而道远。"（《论语·泰伯第八》）意思是，有所作为的人不能不刚毅，因为他担当重任而道路遥远。朱熹解释说，弘，宽广也。毅，强忍也。非弘不能胜其重，非毅无以致其远。程颐曰："弘大刚毅，然后能胜重任而到远。"想有所作为的人要做好充分的心理准备，要注意培养自己弘大的气度和心胸，磨炼自己刚毅不屈的性格。

孔子教诲子夏曰："女为君子儒，无为小人儒。"（《论语·雍也第六》）钱穆解释说："孔子之所谓小人儒者，不出两义：一则溺情典籍，而心忘世道。一则专务章句训诂，而忽于义理。子夏之学，或谨密有余，而宏大不足，然终可免于小人儒之讥。"① 诸葛亮也有君子之儒小人之儒的剖析："儒有君子小人之别。君子之儒，忠君爱国，守正恶邪，务使泽及当时，名留后世。若夫小人之儒，惟务雕虫，专工翰墨，青春作赋，皓首穷经；笔下虽有千言，胸中实无一策。且如杨雄以文章名世，而屈身事莽，不免投阁而死，此所谓小人之儒也；虽日赋万言，亦何取哉！""君子儒"气象恢弘，志向远大；"小人儒"目光短浅，缺乏气度。

孟子曰："我善养吾浩然之气……其为气也，至大至刚，以直养而无害，则塞于天地之间。其为气也，配义与道；无是，馁也。是集义所生者，非义袭而取之也。行有不慊于心，则馁矣。"（《孟子·公孙丑》）意思是，浩然之气，最宏大最刚强，用正义去培养它而不用邪恶去伤害它，就可以使它充满天地之间无所不在。那浩然之气，与仁和义道德相配合辅助，不这样做，那么浩然之气就会像人得不到食物一样疲软衰竭。浩然之气是由正义在内心长期积累而形成的，不是通过偶然的正义行为来获取它的。自己的所作所为有不能心安理得的地方，则浩然之气就会衰竭。

孟子展现的是独立不羁，大义凛然的"大丈夫"人格。"居天下之广居，立天下之正位，行天下之大道；得志，与民由之；不得志，独行其道。富贵不能淫，贫贱不能移，威武不能屈，此之为大丈夫。"（《孟子·滕文公下》）大丈夫理想人格是至诚的情感、坚定自主的意志和自觉的理性三个方面的相互融合与渗透，即表现为知、情、意的统一。

"大丈夫"是赤诚的人，纯粹的人。"诚者，天之道；诚之者，人之道。"（《中庸》）作为人道之诚，首先是指一种诚纯专一的心理状态，它是一种由天而降的赤子之情的天然显现。"诚"所展示出来的并不是一个人生的目标，而是一个人实现终极价值的奋斗过程。

"大丈夫"是有大勇的人。《孟子·公孙丑上》有一段论勇气的话："北宫黝之养勇也：不肤挠，不目逃，思以一豪挫于人，若挞之于市朝；不受于褐宽

57

---

① 钱穆．论语新解［M］．北京：三联书店，2002

博，亦不受于万乘之君；视刺万乘之君，若刺褐夫；无严诸侯，恶声至，必反之。"这位北宫黝的勇气，第一是不怕痛，不怕死。肌肤受刺而毫不颤抖，双目被刺而目不转睛。第二是尊严感，哪怕只是拔一毛的小事，他也认为是奇耻大辱。第三是独立性，小民匹夫和万乘之君，都同样不能拉拢收买他。第四是大无畏，刺杀国君就像杀死一个普通人一样。第五是报复心，无论对方贵贱尊卑，眼必报眼，牙必还牙。北宫黝以此培养他的"勇"和"不动心"的品质，使他成为一个"必胜"与"无惧"的侠者。但北宫黝的"养勇"主要是个人的行为，是低层次的武夫之勇。针对北宫黝的低层次之"勇"，孟子接着更进一步说："昔者曾子谓子襄曰：子好勇乎？吾尝闻大勇于夫子矣：自反而不缩，虽褐宽博，吾不惴焉；自反而缩，虽千万人，吾往矣。"（《孟子·公孙丑上》）意思是，深刻反思自己的行为，而觉得正义不在我，对手纵是粗衣鄙服的卑贱之人，我也不去欺负吓唬他；如果正义在我，纵有千军万马，我也勇往直前。可以说，这才是真正高级的"大勇"。

趣味阅读

　　一家跨国公司来到了一座中等城市，为了吸引人才，这家公司登出大幅广告，高薪诚聘工程技术人才，他们开出的薪酬是当地同岗位薪酬的 7 倍之多。招聘广告一出，无疑在当地引起了巨大的关注与轰动。

　　张明是一家大型国有企业的高级工程师，看到招聘广告，不禁怦然心动，于是向跨国公司投上了自己的简历。

　　笔试，面试，测试，张明一路顺利。最后一关是复试，过了这一关张明的梦想就要实现了。可是，这最后一关却让张明感到无比的困惑与失落。

　　复试的题目其实很简单，一张白纸上就写了一句话："请写出你公司现在生产的××产品的技术参数，我们会为你的行为保守秘密。"这个问题，一方面让张明产生了无比的愤怒；另一方面也让张明感到了困惑。他觉得这家公司真是卑鄙之极，采取这样的方法窃取别人的商业机密。但是，张明知道，自己所在企业的高级工程师来参加应聘的不止他一个人，自己不做，别人也可能会做。

　　思前想后，张明最终做出了决定，他在试卷上写上了大大的四个字："无可奉告！"

　　走出复试的考场，张明既感到无比的欣慰也感到无比的失落。

　　一周之后，令张明感到意外的是，他收到了跨国公司的录用通知书。而且，还有一张该公司总裁的亲笔信，信中写道："您是我们这次招聘中唯一被录用的高级技术人才，我为您的选择和决定而感到无比的骄傲。您的表现让我不仅看到了您高超的技术能力，更看到了比技术更重要的东西，这就是做人的道德与原则。如果您决定加入我们，将是我们最大的荣幸。"

生命的格局决定事业的格局。中华民族自古以来就是崇尚气节与信念的民族。历代有识有为之士，都自觉地从先辈的高尚气节中汲取精神营养，用坚定自己的信仰和追求，砥砺自己的情操和品格。以忠贞坚毅的气节和信念作为人生的重要支点，而在他们身上表现出的凛然正气又都以自己对人生与社会、对国家与民族的坚定信念为基础。一个人只要始终胸怀正确的信念，心存天地之正气，不管做什么，都会获得一种巨大的力量之源。历来成大事、立大业者，不管处境的顺逆，心中都长存一种浩然正气，因而不管遭遇什么挫折，都能不坠青云之志，坚守人生大节。它总是让人感觉到正气满宇宙，大节镇乾坤。而一个人只要养得浩然之气，其一生就必然充满活力，充满精气神。

补充知识

上一届"世界企业家奖"得主是在日本享有"经营之父"美誉的京瓷株式会社的创始人稻盛和夫。从精神境界的维度观察，柳传志与稻盛和夫有相似之处。

稻盛和夫一向宣扬的经营理念就是"动机至善，私心了无"，这一点柳传志也非常认可。

冯仑曾这样评价柳传志：在联想发展历程中，联想内部也有一些是非矛盾，柳传志是怎么做的呢？"有人要钱我就把钱给他，要房子我就把房子给他，要车就把车给他。"柳传志把利益都给别人，自己得到的是继续领导这个企业的资格。归根结底是因为柳传志"在道德上完美，不贪、不争。"

在总结自己身上最具中国特点的特质时，柳传志说：可能我替员工、替人家想得多一点。每当我跟合作者在一起的时候，我都去想怎么让他们成为主人，调动他们的积极性。在柳传志的人生观里，诚信、名誉远比金钱更重要。

稻盛和夫说过：在企业里，经营者被授予极大的权力，但是，这种权力的行使，应该是为了保护员工，为员工创造幸福，而不可以用来压制员工，不可以用来满足经营者个人的欲望。作为经营者，自己要率先垂范带头实践这种哲学，不断努力提升自己的人格。如果这样做，企业就一定能发展，而且能够长期持续繁荣昌盛。

身为联想集团董事局主席、联想控股有限公司总裁兼董事长，柳传志的财富在富豪榜上排不上号，柳传志个人的股权只有2%。

在中关村融科资讯中心联想控股总部宽敞的大厅里，一面墙镶着大块的蓝色玻璃，上面嵌着龙飞凤舞的繁体字——"以产业报国为己任，致力于成为一家值得信赖并受人尊重，在每个行业拥有领先企业、在世界范围内具有影响力的国际化控股公司"。这是柳传志定下来的联想控股的愿景。

柳传志在2010年中国企业竞争力年会上也再次强调，联想控股"投资的最根本目的不是投资，是产业报国。"

柳传志说：产业报国是我的第一愿景。如果能做好，就真的实现了产业报国。

资料来源：柳传志. 一个人的高度和境界 [N] . 中国经营报，2010—11—30

第三节 旷达情怀

趣味阅读

传说在天堂的某一天，上帝和天使们召开了一个头脑风暴会议。上帝说："我要人类在付出一番努力之后才能找到幸福快乐，我们把人生幸福快乐的秘密藏在什么地方比较好呢?"有一位天使说："把它藏在高山上，这样人类肯定很难发现，非得付出很多努力不可。"上帝听了摇摇头。另一位天使说："把它藏在大海深处，人们一定难以发现。"上帝听了还是摇摇头。还有一位掌管土地的天使说："把它藏到地里面吧，这里面人肯定找不到。"上帝听了还是摇摇头。又有一位天使说："我看哪，还是把幸福快乐的秘密藏在人类的心中比较好，因为人们总是向外去寻找自己的幸福快乐，而从来没有人会想到在自己身上去挖掘这幸福快乐的秘密。"上帝对这个答案非常满意。从此，这幸福快乐的秘密就藏在了每个人的心中。

一、孔颜乐处

《论语》开篇就说："学而时习之，不亦说乎? 有朋自远方来，不亦乐乎?

人不知而不愠，不亦君子乎?"这是论语中快乐心态的典型体现。《论语》自始至终洋溢着一种温柔敦厚、疏通知远、恭俭庄敬的和乐精神。孔子说："饭疏食饮水，曲肱而枕之，乐亦在其中矣。不义而富且贵，于我如浮云。"(《论语·述而》)又说："一箪食，一瓢饮，在陋巷，人不堪其忧，回也不改其乐。贤哉回也。"(《论语·雍也》)孔子一辈子周游了好多国家，可谓是处处碰壁，乃至有人说他"惶惶如丧家之犬"。但是他的心境却很快乐。孔子曾经被围困在陈国与蔡国之间，绝粮之后，很多弟子都病倒了，可是孔子却在弹琴，用悠扬的琴声征服了围攻他们的人。这足见快乐是一种巨大的力量。北宋大儒周敦颐在教程颢、程颐兄弟时，给二程提出了一个问题："寻孔颜乐处，所乐何事"(《宋史·道学传》)。此问题自此也成了后世学者共同追寻的一个问题。

孔颜乐处离不开"仁"。周敦颐说："天地有至贵、至富、可爱、可求而异乎彼者。见其大而忘其小焉尔。见其大则心泰，心泰则无不足，无不足则富贵贫贱处之一也，处之一则能化而齐，故颜子亚圣。"① 就是说，人间有比至贵、至富、可爱更值得追求的东西，能见到这个东西，人的内心就泰和，其余在其眼中就显得不那么重要了。这个东西超越了富贵贫贱，有了这个东西，人无论富贵贫贱都能体会到快乐，这个东西就是"仁"。

儒家有一种优美的"乐山乐水"的人生情怀和人生境界。据《论语·先进第十一》记载，一次孔子与他的学生子路、曾点、冉有、公西华谈人生志向和理想时，曾点说："莫春者，春服既成。冠者五六人，童子六七人，浴乎沂，风乎舞雩，咏而归。"意即，暮春时节，春服穿在身上，与五六位成年人和六七个儿童一起在沂水河边洗浴，在舞雩台上吹风，一路上唱着歌儿回来。孔子听后赞叹道："吾与点也!"即我赞同曾点的看法。为什么孔子对曾点热爱大自然的看法如此赞叹呢? 这就是因为曾点的理想主义。朱熹《四书集注》："曾点之学家，盖有以见夫人欲尽处，天理流行，随处充满，无少欠阙，故其动静之际，从容如此。而其言志，则又不过即其所居之位，乐其日常之常，初无舍己为人之意，而其胸次悠然，直与天地物上下同流，各得其所之妙，隐然自见于言外。视三子之规规于事之为末者，其气象不侔矣。故夫子叹息而深许之。"曾点追求人间的和谐与自然的和谐二者相统一的社会理想主义，这从"冠者五六人，童子六七人"的讲话中可体现出来。曾点是与冠者、童子们一起享受山水之乐而非一人独享，这才是真正"乐山乐水"的仁人志士的高尚理想情怀，与孔子主张培养"乐山乐水"的仁人志士的高尚理想情怀是一致的。儒家通过琴棋书画、读书吟诗来表达情感，但并非任感官欲望自由泛滥，而是以礼节

① (宋)周敦颐.周子通书［M］.上海：上海古籍出版社，2000

之，以乐导之，由此陶冶道德情操，体悟宇宙人生之道。

孔子主张学习《诗》、《乐》增强欣赏大自然的知识能力和审美意识。他说"《诗》可以兴，可以观，可以群，可以怨；迩之事父，远之事君；多识于鸟兽草木之名。"又说"兴于诗，立于礼，成于乐。"认为学《诗》可以使想象力和观察力丰富，可以多认识一些鸟兽草木的名称，而学《乐》可以提高修养，助人成就事业，有益于培养"乐山乐水"的人生情怀。通过论述如何达到这种与山与水同乐同寿的理想人生境界，孔子揭示了培养"乐山乐水"的人生情怀与做仁人志士、树立高尚君子人格的密切关系。孔子认为，做仁人志士与乐山乐水不仅不相矛盾，而且是相互促进、相互融通的。这种乐山乐水的人生情怀思想对后世儒者的道德修养影响极大，如董仲舒高唱《山川颂》、周敦颐追求山水之"真境"，他们都实现了"出淤泥而不染，濯清涟而不妖"的君子人格理想。《论语·述而》记载："子之燕居，申申如也，夭夭如也。"可见孔子日常生活仪态舒缓，体现出一副和颜悦色之贤德气象，一举一动都体现着"乐山乐水"的高尚情怀。

孔子所说的快乐有三种：第一种，乐于礼乐。乐于用礼乐来调节生活。礼，长幼尊卑，都有一定的次序，大家照规矩来，有礼能够让大家有适当的次顺，有乐能够让大家情感协调。第二种，乐道人之善。即发现他人的优点，赞美他人的善行。第三种，乐多贤友。乐于结交很多杰出的朋友。

孔子还反对三种"乐"。其一是"乐骄乐"，即以我行我素、放纵自我为快乐。这种人不知道用礼、用乐节制自己，而以骄纵为乐，导致自盲、情乱、心狂。很明显，这些人得到的只是暂时的快感，绝非真正的快乐。其二是"乐佚游"，以闲游浪荡为快乐，游手好闲。这些人缺乏人生的目标与设计，好逸恶劳，荒废岁月。其三是"乐晏乐"，以大吃大喝为人生乐事。国学大师钱穆评注这三"乐"时说："骄乐，态放自骄，不知节制，认此为乐，忧苦随至；佚游，惰佚游荡，出入不节，日有所损而不自知；宴乐，晏安沉溺之乐，必有损。求乐，人之常情，然当辨损益。世人各争占尽乐处，而不知其所乐之有损，亦可悯。"

孟子提出了三种比当帝王还要快乐的快乐。第一种，父母俱存，兄弟无故。第二种，仰不愧于天，俯不怍于人。第三种，得天下之英才而教育之。至于什么是人生最大的快乐，孟子曰："万物皆备于我矣。反身而诚，乐莫大焉。"意思是，万物我都具备了，我反省自己，发现自己只有做到真诚，就没有什么比这个更快乐了。这是因为能够真诚面对自己生命的要求，这个要求是由内而发的，这种由内而发的快乐没有人可以把它夺走，也没有人从外面去衡量。人心安理得，内心感觉到快乐，感觉到平安，这种快乐是最根本的。

儒家的快乐都是向内求的，是通过自己人格的完善与升华，体验到做一个真正的人、一个高尚的人、一个纯粹的人、一个脱离了低级趣味的人的快乐，这种快乐让我们心旷神怡，有一种人生的超拔与进阶，体验到做人的真实与美好。

二、淡泊宁静

趣味阅读

一位读了万卷书，又准备行万里路的青年问一位智者，我该带什么上路？智者反问青年，你心目中的人生应该拥有什么？沉思片刻，青年列出一张清单：健康、才能、美丽、爱情、荣誉、财富……青年颇为得意地让智者过目。谁料智者不以为然："你忽略了最重要的一项，没有它，你得到的上述种种经常会给你带来痛苦折磨。"智者用笔慢慢地写下：心灵的宁静。

人们时常听到关于不少鲸鱼搁浅海滩的报道，有些新闻说是这些鲸鱼在集体自杀，并对它们自杀的原因感到困惑。鲸鱼研究专家在对鲸鱼进行跟踪研究的过程中发现，它们之所以被搁置在海滩甚至暴死滩头，是因为它们追逐沙丁鱼的缘故，是这些微小的沙丁鱼群将这些庞大的鲸鱼引入死亡的歧途。换句话说，鲸鱼是因为追逐眼前的利益而死亡的，它们经不起诱惑，结果葬送了自己的生命。

在这喧嚣的社会里，很多的人都很忙碌，因为追求金钱、物质、财富、名利而变得躁动、闹腾。忙成了一种习惯，如果不忙立刻觉得自己很空虚。这其实是一种病态，许多人把这种病态当成了常态。

儒家讲究入世，但不是把生活所需要的一切东西都看得太重，而是面对生活现实的种种问题，要有一份忘我的境界，即超越生活现实去现实地生活。身体可以忙碌，精神也可以全神贯注，但有一份闲心。生活总是现实的，每个人都被现实中的问题所缠绕，工作、家庭、亲情、友情等无不渗透和吞食你的生活空间，我们每个人的生活都是在为解决这些问题而努力，所以生活中总是被忙碌和乏味所折磨，感受不到应有的快乐，虽然有时会有，只是偶尔的一种短暂的闪现，因为快乐之后，又是新一轮的生活现实的侵袭。整天把自己的心思放在应对接连不断的生活现实的冲击上，感受到的只能是身心的疲惫，生活也就毫无快乐可言。所以要想享受快乐的生活，从现实中超脱出去，沉溺于现实永远会被现实所吞没。做到这一种境界，就是会"闲"，并且能"闲"得住。

程颢有一首诗《秋日偶成》，这首诗的全文是：

闲来无事不从容，睡觉东窗日已红。

万物静观皆自得，四时佳兴与人同。

道通天地有形外，思入风云变态中。

富贵不淫贫贱乐，男儿到此是豪雄。

诗中一个"闲"字，点明了快乐的入门之径。这个闲字也并不是要你不去关心任何事，无事，并不是没有事，而不要太在意生活中的一切。这个闲字，实则是要你"忘"，只有忘掉现实才能应对现实，才能从容不迫、不慌不忙地应对挑战。

趣味阅读

在安徽桐城，有条著名的小巷，长100米，宽两米，是著名的6尺巷。原本这里没有巷的，一边是清朝宰相张英的房子，一边是平民商人吴氏的房子。有一次两家修房子，吴氏企图占据张英的宅第，张英家人修书北京，要张英管一管吴氏。

按理，张英是一人之下，万人之上的宰相，管一管平民百姓，那是小事一桩。然而张英的回复竟是：

千里修书只为墙，

让他三尺又何妨；

长城万里今犹在，

不见当年秦始皇。

家人得诗，将墙主动退后3尺。吴氏受到感动也后撤3尺，遂得6尺巷。

快乐总是和心静相生相伴。"静"在一定意义上代表生命的本源。《周易·系辞》中从动静关系的角度论述了乾坤变化的本质特征，太极、阴阳、乾坤的动静关系衍生了宇宙万物。北宋学者周敦颐把这一思想作了更精辟的发挥。他在《太极图说》中把宇宙的起源说成是一个无极→太极→阴阳→万物的衍生过程，而这一过程正是通过太极的动静来实现的，即所谓"动极而静，静而生阴，静极复动。一动一静，互为其根"的过程。他从动静与宇宙演化的关系出发，得出"圣人定之以中正仁义而主静"的结论。"主静"，可以说是以静为生命之本。当然，如果只有静，没有动，那就没有变化，没有生命的繁衍。现在的问题是人们成天忙碌不休，只有动，没有静，忘记了生命之本。所以让自己"静"下来可以说是让我们回归生命的本源状态。

《大学》有云："知止而后有定，定而后能静，静而后能安，安而后能虑，虑而后能得。"意思是，知道应该达到的境界才能够使自己志向坚定；志向坚定才能够镇静不躁；镇静不躁才能够心安理得；心安理得才能够思虑周详；思虑周详才能够有所收获。这里，"静"是"安"、"虑"、"得"的基础条件。

诸葛亮《诫子书》云："夫君子之行，静以修身，俭以养德。非澹泊无以明志，非宁静无以致远。夫学须静也，才须学也。非学无以广才，非志无以成学。淫漫则不能励精，险躁则不能冶性。年与时驰，意与日去，遂成枯落，多不接世，悲守穷庐，将复何及！"诸葛亮告诫后辈用宁静来修身，用勤俭来培养自己的品德。若是用淡泊的心境去追求它，人要有"入世之行，出世之想"这个淡泊就是"出世之想"，并不是排斥名利。入行出想是人生的境界。若是没有淡泊的心境，就不会有仁爱之心，没有快乐的胸襟，也是不可能宁静的。过度的懒惰，不能磨砺自己的精锐之气。急躁不能锻炼自己的性格。宁静是成功者必须具备的内在修养。

"造化之精，性天之妙，唯静观者知之，唯静养者契之，难与纷扰者道。"这段话出自明代学者吕坤的《呻吟语》，大意是，宇宙人生最深刻的道理，只有安静下来后才能体会；那些纷纷扰扰、心神不宁的人，一辈子昏昏沉沉、浑浑噩噩，到死都不会明白；正如水只有安静下来才能映照星月一样，人心不能宁静，岂能把握生命的真谛、对人生获得清醒的认识？

一个人的心情一浮躁就不可能关心他人，也不可能快乐。《菜根谭》中也有这样的一段话："心虚则性现，不息心而求见性，如拨波觅月；意净则心清，不了意而求明心，如索镜增尘。"意思是，心中保持宁静没有杂念时，本性自然就会显现，不使心灵平静却去寻找人的自然本性，就像拨开水波找月亮一样，只是一场空；意念保持纯洁澄净，心灵就会清明，如果不铲除烦恼而想心情开朗，就像为落满灰尘的镜子又增加了灰尘一样。宁静是纯洁的。它是一种修养、一种气质、一种睿智、一种超然和洒脱；追求宁静，可以从容地享受人生，可以快乐地品味生活，可以使心灵更加圣洁和高尚。

淡泊并非仅指淡泊名利，而真正的淡泊是思想上的淡泊。也就是说，我们在淡泊名利的时候，是思想上的淡泊，而行动上的积极追求是没有错的。追求事业成功和认可，都是人类的本性所需要，它没有任何的过错，而且是应该的。问题在于，是用什么方式、什么心境去追求它。淡泊宁静，并不是要让我们远离社会、远离生活、远离城市和人群去修行或隐居，而是教人在日常生活中应保持一颗平常心，工作、学习时以入世的心态积极认真地去拼搏、去奋斗；而休息时以出世的心态把一切都放下，让内心处于一种淡泊自然的状态。真正的安静，来自内心。一颗骚动的心，无论幽居于深山，还是隐于古刹，都无法安静下来。其实，人不必刻意去做闲云野鹤，重要的是让浮躁的心变得静若止水。告别浮躁，拒绝诱惑，远离尘嚣，心无旁骛，全神贯注，一门心思地治学和工作，这应是对待人生的正确态度。

刘伯承在谈到指挥员作战时说过"五行不定，输得干净"。定的内在修养是领导者正确决策的心理条件。管理者在进行决策时，一个重要的条件就是领导者必须使内心处于一种平衡状态，以利于冷静地分析各种内外因素，做出准确的判断。如果在各种干扰面前心绪不稳，举棋不定，甚至"行险以侥幸"，则做出错误的决策。现代人常常沉浸在生活的喧闹里，内心安宁不下来，很多很多的问题积累已久，一直没空好好面对。即便是在一个人静下来的时候，一旦去面对那些本质性问题的时候，脑袋里就很乱很乱，乃至一片空白。有时隐隐意识到目前的生活方式有问题，心里不踏实，但是并不清楚问题的根源在哪里，或者不清楚问题出在哪里，却又不能静下来严肃认真地去想它，痛下决心去改正。然而，人只有在淡泊宁静的磨砺中，人之心胸才能豁达宽广，人之心志才能长存不溺。

心灵的宁静，是一种超然的境界。正如一位哲人所说："把尘世的礼物堆积到愚人的脚下，我只要赐给我不受烦扰的心灵！"显然，他是把拥有宁静的内心世界当做上苍对自己的最好赏赐。只有有了宁静，才有专心，才有深思，才有精研，也才有收获。相反，我们获得了世界的一切，却失去了平安、宁静的心灵，对于我们自己又有什么益处呢？一个人要想成就一番远大的事业，做到真正意义上的成功，就必须有沉潜于海底的这种浩然宁静之气。

有这么一份宁静，它会给你带来什么呢？你会发现，灵感回来了。就像很多的科学家，百思不得其解，然后就把这件事放下了，突然一天又来了灵感，灵感就回来了。宁静中还会产生智慧，如佛家云："定能生慧。"你安静下来，摆脱烦躁，智慧就来了。另外安静下来，人的身体、人的情绪就恢复了，人就不爱发火了。

古今中外，大凡治学有为和事业有成者，无不是与宁静和淡泊相伴。正是他们追求宁静的心境，经过修炼才能实现其伟大志向和崇高目标。

1665~1667 年，英国科学家牛顿因学校闹瘟疫，回到故乡，躲在自己的书房里，享受着完全的休息与安静，陷入沉思。包括万有引力理论在内的若干科学发现正是在这期间完成的。

1756~1762 年，法国著名思想家卢梭离开巴黎来到蒙莫朗西，度过了几年远离城市文明的简朴的乡间生活，然而这却是其思想大放异彩的辉煌时期。他的创作力特别旺盛，出版了三部极为重要的作品：《新爱洛绮丝》、《社会契约论》和《爱弥儿》。

　　19世纪美国著名作家梭罗在哈佛大学毕业后，来到波士顿市郊，对大自然的迷恋使他经常陷入对世界的沉思和冥想之中，在垦荒种地和渔猎的间隙，完成了伟大的文学巨著《瓦尔登湖》，他也因此成为世界级的文学巨匠。

　　陶渊明官场失意后，选择了清贫，选择了耕作，钟情于自然，寄情于山水，日出而作，日落而息，在举手投足之间追求着心灵的宁静，并写下了《桃花源记》等大量传世之作。

　　今天我们时常看到一些人反思自己的生活时，发现自己确实久已染上了浮躁之病。但是，明知自己浮躁，就是无法真正改变它。为什么会这样呢？因为我们安静不下来，因为我们不肯花专门工夫来面对它。

　　人性之静，人心之静，靠培养。我们处在并不是很清静的世界中，身边无时不充满着诱惑，这就需要我们自己不断地去克服，不断地去抵抗，不断地去追求"独坐幽篁里"的境界。这种境界中，没有急功近利的追逐，没有钩心斗角的竞争，没有庸俗可笑的闲聊，只有自己对自己的反思与审问。古人获得心灵宁静的常用方法之一是静坐。古代学者们一直把静坐或静养当作做学问必不可少的功夫之一。普遍地把静坐当作最重要的修养功夫之一。相传北宋名儒吕大临每日静坐时，将双脚搭在一块石头上，久而久之，石头上竟陷进去了两个凹槽，与他的脚印一模一样。宋代学者程颐说"静后见万物，自然皆有春意"（《近思录》）。南宋儒学大师朱熹的老师李侗一生倡导主静，动辄教人静坐；后来朱熹跟他学习静坐，并有"半日读书，半日打坐"之说，在中国思想史上影响深远。王阳明是明代最杰出的儒学大师，他在谈及为学方法时曾提到，对于初学者，往往要先使其静坐，静坐到一定时候，俟其心意稍定，再教他"省察克治"（《传习录》）。明代学者吴与弼则说"淡如秋水贫中味，和似春风静后功"（《康斋集》卷十一）。曾国藩是清代大儒，他把静坐当作修身的主要条款之一，并提倡"每日不拘何时，静坐半时"。他还说，静坐到极致处，就能体验"一阳来复"的境界。他甚至在遗嘱中向家人提出"内而专静统一，外而整齐严肃"的修身要求。

　　静坐使人安下心来，分析自己目前的状况，我们忙忙碌碌究竟是为了什么？我们是有目标的忙吗？是有意义的忙吗？是否让自己在忙碌的生活中失去了方向，失去了主张？静坐让我们平静下来，在自己的心里驻足一观。我们要认真地思考自己人生的坐标，我们不仅要看到别人，更重要的是看到自己。我们究竟要的是什么？我们要到哪里去？针对自己的弱点思考、剖析，思考：在来来往往的人群中，我们的心是否感到孤独、无助，是否觉得过得如此的盲目。

　　静坐，有时是强迫自己静下心去正视一些平时被搁置、以种种理由不去想或者佯装不在乎而回避的问题。只有静，才能在喧嚣的尘世中，不断反省自己，做到内观其心，外观其表；只有静，才能不断地明确自己所追求的目标，不至于因为世俗的诱惑，偏离目标太远。

静坐，就是要先让自己的身体从烦躁中静谧下来。静坐，是静心，也是净心。要让灵魂清除一切杂念，游离世俗的羁绊，进入自由的境界。此时此刻，那些生活中的烦心事，或者一些让人沉湎的东西，都会变得淡泊缥缈。以这时候的心情做事，就不会急功近利，因而会让自己感觉到非常顺畅。

修身的目的，在于不断地完善自己。在这个复杂的社会中能坚守自己的一方净土，不断地追求自身的完善，追求人生境界的提升。静坐能历练人的气质：一种处乱不惊的气质，一种娴静沉着的气质，一种淡泊宁静的气质，一种善于自我剖析的气质，一种巧辨是非的气质，一种睿智理智的气质。这些气质都是一个想有一番成就的人必要的。而这些与外界无关，只是自身心智的磨炼，所以不必对环境的要求太苛刻。夜静风清，固然有助于人静心，但是，一个想历练自己定力的人，身处喧嚣却独自保有一种宁静的作风，耳充噪声却坚守自己的一份清静，则是一种更高的境界。①

三、诗意栖居

儒家之和乐精神与西方学者所谓"诗意栖居"颇有几分相似。"人诗意地栖居在大地上"，荷尔德林这句诗因海德格尔的阐发而在世界上广为流传。在海德格尔那里"诗意地栖居"是生命哲学的理性追求，是对永恒的人生家园的追寻，是纯粹精神的美丽火花。对于一个向往自由的灵魂来说，诗意栖居的渴望是无法泯灭的。诗意栖居体现着生活的终极意义，对于诗意生活的热爱和歌唱，是因为这一精神内在要求的支配。

在享有物质生活的同时，能够在精神的家园中"诗意地栖居"，这是一种至上的境界。人们渴望物质生活的富足，更渴望精神家园中充满美好的情愫。以审美的人生态度居住在大地上，这是一种诗化的生活，是一种诗意的人生。审美态度的人生境界可称得上是一种与圣人境界相当的最高人生境界，是在人的层次上以一种积极乐观、诗意妙觉的态度应物、处世、待己的高妙化境。人应脱尽世俗尘嚣，静心思索，体味非宁静无以致远的人生智慧；追求质朴自然、忠贞高洁，践行非淡泊无以明志的处世原则；追求适度和谐，心胸坦荡，实践"不以物喜，不以己悲"的乐观自适的人生信念。诗意生活的快乐是从自

---

① 方朝晖. 儒家修身九讲 [M]. 北京：清华大学出版社，2008

由中寻找飞翔的感受，是消解那些纯粹以感官刺激为目的的存在，以寻找到的理想答案来选择生活方式。

快乐不仅是人生之必备修养，也是工作之不可缺少的技能。研究表明，正常人在忧虑、悲观、焦虑、抑郁、沮丧的情况下，就不能很好地接受外界的信息，也不能妥善地处理问题。所以，要想打动对方，就得以乐观的形式，调动对方的乐观情绪，进而再打动对方。乐观之所以有如此大的功效，从科学角度讲，乐观使人经常处于轻松、自信的心理状态，这种状态使情绪稳定、精神饱满，对外界干扰毫不在意，生理发挥达到最佳状态，比消极状态要高出几十倍。成功人士之所以能取得成就，与他们乐观的精神有很大关系。根据有关材料表明，80％以上的成功者都具有高度的乐观性与幽默感。

第四节　内省勇气

趣味阅读

夏朝时，一个背叛夏禹的诸侯有扈氏率兵入侵，夏禹派他的儿子伯启抵抗，结果伯启被打败了。他的部下很不服气，要求进行反击，但是伯启说："不必了，我的兵比他多，地也比他大，却被他打败了，这一定是我的德行不如他，带兵方法不如他的缘故。从今天起，我一定要努力改正过来才是。"从此以后，伯启每天很早便起床工作，粗茶淡饭，照顾百姓，任用有才干的人，尊敬有品德的人。过了一年，有扈氏知道了，不但不敢再来侵犯，反而自动投降了。

一、反求诸己

人是在不断地自我反省中进步的，不断地改掉自己的缺点，不断地完善自己，这样的人所犯的错误就会越来越少。

《礼记》中的一句话："射者，仁之道也。射求正诸己，己正而后发，发而不中，则不怨胜己者，反求诸己而已矣。"意思是，射箭之道与行仁之道类同。射箭的人先端正自己的姿势然后才发射；发射而没有射中，不埋怨胜过自己的人，只要反过来找自己的原因就行了。

孔子说："君子求诸己，小人求诸人。"（《论语·卫灵公》）这句话就是要求君子遇到事情都要从自己找原因，把自己的事情做好，多做自我反省，少去怨天尤人。内省并不是闭门思过，而是就日常所做的事，进行自我思想检查，看其是否合理。孔子认为内省并没有复杂的条件，随时都可进行。他说："三人行必有我师焉，择其善者而从之，其不善者而改之。"内省的结果会对人产生重要的心理作用，"内省不疚，夫何忧何惧？"（《论语·颜渊》）内省之后如果问心无愧，就增强了道德行为的信心和勇气。

曾子说："同游而不见爱者，吾必不仁也；交而不见敬者，吾必不长也；临财而不见信者，吾必不信也。三者在身，曷怨人，怨人者穷，怨天者无识。失之己而反诸人，岂不迂哉？"曾子还说"吾日三省吾身：为人谋而不忠乎？与朋友交而不信乎？传不习乎？"（《论语·学而》）

孟子继承了这一方法，认为当自己的行为与别人发生矛盾时，首先要自我反省。他教育学生"行有不得者，皆反求诸己"，凡自己的行为没有能够取得预期的效果，就应该自我反省。孟子曰："爱人不亲，反其仁，治人不治，反其智，礼人不答，反其敬。行有不得者，皆反求诸己；其身正，而天下归之。"意思是，爱别人却得不到亲近，就应该回过头来考虑自己的仁爱程度；治理百姓却没有治理好，就应该回过头来考虑自己的智慧；用社会行为规范来要求别人却得不到回应，就应该回过头来考虑自己是否对这个规范恭敬。任何行为如果没有效果，都应该回过头来从自己身上找原因；自身端正了，天下的人才会归服他。荀子也提倡"日三省乎己"，主张培养"自省"的道德修养方法。他说："见善修然必以自存也，见不善愀然必以自省也。善在身介然必以自好也，不善在身菑然必以自恶也。"见有善行，一定要恭谨自查，自己是否也有此善行；见到不善的行为，一定要惊心警惕，反省自己是否也有此不善。自己身上的善，一定要固守；身上的不善，一定要畏恶它如同灾祸。

人生最大的成就，在于不断地重建自己。如果一个人不懂得自我反省，就会同一个错误重复发生，最终只会落得心力交瘁、精疲力竭。

趣味阅读

有一只小鸟在忙于收拾家当准备搬家，却遇到它的邻居。它的邻居问："你要往哪里去？"小鸟答："我要搬到东边的树林里去。"邻居又问："这里住得蛮好的，为什么要搬呢？"小鸟就答："你真的有所不知！这里的人都讨厌我的歌声，说我唱得太难听，所以我必须搬家。"邻居就答道："其实你不用搬家，只要改变唱歌的声音便可以。如果你不改变唱歌的声音，就算你搬到东边的树林里去，那里的人也一样会讨厌你。"

　　宋明理学家更重视自省在自我人格建设中的作用。他们提出"省察"。"省察"即是经常进行自我反省和检查的意思。朱熹认为："凡人之心，不存则亡，而无不存不亡之时。故一息之顷，不加提省之力，则沦于亡而不自觉。"（《朱子语类》）也就是说，人要始终保持强烈的反省意识，否则就失却了本性。

　　内省包含了自省、自讼。孔子说"见贤思齐焉，看见不贤而内自省也"，看见贤人就希望向他看齐，看见不贤的人就应该在内心反省一下自己有没有和他一样的毛病。这就是自省。和自省法意义相近，孔子还提出了自讼法。他说："吾未见能见其过而内自讼者也。"意思是说，我没有看到能够发现自己的过错而内心责备自己的。自省主要是看到别人的过失做自我检查，看看有无这方面的问题。自讼是针对自己已形成的过失作自我批评。自省、自讼是一种自我约束的心理功能。它通过反思对自我进行再观察、再认识，知过必改，得能莫忘，它的目的在于调节自我行为，不断强化自我的道德意识和伦理人格。

　　内省就是善于反观自己，不要一味怨天尤人，要了解自己做了什么，自己的真正意图是什么，自己的人生目标是什么。如果觉得同事跟自己闹别扭，就检查自己什么地方不合格；如果工作进行不顺利，就想想自己哪方面做得不到位；如果上司对你不满意，首先审视自己有什么错处；如果觉得全世界都不对劲，那么应该检查自己的心情质量。多用内省这面镜子照出自己的不足之处，学会从平凡中找寻快乐，从平淡处发现闪光，让阳光照进心灵之窗。

　　内省可以让人重新整合自己，使自己与非我之间更加和谐。生活在社会中的人，每天都在与外界的事物和人接触。各种新的东西、新的观念和想法，都会进入人的体系之中，这就需要整理。此外，内心世界的感觉与感受，也同样需要内省来调节。有时候按照计划进行的事情，效果却不像预期的那么好，于是又需要内省。有时候自己不被很多人接受，也需要内省，找出自己与外界的交集。内省可以帮助人重新认识自己，明白自己是什么样的人，自己到底需要的是什么，从而决定自己未来的走向。所以，内省除了帮助人成长之外，还帮助人找到成长的方向，让自己不再迷茫。

　　内省还可以帮助我们认识别人，所谓推己及人，正是如此，通过了解自己，去了解别人，去感受别人。

　　内省可以化解不良心绪。产生不良情绪的原因很多，有些是因为生活中的不利境遇所引起的；但也有一些是由于对事物的错误认识或产生了误解而引起的；还有一些是由于自身的责任和处理不当而产生的。对于后两种原因引起的不良情绪，通常只要冷静、理智地分析事情的发生原因、过程、性质和自己应负的责任及后果，就能使自己的心情逐渐平静下来，不良情绪就能较快消解。

　　不良情绪的滋长还与不良情绪的排他性引起思路的狭隘有关，即思路狭隘会加速不良情绪的滋长。所谓情绪的排他性就是指当某种不良情绪产生时，它会逐步把人的注意力吸引到它所指引的方向去，即我们平时所说的"钻牛角尖"，不良情绪越强烈，人的思维状态就越有可能被卷入感情的旋涡中。譬如忧愁者越往忧愁处想，就越会悲观失望；发怒者越想着发怒生气的事情，一味指责对方不是之处，就会更加怒不可遏。而另外一些原因却被忽视了，因而不良情绪便会在这种狭隘的思路和对事物的片面认识下迅速滋长和蔓延。内省法是在发生不愉快事件后，冷静、理智地分析客观现实和自己在整个事件中的过失与责任，通过分析原因，从而使不良情绪得到化解的方法。

"君子之过也，如日月之食焉。过也，人皆见之；更也，人皆仰之。"（《论语·子张》）领导者勇于内省并诚恳认错，敢于担担子，就能吸引更多的人才。如果公司工作出现失误，领导者敢于站出来担担子，这种大将风度会为领导者赢得员工的敬重。反之，若把责任一股脑儿地推在下属身上，即便员工表面认错，内心也会十分不服。勇于承担错误是一个领导者应有的素质。

趣味阅读

一次，松下公司的一位员工，因经验欠缺而使一笔货款难以收回。松下幸之助勃然大怒，在大会上狠狠地批评了这位下属。气消之后，他为自己的过激行为深感不安。因为那笔货款发放单上自己也签了字，下属只是没把好审核关而已。既然自己也应负一定的责任，那么，就不应该只是一味地批评下属。想通之后，他马上打电话给那位下属，诚恳地道歉。恰巧那天下属乔迁新居，松下幸之助便登门祝贺，还亲自为下属搬家具，忙得满头大汗，令下属深受感动。然而，事情并未就此结束。一年后的这一天，这位下属又收到了松下幸之助的一张明信片，他在上面留下了一行亲笔字：让我们忘掉这可恶的一天吧，重新迎接新一天的到来。看了松下幸之助的亲笔信，这位员工感动得热泪盈眶。

二、心存敬畏

趣味阅读

在清朝雍正年间，有位名叫叶存仁的官吏，先后在淮阳、浙江、安徽、河南等地做官。他当官三十多年，却两袖清风，从未收取过任何贿赂。

有一次，在他离任升迁时，僚属们派船送行，但船只却迟迟不启程。直到夜半时，才见一叶小舟划来。

原来，僚属们为他带来了馈赠礼品。为避人耳目，特意在深夜送来。他们以为叶存仁平日不收礼品，是怕他人知道出麻烦，而夜深人静之时，神不知鬼不觉，叶存仁一定会收下。

谁知，叶存仁见此情景，却挥笔赋诗一首，将礼物退了回去。诗云："月白清风夜半时，扁舟相送故迟迟；感君相送还君赠，不畏人知畏己知。"

老话说"举头三尺有青天"，"人可欺，天不可欺"。这些警句，都是说做人要有敬畏。"敬"是严肃、认真的意思，还指做事严肃，免犯错误；"畏"指谨慎，不懈怠。敬畏是人内心对事物既尊敬而不敢逾越某种界限。

哲学家康德说："有两种东西，我们对它们的思考越是深沉和持久，它们所唤起的那种越来越大的惊奇和敬畏就会充溢我们的心灵，这就是繁星密布的苍穹和我们心中的道德律。"

懂得内省的人是有所敬畏的。孔子曰："君子有三畏：畏天命，畏大人，畏圣人之言。小人不知天命而不畏也，狎大人，侮圣人之言。"这里实际上涉及三大方面的问题：天命关于信仰，神圣，大人关于社会规范，圣人之言是关于思想权威。一个人有了这些敬畏、信仰就会有所皈依，生活就会有所规范，思想就会有一个中心。在此基础上活着，生活才会觉得有目的，人生才会感到有意义，一切的事业感、成就感，才会油然而生。相反，一个人如果没有这些敬畏，这些信仰、规范和中心，那就会恣意妄行，无视社会思想和行为规范，无所不为，无恶不作，因而是非常危险的。

一个人可以不信神，但不可以不相信神圣。是否相信上帝、佛、真主或别的什么主宰宇宙的神秘力量，往往取决于个人所隶属的民族传统、文化背景和个人的特殊经历，这是勉强不得的。一个没有这些宗教信仰的人，仍然可能是一个善良的人。然而，倘若不相信人世间有任何神圣价值，百无禁忌，为所欲为，这样的人就与禽兽无异了。

人无所敬畏，不仅远离了神圣，同时也靠近了罪恶；没有敬畏，再完备的法律和道德也形同虚设；没有敬畏，理想信念的精神大厦便无从建构。正所谓，心有所敬，行有所循；心有所畏，行有所止。

相信神圣的人有所敬畏。在他心目中，总有一些东西属于做人的根本，是亵渎不得的。他并不是害怕受到惩罚，而是不肯丧失基本的人格。不论他对人生怎样充满着欲求，他始终明白，一旦人格扫地，他在自己面前也失去了做人的自信和尊严，那么，一切欲求的满足都不能挽救他的人生的彻底失败。

邓小平曾说，共产党员"一怕党，二怕群众，三怕民主党派，总是好一些"。所谓"怕"，就是敬畏。人只有有所敬畏，才能做到真正的无畏。

三、慎乎其独

《中庸》云："君子戒慎乎其所不睹，恐惧乎其所不闻。莫见乎隐，莫显乎微，故君子慎其独也。"朱熹注曰："独者，人所不知而己独知之地也。言幽暗之中、细微之事，迹虽未形而几则已动，人虽不知而己独知之，则是天下之事，无有著见明显而过于此者。是以君子既常戒慎，而于此尤加谨焉。所以，遏人欲于将萌，而不使其滋长于隐微之中，以至离道之远也。"（《四书集注·中庸注》）所谓"莫见乎隐"就是说不要在他人看不见、听不着时就放纵自己。一个人能不能在没有人看见的情况下，依然坚持严格的自我约束，既是衡量自我修养自觉性和坚决性的依据，又是决定自我修养能否有效的重要因素。修养就要做到无论在明处或暗处，在众人之中或独处之时，都能使道德行为始终如一地贯穿在自己的活动之中。所谓"莫显乎微"，即在微小的事情上也不能放松自己。修养一定要从小事做起，从小毛病改起，小中见大，防微杜渐。

《大学》则更明确提出"慎独"的修养方法。首先，告诫君子要"诚其意"，必须在独身自处时，所想所为"毋自欺"，不要自己欺骗自己，这就是"必慎其独"；其次，还告诫君子在独身自处之时，也不可欺骗别人，不要像小人那样，"闲居为不善，无所不至"，见了君子，便装出另一副面孔，"掩其不善而著其善"，这也是"必须慎其独"。

慎独是自律的最高境界，其表现形式是：自律、自我约束和不欺暗室。它既是过程也是结果。慎独就是要在自己独知、无人知晓的情况下，或者是个人独处，无人监督时，也要严格要求自己。谨慎小心，自觉遵守，不做有违道德的事，不因别人的不在场或不注意而干坏事。大家一起工作时，如果头脑中萌发了某些不正确的念头，一般来说比较容易在行动上进行自我克制和约束，即使在行动上做出了某些错事，也能很快被领导和群众发现，及时给予批评、纠正和引导。所以，人们在有人监督的情况下，坚持道德原则，遵纪守法，相对来说比较容易。但是，在没有组织和他人监督，失去外力约束的情况下，组织成员要把任务落实好，工作做到位，就要实行严格的慎独自律。在这种情况下，要时刻想到大众的利益，时刻牢记制度、规则，时刻以高标准严格要求自己，坚持做到思想和表现一个样，说的和做的一个样，在人前和人后一个样，有人监督时和无人监督时一个样。产生了不正确念头要坚决地克服掉，一旦发现错误就要立即加以改正。

企业要卓越，必须有自律精神。而企业的自律精神，又来自于领导人的自律。只有企业领导人具有自律精神，才能使企业内部的所有员工，自觉地做好自己的工作，提高对自己的要求，进而使企业具备自律精神。

"二战"后，在世界 500 强企业里，美国西点军校培养出来的董事长有 1000 多名，副董事长有 2000 多名，总经理、董事有 5000 多名，超过美国任何一所商学院。这些优秀的领导人之所以优秀，都是因为他们终身奉行着西点军校的一句至理名言："没有任何借口。"这种不为自己找借口，不放纵自己的品格就是自律。

补充知识

1. 勤是一切事业的基础。要勤力工作，对企业负责、对股东负责。

2. 对自己要节俭，对他人则要慷慨。处理一切事情以他人利益为出发点。

3. 始终保持创新意识，用自己的眼光注视世界，而不随波逐流。

4. 坚守诺言，建立良好的信誉，一个人的良好信誉，是走向成功不可缺少的前提条件。

5. 决策任何一件事的时候，应开阔胸襟，统筹全局。但一旦决策之后，则要义无反顾，始终贯彻一个决定。

6. 给下属树立高效率的榜样。集中讨论具体事情之前，应提早几天通知有关人员预备资料，以便对答时精简确当，从而提高工作效率。

7. 政策的实施要沉稳持重。在企业内部打下一个良好的基础，注重培养企业管理人员的应变能力。决定一件事情之前，想好一切应变办法，而不去冒险妄进。

8. 要了解下属的希望。除了生活，应给予员工好的前途；并且，一切以员工的利益为重，特别在员工年老的时候，公司应该给予员工绝对的保障，从而使员工对集团有归属感，以增强企业的凝聚力。

资料来源：革文军. 李嘉诚商训 [M]. 北京：中国纺织出版社，2004

补充知识

余通籍三十余年，官至极品，而学业一无所成，德行一无可许，老人徒伤，不胜悚惶惭报。今将永别，特立四条以教汝兄弟。

一曰慎独则心安。自修之道，莫难于养心；养心之难，又在慎独。能慎独，则内省不疚，可以对天地质鬼神。人无一内愧之事，则天君泰然，此心常快足宽平，是人生第一自强之道，第一寻乐之方，守身之先务也。

二曰主敬则身强。内而专静统一，外而整齐严肃，敬之工夫也；出门如见大宾，使民为承大祭，敬之气象也；修己以安百姓，笃恭而天下平，敬之效验也。聪明睿智，皆由此出。庄敬日强，安肆日偷。若人无众寡，事无大小，一一恭敬，不敢懈慢，则身体之强健，又何疑乎？

三曰求仁则人悦。凡人之生，皆得天地之理以成性，得天地之气以成形，我与民物，其大本乃同出一源。若但知私己而不知仁民爱物，是于大本一源之道已悖而失之矣。至于尊官厚禄，高居人上，则有拯民溺救民饥之责。读书学古，粗知大义，即有觉后知觉后觉之责。孔门教人，莫大于求仁，而其最初者，莫要于欲立立人、欲达达人数语。立人达人之人有不悦而归之者乎？

四曰习劳则神钦。人一日所着之衣所进之食，与日所行之事所用之力相称，则旁人题之，鬼神许之，以为彼自食其力也。若农夫织妇终岁勤动，以成数石之粟数尺之布，而富贵之家终岁逸乐，不营一业，而食必珍馐，衣必锦绣。酣豢高眠，一呼百诺，此天下最不平之事，鬼神所不许也，其能久乎？古之圣君贤相，盖无时不以勤劳自励。为一身计，则必操习技艺，磨炼筋骨，困知勉行，操心危虑，而后可以增智能而长才识。为天下计，则必己饥己溺，一夫不获，引为余辜。大禹、墨子皆极俭以奉身而极勤以救民。勤则寿，逸则夭，勤则有材而见用，逸则无劳而见弃，勤则博济斯民而神祇钦仰，逸则无补于人而神鬼不歆。

此四条为余数十年人世之得，汝兄弟记之行之，并传之于子子孙孙。则余曾家可长盛不衰，代有人才。

资料来源：曾国藩著，李瀚章编撰．曾文正公全集［M］．北京：李鸿章校刊．中国书店出版社，2011

第三章

儒家人际沟通

"仁"字出现在3000多年前，在甲古文中就已经有了，"仁"即指人与人之间相依相耦的关系。"仁"是儒家思想的核心概念。可以说，儒家文化就是关于关系和沟通的学说。儒家"忠"、"恕"二字可谓道出了沟通的不二法门，而其"三贵之道"、"君子九思"等则指示了沟通中的诸多原则和技巧。

第一节　忠恕而已

一、沟通之于管理

趣味阅读

有一个人请了甲、乙、丙、丁四个人吃饭，临近吃饭的时间了，丁迟迟未来。

这个人着急了，一句话就顺口而出："该来的怎么还不来？"甲听到这话，不高兴了："看来我是不该来的？"于是告辞了。

这个人很后悔自己说错了话，连忙对乙、丙解释说："不该走的怎么走了？"乙心想："原来该走的是我。"于是也走了。

这时候，丙对他说："你真不会说话，把客人都气走了。"那人辩解说："我说的又不是他们。"丙一听，心想："这里只剩我一个人了，原来是说我啊！"也生气地走了。

这则小故事虽是笑谈，却道出沟通不善引发的不良后果。人际矛盾产生的原因，大多数都可归于沟通不畅。《圣经·旧约》上说，人类的祖先最初讲的是同一种语言，日子过得非常好，决定修建一座可以通天的巨塔。由于人们沟通流畅、准确，大家就心往一处想，劲朝一处使，高高的塔顶不久就冲入云霄。上帝得知此事，又惊又怒，认为人们能建起这样的巨塔，日后还有什么办不成的事情呢？于是，上帝决定让人世间的语言变成好多种，各种语言里面又有很多种方言。这么一来，造塔的人言语不通，沟通经常出现误会、错误，巨塔就再也无法建造了。由此可见，如果一个团队能够沟通顺畅，上下合力，所爆发出来的力量是上帝都害怕的。

沟通是管理者必备的技能。与人相处往往是从沟通开始的，人际关系的动态形式就是人际沟通。通过沟通，人们之间才能互相认知、互相吸引、互相作用。沟通作为一个重要的人际交往技巧，在日常生活中的运用非常广泛，其影响也很大。石油大王洛克菲勒说："假如人际沟通能力也是同糖或咖啡一样的商品的话，我愿意付出比太阳底下任何东西都珍贵的价格购买这种能力。"沃尔玛公司总裁沃尔顿说："如果你必须将沃尔玛管理体制浓缩成一种思想，那就是沟通。因为它是我们成功的真正关键之一。"

现代社会，不善于沟通将失去许多机会，同时也将导致自己无法与别人的协作。只有与他人保持良好的协作，才能获取自己所需要的资源，才能获得成功。一个人能够与他人准确、及时地沟通，才能建立起牢固的、长久的人际关系，进而能够使得自己在事业上左右逢源、如虎添翼，最终取得成功。现实中所有的成功者都是擅长人际沟通、珍视人际沟通的人。有理论认为，企业管理者 70% 的时间用在沟通上，企业中 70% 的问题是由于沟通障碍引起的，如效率低下、执行力差、领导力不强等。可见，企业内部沟通的问题是个大问题。美国著名未来学家奈斯比特曾指出："未来竞争是管理的竞争，竞争的焦点在于每个社会组织内部成员之间及与外部组织的有效沟通上。"

沟通的障碍根源于每个人都有差异，而人在感受事物时自然会对这些差异有所偏执。偏执则阻碍沟通。这种偏执，儒家称为人心之"蔽"。儒家认为，解除人心之蔽，实现无障碍沟通的秘诀在于"忠"、"恕"二字。

二、尽己之谓忠

孔子是一位仁者。"夫仁，天之尊爵也，人之安宅也。"（《孟子·公孙丑上》）"仁"是上天赐给人最宝贵的品质，人只有在仁中才能获得生命的根基。孔子的弟子曾多次问孔子这个问题，但孔子对不同的人却做出了不同的回答，如颜回问仁，孔子答曰："克己复礼"（《论语·颜渊》）；司马牛问仁，孔子答曰："其言也"（《论语·颜渊》）；樊迟问仁，孔子答曰："先难后获"（《论语·雍也》）。孔子对什么是"仁"并没有作出一个明确的答复，但我们可以在孔子一以贯之的"忠恕"之道上来把握"仁"。

忠就是孔子在《雍也》篇里所说的："己欲立而立人，己欲达而达人。"以自己的志趣、目标设身处地地为他人着想，亦就是"尽己为人"，这便是"忠"。忠有忠诚、公正、不偏不倚之意。自己想有所作为，也尽心尽力地让别人有所作为，自己想实现的愿望，也尽力帮助别人去实现。这其实也就是人们通常所理解的待人忠心的意思。在《论语》中，多层面地呈现了"忠"的意蕴："为人谋而不忠乎？"，"君使臣以礼，臣事君以忠"，"子贡问友。子曰：'忠告而善导之，不可则止，毋自辱焉'。"用现代心理学的语言来讲，所谓"忠"，就是指人的一种心理品格和意识。这种心理品格或意识是在与人谋、与友交、事君等关系中或道德实践中呈现出来的与人交往时的态度。忠指的是对于自己的家人、朋友，要像对待自己一样。以自己的"止于至善"的价值目标与他人分享，以自己的爱好追求来助人、度人、立人、达人。这种心理品格和做人态度，是社会人际交往的基础。

"忠"的最本质意义在于将对于天地万物的认识存之于心中，依照天体运行的规律，不自欺，不欺人，不偏不倚、诚心诚意地履行天地大道所赋予的使命。"忠"的本质内涵是仁爱之心。

趣味阅读

一名教徒很想知道天堂到底是什么样子。他问先知伊里亚：地狱在哪里？天堂又在哪里？伊里亚没有回答他，而是拉着他的手领着他穿过了一个黑暗的过道，来到一个殿堂。他们跨过了一个铁门，走进了一间挤满了人的大屋子。在屋子当中，有一个熊熊燃烧着的火堆，上面吊着一个大汤锅，锅里的汤沸腾着，飘散着令人垂涎的香味，汤锅的周围，挤满了面黄肌瘦的人们。他们每个人手里都拿着一个好几尺长的大汤勺。舀汤的一端是个铁碗。这些饥饿的人们围着汤锅贪婪地舀着，由于汤勺的柄非常长，汤勺又非常重，即使是身体强壮的人也不可能把汤喝进自己嘴里，却不仅烫了自己的胳膊和脸，还把身边的人也烫伤了。于是，他们相互责骂，进而用汤勺大打出手。先知伊里亚对那个教徒说："这就是地狱！"

然后，他们离开了这个屋子，从一条暗的过道走了好一阵子来到另一间屋子。同前面一样，屋子中间有一个热汤锅，许多人围坐在旁边，手里拿着长柄汤勺，也是木制的柄、铁制的碗。除了舀汤声外，只听到静静的满意的喝汤声。这里，锅旁总保持两个人，一个舀汤给另一个喝。如果舀汤的人累了，另一个就会拿着汤勺来帮忙。先知伊里亚对教徒说："这就是天堂。"

"忠"会产生发自内心的"诚敬"及建立在"诚敬"基础上的同理心。这种诚，首先是自己对自己坦诚，然后才是示人以诚。敬，"爱人者，人恒爱之；敬人者，人恒敬之"。（《孟子·离娄下》）荀子曰"凡百事之成，必在敬之，其败也，必在慢之。"待人处世，成功因为诚敬，不顺则因为骄慢。所谓"道也者，不可须臾离也"，敬心要时时刻刻秉持，疏忽了、放松了，没的说，纰漏也就如影随形，也就不得不面对各种败局、障碍。

趣味阅读

一天早上，闹钟叫醒了世界最著名的推销员乔·吉拉德。他翻身下床，洗漱完毕，穿上衬衣、系好领带，又将外套穿上，然后按照约定的时间给客户打电话。打完电话，他又脱掉衣服，重新回到床上休息。吉拉德的妻子目睹这一切，感到很奇怪：打一个电话为什么还要穿得那么正式？吉拉德告诉他妻子，穿得正式，自己对客户容易升起礼敬的态度。

儒学的修身之道是："古之欲明明德于天下者，先治其国；欲治其国者，先齐其家；欲齐其家者，先修其身；欲修其身者，先正其心；欲正其心者，先诚其意；欲诚其意者，先致其知；致知在格物。"反过来就是："物格而后知至，知至而后意诚，意诚而后心正，心正而后身修，身修而后家齐，家齐而后国治，国治而后天下平。"（《四书五经·大学章句》）显然，"诚意"是连接"正心"和"致知"的中间环节。朱熹在《大学章句》中对"诚意"作了如下诠释："诚，实也。意者，心之所发也。""诚意"就是"实其心之所发，欲其一于善而无自欺也"。可见，朱子认为，"诚意"便是要以"诚"使"意"变得亦真亦善。他强调为善必须是一心一意而无半点私心杂念，既不自欺，更不欺人。简而言之，"诚"就是诚实无欺的意思。关于"自欺"，朱子说："所谓自欺者，非为此人本不欲为善去恶。但此意随发，常有一念在内阻隔住，不放教表里如一，便是自欺。"（《朱子语类》）在现代汉语中，我们常把"诚"与"实"并列为"诚实"，即人的言行要和他的内心思想一致，也就是朱子所说的"表里如一"，"表里如一"便是"不自欺"，"不自欺"便是"诚"了。故而，朱子把"诚"比作"真情"，"既是真情，则发见于外者，亦皆可见。如种麻则生麻，种谷则生谷，此谓'诚于中，形于外'。"（《朱子语类》）这也就是真心实意、表里如一的意思。另外，朱子还把"自欺"与"自慊"相比较来说明这个道理。他说："自慊则一，自欺则二。自慊者，外面如此，中心也是如此，表里一般。自欺者，外面如此做，中心其实有些子不愿，外面且要人道好。只此便是二心，诚伪之所由分也。"（《朱子语类》）

趣味阅读

关羽收复了长沙，刘备进驻长沙后，当问到黄忠在哪里的时候，关羽说黄将军说身体不适没有来迎接。刘备说那先不要打搅他吧，等他好点再去拜访，而诸葛亮则主张刘备立即去探望黄忠。

刘备见到黄忠的时候，黄忠正在练习射箭。其实他并不是在练习，而是在发泄心中的郁闷。刘备见到黄忠首先是行礼，然后说的第一句话是："在下刘备，拜见黄老将军。"黄忠看刘备已经来了，不欢迎也不好，于是说"此地无茶，到屋里请吧"。刘备说："不妨，就在此地跪坐直谈"。于是和黄忠开始了谈话，在谈话的过程中，有一段是这样的：当刘备说我是来请将军出山相助，黄忠说我也老了，并且厌倦了这样的生活，刘备接着说"黄将军，您不老，您仍然很善战，您更是没有厌倦这样的生活，为何呢，您看，首先将军的名字是'黄忠'，里面有一个'忠'字，就代表您忠贞和忠义，您的大名为'黄汉生'，'汉生'啊，意为为大汉而生，而此时大汉仍然在动荡中，所以您肯定不会厌倦；其次，您和我的二弟关羽大战三百回合仍然没有分出胜负，关羽一直在赞您很勇猛啊，要是他在您的这个年龄肯定不是您的对手；而我的三弟张飞和大将赵云也大赞您的箭法非常的好，就连他们二人也自叹不如啊。这也说明您没有老啊！"

刘备话说到此处，黄忠表情发生了很大的变化，已经由开始的阴沉转为笑脸了，心中产生对刘备的信任和敬仰。

朱熹还对"诚"与"敬"及"信"的关系作了论述。他说："凡人所以立身行己，应事接物，莫大乎诚敬。诚者何？不自欺不妄之谓也。敬者何？不怠慢不放荡之谓也。今欲作一事，若不立诚以致敬，说这事不妨胡乱做了，做不成又付之无可奈何，这便是不能敬。人面前的是一样，背后又是一样；外面做的事，内心却不然；这个皆不诚也。学者之心，大凡当以诚敬为主。"（《朱子语类》）朱子的这段话说明了"诚"与"敬"是既有区别又有联系的。"诚"就是"实"而不说谎，不自欺；"敬"就是"畏"而不敢怠慢，毕恭毕敬，敬畏二字常被连在一起使用。然而，"诚"与"敬"又是相互统一的。朱子之"立诚以致敬"说明若"立诚"便能够"致敬",即"诚"则"敬"。朱子还说:"'敬以直内,义以方外',便是立诚。"(《朱子语类》)意思是说,如果敬能充斥内在的道德品质,义又能成为外在行为的道德规范,那么就能够确立"诚"。在我们的日常生活中,"敬"往往是"诚"的表现,但仅仅表现出"敬"并不能说明已做到了"诚",而应当是"敬义夹持",方为"立诚"。故而,朱子在讲学中经常是以"诚敬"并举的。关于"诚"与"信",朱子说:"诚是自然的实,信是人做的实。"(《朱子语类》)在朱子看来,"诚"是"实","信"也是"实",所以"诚"即"信","信"即"诚","诚"与"信"并没有本质的区别。而早在汉代许慎编撰的《说文解字》中就有:"信,诚也"、"诚,信也"之说。"诚"字从字面上来理解可以说是指人言必成,言成即是履行了诚实守信的道德原则和规范。①

发自内心的真诚,才会真正做到同理心和换位思考。

在工作中,要赢得他人的肯定和支持,很重要的一点就是要让人感受到你的坦诚,以开放而坦率的态度与人交往,这样人才觉得你可以信赖,他人才能以一种真心交流的态度与你相处。以理服人不是说服人的最高原则,如果没有让人感受到你的坦诚,即使你把一项事情的道理讲得非常明白,也未必有效果,因为人是有强烈感情色彩的动物,生活中情大于理的情况比比皆是,在感情与道理之间,人往往侧重于感情。

82

补充知识

做生意最重信誉,信誉好就能揽住生意,牌子硬客户会主动上门。包玉刚对此深信不疑。他常说:"签订合同是一种必不可少的惯例手续,纸上的合同可以撕毁,但签订在心上的合同撕不毁,人与人之间的友谊建立在相互信任上。"他始终守信用,从不开空头支票。凡他口头答应的事,比那些捧着合同去撞骗的人还要可靠千万倍。良好的经营信誉,奠定了他事业上成功的基础。

商人都是追求利润的,当一边是丰厚的利润,一边是看不见摸不着的信用时,抉择是痛苦的。只有那些站得高看得远的人才能不被利诱。

包玉刚以恪守信用为做人准则,因而对那些背信弃义、不守信用的人,疾恶如仇,就是顶着香炉跪到他面前哀求,他也绝不宽容。包氏在租船给美国ESSO石油公司之前,也就是他刚刚出道之时,手中才7艘货船。他把一条货

---

① 陈敏. 朱子论诚敬 [J]. 福建师范大学学报(哲学社会科学版), 2001(2)

船租给一个港商，期限 6 个月，未和他签订长期合同。因包氏对此人不甚了解，只听说此人搞买空卖空，无经济实力，无固定地点，是皮包公司。包氏之所以租船给这个人，实是看在一个朋友面上，又是短期，临时性的租借，而那港商在他和他的朋友面前起誓赌咒，绝不逾期。

然而，租约到期之日，正值苏伊士运河关闭引起运费飞涨的黄金时期，那个港商挖空心思，寻找种种理由，迟迟不把到期的货船退回，想继续租用包氏的低租金货船，并主动把租金提高一倍，同时预付 1/3 的租费。

包玉刚坚决维护信用，不被高租金所动摇。那个港商把一沓钞票放在他的面前，请他点钞，他却看也不看，那个港商灰溜溜地走了。包玉刚立即把船租给另一家信誉较好的航运公司，仍旧执行他的低租金长合同方针，不贪图眼前的短合同高租金。

不久，埃以战争结束了，关闭的苏伊士运河重新开放，运费暴跌，那个冒险投机家宣告破产，而那些租船给他的船东亦蒙受了很大损失，有的也跟着他破产了。在此期间，惟独包玉刚既没有受到运河重新外放而引起的营业波动，又没有遭到因租户破产所带来的损失。

三、推己之谓恕

"恕"就是孔子在《卫灵公》篇里回答子贡"有一言而可以终身行之者乎？"的问题时所说的："其恕乎！己所不欲，勿施于人。"即自己不愿意的事，不要强加给别人。自己不愿意承受的境况，就不要施加与他人。《孔子家语》中孔子说："君子有三恕：有君不能事，有臣而求其使，非恕也；有亲不能孝，有子而求其报，非恕也；有兄不能敬，有弟而求其顺，非恕也。士能明乎三恕之本，则可以端身也"。这三个"非恕"就是自己没有做的事情，却要求别人去做。

《中庸》、《大学》中也有类似的表述。《中庸》说："施诸己而不愿，亦勿施于人"，《大学》则不厌其烦地强调："所恶于上，毋以使下；所恶于下，毋以事上；所恶于前，毋以先后；所恶于后，毋以从前；所恶于右，毋以交于左；所恶于左，毋以交于右。"这也就是孟子所谓的恻隐之心。可见，儒家对移情作用非常重视，认为换位思考是处理人们之间利益关系的有效手段。

如心为恕，"如"，顺从也。顺从本有的仁爱之心去对待事物，处理事情就是"恕"。《说文》解"恕，仁也"。段玉裁解释说："为仁不外于恕，析言之则有别，浑言之则不别也"。朱熹注释说："推己之谓恕"。"忠"和"恕"是同一个问题的两个方面。"恕"就是宽容、谅解，不把自己的意志、爱好和憎恶强加于人。由此看来，"忠"和"恕"的区别是："忠"是自己内心中一种对人对事的真诚态度，以及由此态度去诚实地为他人谋事做事的行为。"恕"是以自己的仁爱之心，去推度别人的心，"以心揆心"、"忖己度物"，将心比心，从而谅解别人不周或不妥之处，正确地处理好人与人之间的关系。

沟通之行在于"推"，恕即推己及人，站在对方立场上思考问题，处理问题。有一位农夫使尽力气想把小牛赶进牛栏里，可是小牛的脚就好像是被钉牢在地上一样，丝毫不为所动。农夫的太太正好出来，她不慌不忙地把自己的食指放入小牛嘴里让它吮吸，很快就把小牛牵进栏里了。农夫的太太就是站在小牛的立场替它考虑的，她知道小牛现在需要什么。用这样的方法就是大象我们也可以使它移动。汽车大王亨利·福特说："如果有所谓成功的秘诀，那必定就是指要能了解别人的立场。我们除了站在自己的立场上考虑之外，也必须要有站在别人的立场上考虑问题的处世能力。"

补充知识

秦、晋围郑发生在公元前 630 年（鲁僖公三十年）。在这之前，郑国有两件事得罪了晋国。一是晋文公当年逃亡路过郑国时，郑国没有以礼相待；二是在公元前 632 年（鲁僖公二十八年）的晋、楚城濮之战中，郑国曾出兵帮助楚国。结果，城濮之战以楚国失败而告终。郑国感到形势不妙，马上派人出使晋国，与晋结好。甚至在公元前 632 年 5 月，"晋侯及郑伯盟于衡雍"。但是，最终也没能感化晋国。晋文公为了争夺霸权的需要，还是在两年后发动了这次战争。晋国为什么要联合秦国围攻郑国呢？这是因为，秦国当时也要争夺霸权，也需要向外扩张。发生在公元前 632 年的城濮之战，事实上是两大军事集团之间的战争。一方是晋文公率晋、宋、齐、秦四国联军，另一方则是以楚国为主的楚、陈、蔡、郑四国联军（郑国名义上没有参战，实际上已提前派军队到楚国）。两年后，当晋国发动对郑国的战争时，自然要寻找得力的伙伴。秦、晋历史上关系一直很好；更重要的是，这时的秦国也有向外扩张的愿望，所以，秦、晋联合也就是必然的了。郑国被秦、晋两个大国包围，危在旦夕，郑文公派能言善辩的烛之武前去说服秦伯。见到了秦伯，烛之武说："秦、晋两国围攻郑国，郑国已经知道要灭亡了。但秦国越过邻国（晋）把远方的郑国作为秦国的东部边邑，您知道这是困难的，您为什么要灭掉郑国而给邻国增加土地呢？邻国的势力雄厚了，您秦国的势力也就相对削弱了。如果您放弃围攻郑国而把它当做东方道路上接待过客的主人，出使的人来来往往，郑国可以随时供给他们缺少的东西，对您也没有什么害处。而且您曾经给予晋惠公恩惠，晋惠公曾经答应给您焦、瑕二座城池。然而晋惠公早上渡过黄河回国，晚上就修筑防御工事防范秦国，这是您知道的。晋国，怎么会满足呢？现在它如果占有了郑国而扩大它的东部边界，就想要扩大它西边的边界。如果不使秦国土地亏损，它怎么做得到呢？"

烛之武说明了保存郑国对秦有利、灭掉郑国对秦不利的道理，终于说服了秦伯。秦伯不仅撤走了围郑的秦军，而且派兵保卫郑国，迫使晋国也不得不撤兵，从而解除了郑国的危机。烛之武之所以成功，是他站在对方的立场分析利害得失，提出对策。

《论语·子罕》篇云："子绝四：毋意、毋必、毋固、毋我"。"毋意"即是摒弃主观揣测，包括不合理的假设、想象、猜疑等；"毋必"不要太绝对化，要有变通性、灵活性；"毋固"即不要固执己见，有集思广益的精神；"毋我"即不要自以为是，唯我独尊。可见，"恕"体现平等精神。平等的前提是个体差异性的实现。所以，不能反过来"己之所欲，施之于人"。"己之所欲，施之于人"，虽然有时是出于好心，但实则是以自我为中心的"偏执"，抹杀了人、我的差异，导致双方无法正常沟通。儒家以忠恕行仁，既要保持住人伦物理的自然分位差异，又要排除对这差异私己性的偏执。这种爱，就是包含着个体分位差异性的沟通。"己所不欲，勿施于人"，是由己出发，推己及人，其关键，全在于一个"己"字。儒家只要讲忠恕，都在强调对"己"的限制和要求，而不是对人的要求，强调在接人、处世、待物行为中，不能把自己的意志强加于人。对己的要求，就是"诚"或"忠"。因此，这个推己及人的过程，就是一个不断消解对私己的偏执，从而保证人我、人物各在其自身的限度内有所成就的过程。在承认差异性的前提下实现沟通，这两者是并行不悖的。

忠恕精神强调的正是个性差异实现或限制前提下的沟通，它体现出一种价值平等精神。

趣味阅读

一个业务经理跟厂长说："厂长，这个订单你给插个单吧！"插单，就是在生产计划中，临时来了一个订单把它插进去。

厂长不能够接受，说："这样插来插去，乱七八糟的，这个工厂还能干什么？"

业务经理："厂长你不想插，我也无所谓，公司都不在乎，我也不在乎，反正你看着办。"说罢就走了。

厂长心想："跟我来这套，我就不插！"

这时，另一个业务经理也要插单，他去找厂长时完全不是刚才那位那样的态度。他说："厂长，我刚刚坐上这个职位，好不容易抢了一个订单，看起来是个小订单，但对我来讲是拼了半条命才拿到的。厂长，我知道您的工作很满，但是我已经查了一下，下个礼拜二、礼拜三、礼拜四，您分别各有两个小时的空当，我这张小单四个钟头就可以做完了，您看，下个礼拜二到礼拜四，我能不能用你其中四个钟头，比如说礼拜二两个钟头，礼拜三两个钟头？"

厂长还在犹豫。业务经理又说道："厂长，我会叫我的兄弟过来帮忙，您看是搬材料还是搬机器？还有，厂长，我手上有一点点预算，两万块钱，我打算拨个 5000 元给您的兄弟们，加加菜，喝喝汽水，您看怎么样？"

厂长一听，笑了笑说："好吧，你的兄弟不用过来。"

资料来源：http://www.bookbao.com/view/201002/05/id_XNzc1NjM=.html

为什么前一个业务经理插单不成，后一个业务经理就成功了呢？跟别的部门沟通的时候，不但要主动地帮别人把事情分析好，还要想办法让人家只说："是"、"可以"，这叫做体谅。而不是说："厂长，你不在乎，我也不在乎，公司无所谓，我也无所谓。"所以一个人要多体谅别人，从他的角度去替他着想，替他排时间，替他去找预算，这才叫做真正解决问题。

管理活动中的人由于各自所处地位的不同，观察问题角度的不同，价值取向的不同以及各种物质利益趋向的不同，因而，对一些问题的看法就不同，这样就不可避免地会发生矛盾。如果管理人员之间、上司与下属之间、管理者与工人之间、工人与工人之间，有什么思想隔阂没有解开，感情不能沟通，就会影响组织内部凝聚力的发挥，就会影响组织内部的协调一致。儒家的"恕道"对协调各种内部矛盾具有重要的作用。如果从上至下，大家都共同用"恕道"来协调各种人际关系的话，企业的凝聚力就会增强。"恕道"也就是"中道"，在解决矛盾冲突的时候，不能只看到矛盾或冲突的一方，而应该全面地看到矛盾或冲突的双方，消解他们之间的对立因素，找出能够沟通的因素，从而达到和谐与协调。儒家强调要通过人与人之间的相互宽容和理解，来求得人际之间的和合。上级与下属之间、管理者与被管理者之间特别要讲"恕道"。管理者上层与下属之间讲"恕道"，就是要建立起一种互爱互敬的关系，"君使臣以礼，臣事君以忠"，上级对待下级以礼相待，下属才会尽心竭力地工作。

趣味阅读

美国纽约唐人街有一家酒店，刚开张的时候生意好了一段时间，但不久后就开始下滑，酒店老板为此伤透了脑筋：各种硬件设施是一流的，员工是经过统一培训过的行业精英，酒店菜肴质量也是一流的，掌厨师傅是屡在烹饪大赛中获奖的名厨！看上去所有一切都是完美无缺的，可是，问题究竟出在哪儿呢？

一天，一位富豪邀请了几位朋友到这家酒店里小聚，酒店老板顿时受宠若惊，为表示敬意，频频上前敬酒，使出浑身解数与富豪套近乎，他认为这是个不可多得的客源，无论如何一定要拉牢他。而在餐厅的另一边，则靠墙站着一位小伙子，那是一个很普通的小伙子，是新来酒店上班的服务员，他很沉默，沉默得简直没有人会注意到他，但是，他却在一边暗暗观察着老板的一举一动。当那位富豪离开的时候，老板又亲自将他送到了门口，返回酒店的时候，小伙子叫住了老板："我们酒店的生意不怎么好。"

"是的！可是你也应该看见了，我们正在努力改变现状！"老板说。

"假如您总是这样下去的话，我们的生意将会更差。"小伙子说。

老板上上下下打量了他一番，有点不高兴地说："那你认为应该怎么样做呢？"

"请我做一个月的主管！并且我做主管的一个月里，你要听我的安排！"小伙子从容地说。

"可以！但是你用什么来证明你有让我听你安排的实力呢？"

"我敢肯定，刚才你送到门口的那人不会再来我们这里吃饭了！"小伙子说。

老板听他这样说，以为他是个故作神秘没事爱乱讲话的人，就开玩笑地答应了下来："如果今后一个月里他真的一次不来，我立刻请你做主管！"

时间一晃过了一个月，本来老板以为那个富豪一定被他拉成"固定客源"了，可让老板没有想到的是还真像那小伙子所说的，他再也没来过，而且酒店的生意也真的越来越差，他甚至产生了把酒店转让出去的念头。这时他想起了那个小伙子，老板抱着死马当活马医的想法对小伙子兑现了承诺，让他做一个月的主管，并答应不过问任何事，甚至在营业时间里都不走到餐厅里来，一切由小伙子一人负责。

老板心想真要转让出去也不差这一个月，于是干脆放开手来随他怎么做，他倒要看看小伙子葫芦里究竟卖的什么药。时间一天天过去，这些天里老板只是暗中观察，他发现那小伙子对任何客人都只是微微一笑一点头，更要命的是他从不向客人敬酒、套近乎，但是让他不敢相信的是自从小伙子上任以来，生意却一天比一天好，老客户也一天比一天地多了起来。他又惊讶又好奇又感激，恨不得立刻要知道那小伙子究竟用了什么回天之术，怎么似乎没花什么力气就把亏损的生意扭转了回来。

终于，一个月时间到了，老板把心里的想法说了出来，小伙子问他："你认为做生意最重要的是什么？"

"当然是尽量满足客人的需要啊！"老板说。

"说得很对！但是你有没有想过，客人们的需要当中，有一种需要叫做'不需要'，而你只知道客人需要什么，却不知道客人不需要什么！"

"有一种需要叫做不需要？"老板懵住了，说实话，他真的从没想过客人不需要什么，"难道我们尽量去满足客人的所需还不够？"

"当然！了解客人不需要什么与了解客人需要什么一样重要！"小伙子说，"你们一见到有身份有地位的人就不断去敬酒，但是他们来这里的目的是什么呢？是来吃饭，是参加他们自己的聚会，而不是来接受你的敬酒，你的敬酒实际上是在打扰他们做自己的事情，这绝不是他们所需要的！还有，同一宴席上，有主次之宾，在不断向主宾敬酒的同时，其实你也在向同一桌上的其他宾客做暗示：我不在乎你们。这也绝不是他们所需要的！还有，在你对某一桌上的宾客敬酒的同时，更是对其他桌子上的宾客一种不平等的对待，他们会想：难道他们是客人，我们就不是客人了？这样的感觉同样是别人所不需要的！你在无意识当中给了顾客这些他们根本不需要的感觉，足以让他们对你的酒店产生反感，这就是导致你的生意每况愈下的原因！"

客人有一种需要叫做"不需要"，了解客人的"不需要"与了解客人的"需要"一样的重要。有时候人际关系也是如此，你如果不厌其烦地硬是要给予别人并不需要甚至是反感的东西，最终的结果可能导致对方对你越来越疏远！而这时，你不要把对方不需要的东西硬塞给他，实际上就成对方的需要了！老板听后茅塞顿开，从此，他除了揣摩顾客需要什么的同时，更下大力研究顾客"不需要"什么，20年以后，他的酒店在全美国开设了多家分店。而当年那位小伙子，就是如今被称为励志成功学大师的陈安之，陈安之最广为人知的一句名言是："成功一定有方法！"

资料来源：陈亦权．有一种需要叫不需要［N］．广州时报，2009－5－8

恕也是宽恕，即以仁爱之心待人。在《论语·颜渊》中，"仲弓问仁。子曰：出门如见大宾，使民如承大祭。己所不欲，勿施于人。在邦无怨，在家无怨。"因此，可以说，在孔子的见解中，仁就要恕，恕就是仁。恕道就是仁道，就是爱人之道。

一位德高望重的长老，在寺院的高墙边发现一把坐椅，他知道有人借此越墙到寺外。长老搬走了椅子，并在这儿等候。午夜，外出的小和尚爬上墙，再跳到"椅子"上，他觉得"椅子"不似先前硬，软软的甚至有点弹性。落地后小和尚定睛一看，才知道椅子已经变成了长老，原来他跳在长老的身上，后者是用脊梁来承接他的。小和尚仓皇离去，这以后一段日子他诚惶诚恐地等候着长老的发落。但长老并没有这样做，压根儿没提及这"天知地知你知我知"的事。小和尚从长老的宽容中获得启示，他收住了心再没有去翻墙，通过刻苦的修炼，成了寺院里的佼佼者，若干年后，成为这儿的长老。无独有偶，有位老师发现一位学生上课时时常低着头画些什么，有一天他走过去拿起学生的画，发现画中的人物正是龇牙咧嘴的自己。老师没有发火，只是憨憨地笑着，要学生课后再加工画得更神似一些。而自此那位学生上课时再没有画画，各门课都学得不错，后来他成为颇有造诣的漫画家。对上面的例子，设想一下除去其他因素，归集到一点：主人公后来有所作为，与当初长老、老师的宽容不无关系，可以说是宽容唤起的潜意识，纠正了他们人生之舵。长老若是搬去椅子，对小和尚杀一儆百，也没有什么说不过去的，小和尚可能从此收敛，可是他绝不会真正的反省；同样，老师对学生的恶作剧通常是大发雷霆，也因为方式太通常了，就难取得不通常的效果。

89

趣味阅读

唐朝大将军郭子仪，在平定"安史之乱"和抵御外族入侵中屡立奇功，却遭到了皇帝身边的红人、太监鱼朝恩的嫉恨。郭子仪率兵在外征战，鱼朝恩竟暗地里派人挖毁了郭子仪父亲的墓穴，抛骨扬灰。郭子仪领兵还朝，众人无不以为会掀起一场血雨腥风，不料当代宗皇帝忐忑不安地提及此事时，郭子仪伏地大哭，说："臣将兵日久，不能禁阻军士们残人之墓，今日他人挖先臣之墓，这是天谴，不是人患。"家仇的烈焰竟被他宽容的泪水熄灭。

郭子仪手握兵权，在朝中日益得到皇帝的信任，鱼朝恩担心早晚会被郭子仪收拾，便想来个先下手为强，在家中摆下"鸿门宴"，然后请郭子仪赴宴。鱼朝恩的险恶用心连郭子仪的下属都看得一清二楚，他们极力劝郭子仪不要去。郭子仪淡淡一笑，不以为然，只便装轻从，带上几个家僮从容赴宴。鱼朝恩见了惊讶不已，在得知实情后，阴毒无比的一代奸臣竟被感动得号啕大哭，从此以后再不以郭子仪为敌，反而处处维护他。

郭子仪以宽容消灭了一个敌人，为自己增加了一个支持者。

站在对方立场就要让对方在沟通中感到轻松。心理医生与患者交流的时候，一般不是面对面的姿势，他们通常和患者一起躺下，眼睛一起看天花板。根据精神学的研究，精神病患者和有躁郁症的患者，他的眼睛如果看到的不是人，而是天花板，他就会心情放松地吐露心声。所以领导者如果要与下属进行坦诚的沟通，尽量不要坐在你的位置上面与部下讲话。

补充知识

我在 1998 年接任 CEO 时，面临的是这样一个左右为难的困境：自 1990 年以来，公司每一年都比上一年增长得更加缓慢，到 1997 年时，我们的增长速度已经落后于很多同行。

问题明显是出在一家叫做 Wellspring 的子公司身上。这是一家从事养老金管理外包业务的公司，成立于 20 世纪 90 年代初。当时，很多像 IBM 那样的大公司都不愿意自己耗费精力去做一些后勤工作，如为成千上万名员工逐一制订退休计划，于是他们就把这些业务外包出去，通常都由咨询公司接手来做。和很多同行一样，华信惠悦也赶上了那趟"时髦"。

现在看来，跟风涉足外包业务对华信惠悦而言有百害而无一利，它使我们不得不分散大量的精力到很多琐碎的行政管理事务上去。你可以把 Wellspring 想象成一个大型的服务中心，每天都有上千名员工抱着电话机，不停地给客户公司的员工打电话，向他们了解关于医疗保险或是退休金方面的情况。此外，他们还要负责印发很多书面资料。总之，Wellspring 的业务跟我们所擅长的咨询业务相去甚远。正因为此，Wellspring 自成立后就从来没有赚过钱。到 1997 年，Wellspring 的营业收入占到公司总营业收入的 20%～25%，但是由它所造成的亏损却使公司的利润减少了 50%。

董事会于是交给我一个任务，就是尽快把 Wellspring 卖掉。他们当时跟我说，能卖多少钱就卖多少钱，不用考虑成本。但是问题并没有那么简单。因为很多外包业务当时还在进行中，一旦我们说不做了，公司很有可能因此面临起诉。这显然是个大麻烦，所以我必须要给 Wellspring 找到一个合适的接手人。更麻烦的是，如果立即结束外包业务，可能会给公司带来 1.2 亿美元的损失。

围绕要不要出售 Wellspring 这个问题，公司内部分裂成截然不同的两个派别。新员工一派希望尽快结束连年亏损的外包业务，以改善公司的业绩状况。而老员工一派则强烈反对这么做。因为那时我们还没有上市，公司的股票全部归内部员工所有，不能在市场上自由流通。通常情况下，老员工会在退休前将自己持有的股票按照面值出售给新员工，从而使股票兑现，而股票的面值是随着公司业务的增长不断增加的。但是，假如我们结束外包业务，公司的价值就会大幅缩水，公司的股票也将随之贬值，这就会让老员工在出售股票时遇到很大的麻烦。那时候的我，真是左右为难。

因此，在我接任 CEO 的前 6 个月，我拿出许多时间去倾听各类员工的想法，我尽可能多地去了解员工们的各种需求，试图在其中找到一个平衡点。最终，我得出了一个令人沮丧的结论——实际上并不存在一个令每个人都开心的方案。

在此之后，我决定，还是倾向于那些即将退休的老员工。我将答应他们，在出售 Wellspring 之后仍然按照现在的面值来收购他们手中的股票，但是并非马上就这么做，而是要在他们退休之后的一段时期。至于新员工方面，考虑到他们在公司还将工作很长一段时间，一旦脱手外包业务，虽然短期内公司的价值会受到影响，但是公司的未来还大有希望，因此从长远来说，他们的利益仍然可以得到保障。

我接下来的工作就是，把我的想法告诉大家，并且在新老员工中都争取到尽可能多的支持。我知道，这并非易事——华信惠悦的员工个个都聪明过人，并且精于世故。而我唯一能做的就是，坦诚地与他们进行沟通。

于是，在其后的半年中，我召开了大大小小无数次员工会议。在这些会议上，我把自己遇到的问题向大家和盘托出。我告诉他们在我面前的那些选择，而我现在为什么要做出这样的选择。每一次开会，我都给员工留出直接向我提问的时间。有很多员工站起来问我，你是否想到这个，或是，你是否想到那个。每一次我都对他们的问题一一给出了回答。这就给员工们一种感觉，就是他们所想到的问题，领导层都已经想到过了。结果，我的方案到表决时，有97％的员工投了赞成票。迄今为止，这仍然是公司决策获得员工支持最高的一次。

我由此得到一个经验，只要你把你做出决定的理由和依据坦诚地告诉你的员工，即便你的决定并不是他们想要的，最终你还是会获得他们的支持。

在内部意见统一后，剩下来的事情就好办多了。此外，我们又陆续卖掉了其他一些核心业务，如医疗保险咨询等，从而使华信惠悦更加专注于自己的强项——管理咨询。

1998 年之后，公司的业务量开始大幅回升，我们的发展速度一下子超过了几乎所有的同行，而且每一年都比前一年增长得更快。

现在回过头再来看 Wellspring 这件事，我觉得它的重要意义不仅仅在于让我们能够专注于我们的核心业务，而是给了我们一个契机，让领导层可以跟每一名员工进行直接的沟通。经过这件事，我们都感觉公司的凝聚力增强了。从这些年的经验看，我认为在公司内部做到有效沟通，首先必须确保全体高层人员能够理解并支持公司的战略；其次要确保这些高层人员能够把他们理解到的东西灌输给他们的下属团队；最后我觉得，有必要跟员工进行直接交流。

在和员工进行交流时，我最常用的工具是 E-mail。我每个季度都会通过 E-mail 把我们现阶段的目标，既定的实施步骤和已经完成的程度告诉我们遍布全球 32 个国家的 89 家分公司的所有员工。此外，我们还有一本名为《地平线》的电子内刊，一年会出 3～4 期，主要发布公司高层管理者的一些想法。最后，我非常看重与员工做真正面对面的交流。我每到世界的任何一个地方，我都会尽可能地与当地所有的员工见面。

和内部员工沟通需要坦诚，和外部投资者沟通同样也需要坦诚。1999 年，我们决定去纽约上市。当时正是高科技概念盛行之时，帮助我们上市的那家投资银行建议我们，把华信惠悦包装成一家高科技软件公司，连带也做一些其他的业务。那时，我们的确有一部分业务是做软件的，但它只是非常小的部分。从投资银行的角度来说，进行这样本末倒置的包装可以让我们更快上市，而他们就可以尽快从中获利。

但我不同意他们这么做，这与我们的商业理念有关。我不相信一家公司的成功是可以通过欺骗别人来达到的。我于是花了很长时间和我们的投资银行来讨论这个问题。最后，在向投资人描述华信惠悦时，我很坦诚地告诉他们，我们公司并没有像投资银行说得那么复杂，我清晰地告诉他们我们究竟是做什么的。我认为，我们做的是看得见的业务，赚的也是看得见的钱，没有必要和投资者玩什么花样。

2000 年 10 月，我们终于在纽约证券交易所成功上市，当时的股价是 12.5 美元。如今，我们的股价大约是 27 美元。我们在 5 年内让股价翻了一番，应该说表现还不错。

在公司上市之后，我必须不厌其烦地向华尔街定期汇报公司的盈利情况。很多人跟我说，华尔街只关心短期效应，所以就应该向他们说好话。但我并不这么认为。我觉得，只有向投资者客观地说明公司当下的处境以及未来会面临怎样的情况，才能让他们相信，你对公司是很了解的，也才能增强他们对公司的信心。

资料来源：姚颖. 华信惠悦 CEO 何立杰：坦诚沟通的力量［J］. 21 世纪商业评论，2006（1）

第二节　三贵之道

美国成功学家马尔登指出："一个即使拥有诚实、勤勉这样的品质，即使在事业上雄心勃勃，工作起来干劲十足的人，但是如果行为举止不合礼仪，也会使他的许多努力毁于一旦。相反，一个举止得体的人，可能有这样或那样的缺点，却往往容易获得成功。"还有一位西方哲人也指出："糟糕的举止会搞糟一切，包括理性和正义；良好的举止会弥补一切，它使'不'字戴上金色，使真理变得甜蜜"。

《论语》有云："君子所贵乎道者三：动容貌，斯远暴慢矣；正颜色，斯近信矣；出辞气，斯远鄙倍矣。"（《论语·泰伯》）意思是，君子所应当重视的道有三个方面：容貌应庄重严肃，这样可以避免粗暴、傲慢；端正自己的脸色，就可以使人信任；说话注意言辞语气，就会远离粗鄙无礼。这就是儒家的"三贵之道"，它提示人们如何在人际沟通中把握正确的行为举止。

一、万世师表

《论语·乡党》中记录了孔子上朝、迎宾、出使、着装，乃至坐、卧、行等各方面。孔子的言行举止为儒家"三贵之道"做了注释。

"孔子于乡党，恂恂如也，似不能言者。其在宗庙朝廷，便便然；唯谨尔。朝与下大夫言，侃侃如也；与上大夫言，誾誾如也。君在，踧踖如也，与与如也。"意思是，孔子回到家乡时，非常恭顺，好像不善言辞的样子。但他在朝堂上却口才极佳，并且言辞谨慎明确，合乎礼仪。在朝堂开会时，如果是与职位比他低的官员谈话，他是直率、温和的；与上大夫交谈，态度从容、和悦；如果是国君亲自出席的场合，他就表现恭敬、安详。

"君召使摈，色勃如也。足躩如也，揖所与立，左右手，衣前后，襜如也。趋进，翼如也。宾退，必复命，曰：'宾不顾矣。'"意思是，国君让孔子接见外宾时，他仪态庄重，行动敏捷。致礼揖让时，衣袍摆动，潇洒飘逸。趋步前行，姿态优雅美好就像鸟儿舒展翅膀。接见结束送客人离去后，他一定向国君回报说："客人已经送走了。"

"入公门，鞠躬如也，如不容。立不中门，行不履阈。过位，色勃如也，足躩如也，其言似不足者。摄齐升堂，鞠躬如也，屏气似不息者。出降一等，逞颜色，怡怡如也；没阶趋进，翼如也；复其位，踧踖如也。"意思是，孔子走进朝廷的大门后，仪容恭敬、谦逊。他不在门中间站立停留，进门时不踩踏门槛儿。从国君的御座前面经过时，肃穆恭敬，快步无声，提起衣服的下摆向堂上走，弯腰低头，控制气息，显得恭敬谨慎。等到出来以后，随着逐渐走下台阶，神态也逐渐放松，脸色才逐渐舒展，逐渐恢复了常态。他下完台阶后，快步而行，衣袂飘飘如羽，回到自己的位置后，又调整到恭敬安详的神态。

"执圭，鞠躬如也；如不胜。上如揖，下如授，勃如战色，足蹜蹜如有循。享礼，有容色；私觌，愉愉如也。"意思是，孔子受命出使别的诸侯国，参加典礼时，恭恭敬敬地拿着圭，向上举时好像在作揖，放下来时又好像是给人递东西。他仪容肃穆，迈着小步谨慎地前行，好像在按照预先规定了的尺度行走一样。在互赠礼物的仪式上，面容谦和。和邻国君臣以个人名义会见时，仪容和悦欢愉，不卑不亢。

"君子不以绀緅饰，红紫不以为亵服；当暑，袗絺綌，必表而出之。缁衣羔裘，素衣麑裘，黄衣狐裘。亵裘长，短右袂。必有寝衣，长一身有半。狐貉之厚以居。去丧，无所不佩。非帷裳，必杀之。羔裘玄冠，不以吊。吉月，必朝服而朝。齐，必有明衣，布；齐必变食，居必迁坐。"意思是，孔子主张，君子不用深青透红或黑中透红的布料做衣服镶边儿，不用红色或紫色的布料做平常在家穿的衣服。夏天穿粗的或细的葛布单衣，但出门一定要外加一件罩衫儿。黑色的羔羊皮袍，配黑色的罩衣，白色的鹿皮袍配白色的罩衣。黄色的狐狸皮袍，也配以相应颜色的罩衣。平常在家穿的皮袍做得长一些，右边的袖子做得短一些。服丧期满，脱下丧服以后，便佩戴上各种各样的装饰品。如果不是礼服，一定要裁剪得体。绝不穿皮裘或戴黑里夹红的帽子去吊丧。每月初一，一定要穿着礼服去上朝。斋戒沐浴后，一定要换上干净的内衣。

"席不正不坐。"意思是，座席摆的方向不合礼仪，他不落座。

"乡人饮酒，杖者出，斯出矣。乡人傩，朝服而立于阼阶。"意思是，与乡亲们喝酒的宴会结束后，孔子一定要等老年人先出去，然后自己才出去。乡里人举行迎神驱鬼的宗教仪式时，孔子必定穿着朝服站在东边的台阶上。

"问人于他邦，再拜而送之。"意思是，孔子托人向在异国他乡的朋友问候，向受托的人致拜两次然后送别。

"见齐衰者，虽狎必变。见冕者与瞽者，虽亵必以貌。凶服者式之；式负版者，有盛馔，必变色而作。迅雷、风烈必变。"意思是，孔子看见穿丧服的人，即使是平时关系很亲密的，他也一定改变态度，表示哀悼。看见戴礼帽的人和盲人，即使是常在一起的，也一定要有谦让。在乘车时遇见穿丧服的人，便俯伏在车前横木上以表示同情。遇见背负国家图籍的人，也这样做以示敬意。如果主人以丰盛的筵席款待时，一定神色肃然，并站起来致谢。遇见迅雷疾风，一定要改变神色以示对上天的敬畏。

"升车，必正立，执绥。车中不内顾，不疾言，不亲指。"意思是，孔子上车时，一定先直立站好，然后拉着扶手上车。在车上，不向车内回顾，不急促高声说话，不用自己的手指指画画。

二、动容貌

"容貌"，就是人的仪态、风度，是沟通中的无声语言。那么，什么是"动容貌"的最佳境界呢？孔子给出的答案简单又明了："貌思恭"（《论语·季氏》）。所谓"貌思恭"，是说在人际交往中考虑自己的容貌是否恭敬有礼，谦虚和顺。对于现代人而言，随着生活节奏的不断加快，固然不必再像春秋时期那样拘泥于众多的繁文缛节，但始终如一地保持一份优雅和文明，依然可以获得别人更多的尊重。如果待人粗鲁、骄横、无礼，就没有不孤立、不失败的。孔子在周游列国时，每到一国所以能"闻其政"，是靠"温、良、恭、俭、让以得之"（《论语·学而》）。《论语·子张》篇云："君子有三变：望之俨然，即之也温，听其言也厉。"所描绘的是君子容貌的三种变化，即远望庄严可畏，接近温和可亲，听其言严厉不苟。《礼记·玉藻》篇作者关于"貌思恭"具体地指出：足容重（走路稳重如山），手容恭（两手不乱指画，如孔子在车中"不亲指"等），目容端（目不斜视），口容止（嘴不妄动），声容静（既不高声喧哗，亦不轻佻说话），头容直（头颈不倾），气容肃（神气端庄严肃），立容德（站立笔直，中立不倚，俨然有德之气象），色容庄（面容庄重而不惰慢），坐如尸（坐姿如尸居神位，端庄而不箕踞，如孔子"席不正，不坐"）。

趣味阅读

《史记·管晏列传》记载：晏子做齐国宰相时，一次坐车外出，车夫的妻子从门缝里偷偷地看她的丈夫。她丈夫替宰相驾车，头上遮着大伞，挥动着鞭子赶着四匹马，神气十足，洋洋得意。不久回到家里，妻子就要求离婚，车夫问她离婚的原因，妻子说："晏子身高不过六尺，却做了宰相，名声在各国显扬，我看他外出，志向思想都非常深沉，常有那种甘居人下的态度。现在你身高八尺，才不过做人家的车夫，看你的神态，却自以为挺满足，因此我要求和你离婚。"车夫闻言深感愧疚，也明白妻子的规劝之意。从此以后，车夫就谦虚恭谨起来。晏子发现了他的变化，感到很奇怪，就问他，车夫也如实相告。晏子就推荐他做了大夫。

只有对人怀有仰慕的心情，才能实现有效沟通。予人恭敬是很重要的修养，自己庄重一点是尊重别人也是尊重自己。恭还有一层意思应该是谦恭，内心的恭敬和谦恭会使我们自身强大。常怀恭敬之心，也会更多地感受到美好。人性中有一种最深切的秉性，就是被人肯定的渴望。与人交往时要永远记住，人都希望人肯定他、赞扬他。你要找出他人的优点和长处，在适当的时候给人诚实而真挚的称赞。你可以让人畅谈他值得骄傲的东西，如果对方是上级或长者，请他指出你应该努力的方向，你可以恭恭敬敬地掏出笔记本，把他谈话的要点记录下来。这样做会引起他的好感，他会觉得你是一个对他真心钦佩、虚心学习的人。

屠格涅夫是俄国著名作家。有一天，他在街上遇到一名老乞丐，想施舍点钱给他，但翻遍了所有口袋，竟发现自己连一个铜板也没带，看着老乞丐那双期待的眼睛，还有他在寒风中瑟瑟发抖的身体，屠格涅夫十分过意不去，只好用双手紧紧握住老乞丐已经冻僵的手说："兄弟，对不起，我忘了带钱了。"不想，老乞丐感激地说："你叫我兄弟？老哥，你叫我兄弟？这已经是最高贵的礼物了，我已经感到很幸福。"

曾先后担任过福特汽车公司、克莱斯勒汽车公司总裁的艾柯卡这样总结自己的经营之道："不外乎就是处理一大堆人际关系而已，让人们从顾客、员工到银行家都信任你，觉得亲切。"艾柯卡上述经营之道得益于他年轻时与父亲的一次谈话。当时，艾柯卡正在学习做推销员。一个星期天的上午，他准备出门拜访顾客，由于约好的时间快到了，他衣冠不整就想冲出门去，被父亲叫住。艾柯卡一边梳洗打扮，一边向父亲抱怨道："这个顾客根本就不会买东西，何况才3美元的东西。"父亲严肃地对艾柯卡说道："儿子，你错了！这个人现在和我们一样处于社会底层，但你知道吗？有一天他可能是你的领导，可能是你最大的客户，甚至可能成为美国总统。即使是你将来的下属，或者什么也不是，难道你不认为与每一个人的交往都是无比重要的吗？你要小心谨慎地对每一个与你交往的人微笑。"

服饰是人的第二肌肤。"正容貌"当然包括正确得体的着装。从人的服饰中可以窥探一个人的秘密，了解他的心理状况、审美特色，从而进一步把握其个性与品格。穿着大方、朴素衣服的人，显示出性格比较沉着、稳重，为人真诚厚道，工作认真踏实。如果一个人的服饰能与自己的气质、职业一致，与自己的形体、年龄协调，与当时的气氛和场合相符，那么，这个人一定会显得大方自然，也更能引人注目。管理者的着装要分场合，出席重要的商务谈判或庆典，穿正装可以凸显他们对这些场合的重视，对交往对象的尊重。一个人风度翩翩，俊逸潇洒，就能产生使人乐于交往的魅力。不修边幅、肮脏、邋遢的人是不会吸引他人注意的。英国哲人约翰·洛克说："大方得体的作用使得本来的顽梗变柔顺，使人们的气质变温和，使他敬重别人，和别人合得来。"

正容貌，也就要举手投足大方得体。坐、立、行的姿态正确雅观，能准确地表现出一个人的良好素养，给人留下成熟信赖的印象；粗俗不雅的举动则令人讨厌。行为举止应注意以下几点：

1. 动有动态

走动时应当身体直立，两眼平视前方，两腿有节奏地交替向前迈步，并大致走在一条等宽的直线上。两臂在身体两侧自然摆动，摆动幅度不要过大。脚步声应控制，不要两脚擦地拖行。

2. 站有站相

站立时身形应当正直，头、颈、身躯和双腿应与地面垂直，两肩相平，两臂和手在身体两侧自然下垂，两眼平视正前方，嘴自然闭合。双脚对齐，脚尖分开的距离以不超过一脚为宜，如果叉得太开是不雅观的。还要注意不要把手插在裤袋里或交叉在胸前。

3. 坐有坐姿

心理学显示，坐姿表现一个人的心理，不同的坐姿反映不同的心理。有的人坐下来经常将左腿搭在右腿上，双手交叉放于大腿左侧或右侧。喜欢这种坐姿的人比较自信，对自己的见解、主张很坚决。有的人坐时腿脚很规矩地拢靠在一起，双手交叉放于大腿两侧。这类人思想比较保守，为人做事比较古板，不轻易接受别人的意见，做事要求尽善尽美。敞开双脚而坐，两只手没有固定放处，这是一种开放式坐姿。这类人性格比较外向，豪爽洒脱，不拘小节。将身体蜷缩在一起、双手夹在大腿中间而坐的人，往往自卑感很强，缺乏自信。当着众人猛然而坐的人，看似大气，实则紧张。他以猛坐来掩饰自己内心的不安。坐在椅子上摇摆不定，或将椅子不断挪动的人，一定有心事，内心焦躁不安；或对你的谈话不在意，不再想听你说下去。

4. 避免不必要的小动作

多余的手势，会给人留下装腔作势、缺乏涵养的感觉。反复摆弄自己的手指，要么活动关节，要么捻响，要么攥着拳头，或是手指动来动去，往往会给人一种无聊的感觉，让人难以接受。在交际活动时，有些手势会让人反感，严重影响形象。如当众搔头皮、掏耳朵、抠鼻子、咬指甲、手指在桌上乱写乱画等。

趣味阅读

清朝名臣曾国藩指派李鸿章训练淮军时，李鸿章带了三个人求见，请曾国藩分配职务给他们。不巧曾刚好饭后出外散步，李命三人在室外等候，自己则进入室内。

等到曾散步回来，李请曾传见三人。曾说不用再召见了，并对李说："站在右边的是个忠厚可靠的人，可委派后勤补给工作；站在中间的是个阳奉阴违之人，只能给他无足轻重的工作；站在左边的人是个上上之材，应予重用。"

李惊问道："您是如何看出来的呢？"曾笑道："刚才我散步回来，走过三人的面前时，右边那人垂首不敢仰视，可见他恭谨厚重，故可委派补给工作；中间那人表面上毕恭毕敬，但我一走过，立刻左顾右盼，可见他阳奉阴违，故不可用；左边那人始终挺直站立，双目正视，不卑不亢，乃大将之才。"

曾国藩所指左边那位"大将之才"，就是后来担任台湾巡抚的鼎鼎有名的刘铭传。

此外，要注意合理地把握自己与沟通对象间的距离。美国人类学家爱德华·霍尔将人际交往的距离分为四种：其一是亲密距离，近范围为 6 英寸之内，肌肤相触，亲密无间；远范围为 6～18 英寸，挽臂执手，促膝谈心。其二是个人距离，近范围为 1.5～2.5 英尺，相互握手，友好交谈；远范围为 2.5～4 英尺，朋友、熟人可自由进入这一空间。其三是社交距离，近范围为 4～7 英尺，在工作环境和社交聚会上，大多保持这一距离；远范围为 7～12 英尺，表现为更加正式的交往关系。其四是公众距离，这是演讲者与听众所保持的距离，在 12 英尺以上。面对一个不太熟悉的员工，如果你与他的距离太近，是对他私人领地的侵犯；相反，对一个与你相交多年的朋友或同事，如果你与他的距离太远，则会生出许多疏远感。

三、正颜色

"正颜色"意谓端正自己的面部表情。

什么样的脸色才是"正色"呢？孔子指出："色思温"（《论语·季氏》）。所谓"色思温"，是说管理者在与人交往时考虑一下自己的脸色是否温和、谦和。在孔子看来，温和之色才是内在美德的表现。温和之色，表示对他人的尊重，既不盛气凌人，也不冷若冰霜；既不骄淫，也不自卑，更不装腔作势。人们根据你发自内心的温和之色，可以看出你的友善和诚实，断定你是值得信任的人。一张温和的脸色，既是对自己人格的尊重，又是对他人品格的尊重，是人际交往中不可多得的一张通行证。

要做到"正颜色",就要避免几种不正的"颜色":第一种是"骄色"。装腔作势,架子十足。谁也不愿意同这种傲慢者交往。第二种是"谄色"。总是满脸堆笑,百般逢迎,像哈巴狗一样。这种谄媚之色,最使人反感,只会让人瞧不起。第三种是"冷色"。一张冷若冰霜的脸。"冷色之脸"是人际交往中的一堵墙,这种人不会有真心的朋友。这样的脸色,只会使他人远离你,把你与他人完全分割开来。第四种是"令色"。孔子说过:"巧言令色,鲜矣仁"(《论语·学而》),花言巧语,装出一副和颜悦色的人,是很少有仁德的。这种不是出自真心而是出于某种功利目的的"令色",也是一文不值的。第五种是"伪色"。欢笑本是人性的一种自然流露,如果为了某种私利,不乐而强笑,这叫"伪色"。这是一种人格受辱的表现,是不会赢得他人的真情的。第六种是"德色"。就是自以为有恩于他人而流露出的一种得意神色。这往往造成受恩者自尊心的伤害,影响人际关系。上述六种脸色,都是虚伪不实品行表现出来的种种不正的面部表情。①

在第一次接触时,对陌生人所形成的判断叫做第一印象。英国著名形象设计师罗伯特·庞德曾经说过:"这是一个两分钟的世界,你只有一分钟展示给人们你是谁,另一分钟让他们喜欢你。"从心理学的角度而言,第一印象通常会在人们初次会面后的数十秒钟形成,许多人都依赖第一印象所获得的信息对交往的对象予以判断。曾给美国前总统布什、卡特、尼克松担任过礼仪顾问的威廉·索尔比表达过类似的看法:"我悟出一个道理:那些受到尊重的人,都是看上去值得尊敬的人,他们的仪容、仪表往往很得体。"

美国相关学者的研究发现,职业形象较好的人,其起始的薪酬水平比不太注重形象的人高出8%～20%。许多公司在面试环节也非常注重对员工外在形象、仪容仪表的考察。

通过大量的研究,美国传播学家艾伯特·梅拉比得出了一个公式:信息的全部表达＝7%语调＋38%声音＋55%表情。可见,在人际交往和商务谈判中,"动容貌"和"正颜色"所表现出来的信息容量占全部沟通信息容量的一半以上。

四、出辞气

"辞气"就是谈吐。怎么避免谈吐的粗野和悖理呢?

1. 说话要做到"非礼勿言"

说话要注意内容、分寸、方式和对象,切不可胡言乱语,要学会尊重别

① 葛荣晋. 儒家"德性"智慧与企业家"道德形象"[J]. 东方论坛, 2008 (5)

人，注意说话"口德"。具体而言，应注意如下几点：

（1）不要询问别人的隐私。探听别人的隐私，如夫妻感情、身体健康、私生活、银行存款以及未实施的计划等以满足自己的猎奇心等都是非礼行为。

（2）不要在众人面前故意宣扬别人的错误。《论语》中说君子"恶称人之恶者"、"恶讦以为直者"（《论语·阳货》）。意思是，君子厌恶宣扬别人坏处的人，厌恶揭人隐私而自以为直率的人。别人在意的缺陷或弱点被揭穿就会感觉"丢面子"，感到不满和愤怒，从而引起人际关系紧张。拿别人的错误当笑料，到处宣扬，幸灾乐祸，这种做法不但伤害了别人的自尊心，同时也暴露了自己的低级趣味，只会贬低自己在众人心目中的形象。在同他人的交往中，要维护他人的尊严，任何把自己的快乐建立在他人痛苦之上的做法，都是不可取的。

（3）在与上司或长辈讲话时，要多使用敬语，以表示对他们的尊重。如请教时，"我想请您指教一下"；汇报工作时，"我按照您吩咐的做好了"；接受指示时，"明白了，我马上去做"，"我知道了，我会按您的指示去做"；受到称赞时，"过奖了，不敢当"，"被您这么一说，我反而不好意思"；受到忠告时，"您说得对，我一定牢记您的忠告"；向上司道歉时，"对不起，今后我一定多多注意"，"给您添麻烦了，非常抱歉"；在指示、命令无法接受时，"很抱歉，关于这事我还不太清楚"，"这件事要马上去做，还有困难……"提建议时，"能否请您将我的建议考虑到计划中去呢？"托人帮忙时，"我能拜托您一件事吗？""您能帮我一个忙吗？"；等等。

孔子所说的"益者三乐"之一就是"乐道人之善"。乐道人之善，是一种美德。这种美德，让我们发现别人的好处与优点的同时，反思自己，向人家学习，提高自己。莎士比亚曾经说过这样一句话："赞美是照在人心灵上的阳光。没有阳光，我们就不能生长。"在人与人的交往中，适当地赞美对方，会增强和谐、温暖和美好的感情。实事求是而不是夸张的赞美，真诚的而不是虚伪的赞美，会使对方的行为更增加一种规范。同时，为了不辜负你的赞扬，他会在受到赞扬的这些方面全力以赴，甚至改变自己。赞美具有一种不可思议的推动力量，对他人的真诚赞美，就像荒漠中的甘泉一样让人心灵滋润。

孔子一再告诫人们：君子"敏于事而慎于言"，即要求君子做事要勤快，说话要谨慎。

趣味阅读

曹操的主簿官杨修，聪明伶俐，却喜欢炫耀。曹操在视察相府的扩建时，用笔在门上写了一个"活"字，便一言不发就走了。当时，谁也猜不透这个

"活"字是什么意思，而杨修则叫人把门改小，并解释道："门中加了活字，不就是个阔字？魏王嫌门太宽阔了"。又一次，曹操吃了几口糕点，便在糕点盒上写了一个"合"字，谁也猜不透这个"合"字的玄机，而杨修则打开糕点盒吃了一口点心，并且告诉大家："魏王要大伙一人一口，你们还犹豫什么？"原来"合"字是由"人"、"一"、"口"组成，不就是一人一口的意思吗？建安二十四年，刘备进攻汉中，曹操虽打算弃守，但尚未最后决定，还在犹豫之中。于是曹操向部属发出"鸡肋"的口令。这是什么意思呢？无人知晓。唯有杨修收拾行李，准备回家。有人问他何以知道要撤军呢？答曰："'鸡肋'这东西，食之无味，弃之可惜，魏王用它来比喻汉中，这不明摆着要撤军吗？"于是曹营将士纷纷收拾行装。曹操得知这一军情后大怒，就以"惑乱军心"的罪名把杨修杀了。

曹操本是疑心很重的人，而杨修却能屡次猜中他的心机，往往不假思索地说了出来。杨修虽然很聪明，但他不懂得"多言多败"的道理。他死就死在不"慎言"。

2. 与人交谈时应心态镇定

交谈过程中，大方自然的表现是以自信、轻松、坚定、镇静诸因素为基础的，没有一系列良好的心理状态做基础，大方的言行是表现不出来的。

与别人交谈中有镇静的心态，就能认真听取别人的谈话。对对方来讲，镇静沉着的状态会给对方一个冷静成熟的好印象；若急躁不安地听别人谈话，既听不清对方的意图，又会引起对方的反感，也许会失去交流的耐心。以镇静的姿态与对方侃侃而谈，也会唤起对方的重视，并能聚精会神地与你展开话题，并向更深的方向进行交流。人在情绪激动时思维模式已不符合正常的逻辑，思考问题容易偏激，凭感性下结论最容易出差错。心态镇静时思维敏捷，思路清晰，容易做出明确判断。为此，与人交谈时不妨注意以下几点：

(1) 谈话之前先调整一下情绪，进入镇静、平和的状态。

(2) 谈话开始不要产生急躁情绪。

(3) 不要先急于表达自己的观点，先听听对方说些什么。

(4) 用心分析对方的话，猜出对方的意图。

(5) 即使对方出言不逊也不要与对方争辩、吵闹。

(6) 反驳对方时保持平静。

(7) 无论谈论结果如何都要以平静祥和的态度结束谈话。

3. 交谈时应举止大方

这方面有以下几点值得注意：

（1）端正姿态。说话时要坐稳，有所谓"坐如钟"，坐得端正，说起话就有一种稳重感。

（2）说话时敢于正视别人。说话时不正视别人通常意味着有自卑感，感到自己不如别人，做事无信心。躲避别人的眼神意味着自己做错了事，心怀不安或内疚。正视别人等于告诉他：我很坦然，很光明正大，毫不气馁。要让你的眼睛给别人以希望，这不但能给你信心，也能为你赢得别人的信任。

（3）说话时要抬头。说话时要给人朝气蓬勃的姿态，就要昂首、挺胸、谈吐自若；千万不要低头、垂目、耷拉着脑袋，显得信心不足。

（4）不要有意退到角落谈话，那会给人家感觉你有秘密。讲话就要大大方方地讲，不要到角落去讲，不要在洗手间讲，不要在墙角讲，不要在树底下讲。真的不能够给别人听到的话，也要在正规的场所对特定的对象讲。

（5）不要有意压低声音。同样的道理，一压低声音人家就感觉到有秘密。有人讲话讲到重点的时候，突然声音会很小，有的还故意用手遮一下，这都是暗示别人：我们正在谈秘密，我们中间是有关系的，我们有派系。这都是不妥的。

（6）不要狼顾。狼顾是面相学的一个专用名词。狼在跑的时候会回头，因为狼是非常狐疑的动物，对其他的动物有防备。在与人交谈的时候，狼顾是个不好的小动作。

4. 语言要简洁易懂

一个人讲话漫无边际，可能是思路混乱的表现，讲话要有重点。很多客户在听介绍的时候，将他的后背贴在椅背上，这表示他没有兴趣，从心理学上看，这表示他的态度无所谓。但是一旦讲到折扣，他会突然将身体从椅背上移开，移向你这个方向，这表示他在注意。但这种注意只有10分钟。这是关键的10分钟，如果你讲得不好，他的后背又靠在椅背上了。这一次，可能就再也不起来了。一个人的注意力只有10分钟，在这10分钟里如果没有抓住客户的注意力，客户就会什么都听不下去了。所以，与人沟通，向别人作简报，或向别人介绍产品的时候，不要永远都是那套资料，先准备一下：对方如果给你两个钟头，你报告什么；对方如果给你1个钟头，你报告什么；对方如果给你30分钟，你报告什么；对方如果只给你10分钟、只给你3分钟、只给你一句话，你想要讲什么。

言语应明白易懂。即使很复杂的问题，也可以用简单的比喻讲出来。所谓善用比喻，就是举例子给人家听，例子因为生动，真实可信，非常容易让人家触动，使听众一听就明白了。

趣味阅读

爱因斯坦有一次参加一个晚会，有一位老太太跟他说："爱因斯坦先生，你真是不得了啊，得诺贝尔奖了。我听说你得诺贝尔奖的那个论文叫做什么相对论，相对论是什么东西啊？"什么叫做相对论呢？问他这个话的是一个70多岁的老太太，爱因斯坦要怎么回答呢？能量等于质量乘以光速的平方，这种相对论的公式，你跟她讲她能听懂吗？爱因斯坦马上就用比喻的方法告诉她了：

"亲爱的太太，当晚上12点钟，你的女儿还没有回家，你在家里面等她，10分钟久不久？"

"真是太久了。"

"那么亲爱的太太，如果你在纽约大都会歌剧院听歌剧卡门，10分钟快不快？"

"真是太快了。"

"所以太太，你看两个都是10分钟，相对不同，这就叫做相对论。"

不要炫耀自己的专业素养。其实各行各业都有它的专门术语，跟不懂这一行的人沟通，不要过度地搬弄专门术语。如医生会跟某一个护士说："给他打一个 IV。"这句话很少有病人听得懂。其实就是吊盐水的意思，原文的意思就是点滴，又叫做注射，是从血管注射，这是医学界的术语，医生跟护士这么说，护士当然听得懂。但是病人就可能听不懂了，心里紧张。

"张先生，你这个合约不能够对抗善意的第三人。"这句话是法律上的专门术语，就是当事人两个互相知道，但是上面的条文对其他的人没有约束力，你不能因为你们两个这么说就算数。

如果证券公司跟你说这个股票可以买，最近正好除权，没有几个人能听懂除权股是什么意思。其实，除权股的意思就是说，股息已经分过了，这样的股票通常比较便宜，逢低把它买进将来有涨价的空间。可是对这种除权股的概念，只有金融界的人士明白。

一个人在卖弄他的专业术语的时候肯定会影响沟通的正常效果，因为这会令人产生隔阂，人家听不懂你在说什么，又不好意思问，你最初的目的无法达到是在情理之中的事。所以在沟通时，遇到专有名词，尽量地将它直白化，采用让人家听得懂的方式进行沟通。

另外，说话之前还是要有所准备，根据说话的对象以及他的阅历、对事物的认识能力和他的爱好、生活习性等，都要进行一些基本的了解，也只有这样，交流才能达到最佳的效果。

趣味阅读

　　盛宣怀是晚清的一位大臣，他刚上任在拜见陌生的上级时，就非常注意了解对方的有关情况，一直在准备着和这个上级的对话。有一次，机会终于来了。在李莲英的保荐下，他的陌生的上级醇亲王终于决定接见这个下级，并且还特地在宣武门内太平湖的府邸设宴接见他，顺便向他垂询有关电报的事宜。盛宣怀虽然以前从来没有见过醇亲王，但与醇亲王的门客"张师爷"却过从甚密，平常盛宣怀就从他那里了解到关于醇亲王的两个方面的情况：第一个就是醇亲王跟恭亲王不同，当时正是西洋学在中国开始盛行的时候，恭亲王认为中国必须跟西洋学习才能壮大自己的实力，可是醇亲王则不同，他不认为中国人就比洋人差，因此在对待外国文化的态度上，醇亲王就是一个十足的保守派；第二个就是醇亲王虽然好武，但自认为书读得不少，也颇具文采，经常在很多场合炫耀他的文采。盛宣怀了解了这些情况之后，就迅速到身为帝师的工部尚书翁同龢那里抄了一些醇亲王的诗稿，念熟了其中比较好的几首，以备"不时之需"。

　　这些还不够，为了能让醇亲王第一次接见就在他心目中留下自己的好印象，盛宣怀还做了很多准备。比如说盛宣怀还从醇亲王的诗中悟出了些醇亲王的心思，俗话说"文如其人"，这在和醇亲王的对话中将会有着很大的用处，以防自己说了对方不爱听的话，那前面的所有努力也就白费了。在准备好这些之后，盛宣怀就胸有成竹地前来谒见他那未见面的上级醇亲王。

　　一切都很顺利，盛宣怀对醇亲王的话基本上是有问必答，并且句句说到了他的心坎上，当他们谈到电报这一名词的时候，醇亲王假装问盛宣怀："那电报到底是怎么回事？"

　　盛宣怀对此早有准备，他从容不迫地回答道："回王爷的话。电报本身并没有什么了不起，全靠活用，所谓'运用之妙，存乎一心'，如此而已。"

　　醇亲王听他竟然还能引用岳武穆的话，立刻就来了兴趣，同时对他这个下级也不免另眼相看，便问道："你也读过兵书？"盛宣怀并没有因为上级的这种问话而变得骄纵起来，他还是那种谦虚的态度："在王爷面前，怎么敢说读过兵书？英法内犯，文宗显皇帝西狩，忧国忧民，竟至于驾崩。那时如果不是王爷神武，力擒三凶，大局也就真的不堪设想了。"盛宣怀在自谦的时候也不忘夸奖上级一番，这种时机真的是可遇而不可求。盛宣怀略停了一下又说："那时有血气的人，谁不想洗雪国耻，宣怀也就是在那时候，自不量力，看过一两部兵书。"

　　盛宣怀真是三句话不离醇亲王的"本行"，这也看出他在和醇亲王对话之前确实花了一点工夫的，也是着实做了一番的准备。

醇亲王是盛宣怀的上级，无疑他的接见会直接关系到盛宣怀的前途与命运，因此，盛宣怀能花不少的工夫来打探醇亲王的情况，甚至在还没见面之前就对他的喜好、性格了解得一清二楚，这无疑为自己增添了不少信心。拜谒之时，盛宣怀句句话说在醇亲王的心坎儿上，使他觉得这个人很合自己的胃口，于是很快对他委以重任。

盛宣怀所作所为虽有溜须拍马之嫌，也足见事前准备对有效沟通的重要性。

第三节　君子九思

《论语·季氏》中孔子说"君子有九思：视思明，听思聪，色思温，貌思恭，言思忠，事思敬，疑思问，忿思难，见得思义。"意思是，君子有 9 件事要深思：看到一个现象时，要想一下，是否透过现象看到了本质，是否真正理解、明白所看到的东西；听到什么的时候，要考虑一下，偏听了没有，轻信了没有；说话处事时，要老想着自己的脸色不要冰冷地板着，任何时候脸色都要温和才是；要考虑自己的态度是否恭谨，不论贵贱，自己的态度都得恭敬；说话时，要想一下，是否说了实在话；做事时，要想一下自己是否在敬业、认真；有问题或疑问时，是否多做询问，以求得正解；自己要发脾气时，要想一下会带来的不良后果；在获得利益时，要想一下是否取之有道、得之有义，是否自己应该得到。

君子九思与前文三贵之道相通，这里谈谈"忿思难"、"视思明"、"听思聪"对人际沟通的启发。

一、忿思难

心理学上有个"踢猫效应"概念，其由来是，老板因开车超速被警察开了罚单，非常愤怒，回到单位将火气发到经理身上，经理找碴训斥业务员，业务员回家找个理由骂儿子，儿子将家里的猫狠狠地踢了一脚。如果无缘无故地被人丢了一个包袱过来，当然要想办法甩掉它，而最直接的办法，就是把它甩给自己的下属。而下属只能再甩给更弱者，这股无名之火只能转来转去，最终转到猫的身上。这个看似简单的现象中，隐含着一串情绪转嫁的连锁反应：人的不良情绪和糟糕心情，一般会沿着从高到低的等级链条依次传递，由金字塔尖一直向低层扩散，使最底层成为无辜受害者。现代生活节奏快，管理者工作压力大，要时时保持豁达的姿态，很具挑战性。然而，在压力下还能保持风度，就意味着对自己心理弱点的克服，意味着人格魅力的提升。

"忿思难"，是告诫君子要克制自己的情绪，要学会三思而后行。

孔子认为，淫、忿、贪是人生的"三害"。只有在人生的不同时期管住这"三害"，才是真正的君子，如果管不住这"三害"，就有可能成为小人。这就是孔子在《论语·季氏》篇里提出的"三戒"之说。孔子指出："君子有三戒（戒慎、警惕）：少之时，血气未定，戒之在色（贪恋女色）；及其壮也，血气方刚，戒之在斗（意气用事，好胜喜斗）；及其老也，血气既衰，戒之在得（贪得无厌）。"在人的不良情绪中，最值得重视、最需要控制的就是"愤怒"。所谓愤怒，即是一种不满情绪的外露和发泄。在现实生活中，或因人生之艰辛，或因社会之不公，或因个人欲望得不到满足，皆能引起愤怒之情。心理上的痛苦、紧张、敌视，如无法压抑则情感爆发，就表现为发牢骚和攻击。人在发怒时，由于失去理性判断力，不仅伤身，而且也会做出错事、坏事和傻事。正如孔子所云："一朝之忿，忘其身，以及其亲，非惑与？"（《论语·颜渊》）愤怒是短暂的疯狂，它改变人的常态，往往会造成破坏性的后果，给事业和人生造成意想不到的灾难。在《三国演义》中，刘备得知关羽被孙权斩杀后，十分气愤，不顾诸葛亮、赵云等人的劝阻，怒而兴师，倾蜀国之兵，大举进攻东吴。结果，被陆逊火烧连营，损失惨重。关羽之仇未报，自己却落了个白帝城托孤的悲惨下场。张飞因关羽之死，性暴如火，令军中三日内置办白旗白甲，挂孝伐吴，为兄报仇。帐下范疆、张达二位将领，乞求宽限几日，竟被张飞打得满口出血，责令"来日即要完备，若违了限，即杀了二人示众"。由于张飞办事不近人情，范、张等人恨之入骨，即夜杀张飞，投奔了东吴。

情绪影响认知思考、行为表现。情绪、行为、认知三者必须配合而非抗衡，才能使个人身心状态处于平衡状态。人与别人沟通的时候，最容易受到情绪上的干扰，因为人都有脾气，"忿思难"不是说人不应该有不良的情绪，而是要对情绪进行有效的管理。西方先哲亚里士多德曾说过："问题不在情绪本身，而是情绪本身及其表现方法是否适当。"各式各样的困扰之源并不在情绪，关键在于能明白妥善处理情绪的重要性。

所以古人讲究"制怒"，如林则徐就把"制怒"作为自己的座右铭，时刻提醒自己切勿意气用事，以免造成难以预测的恶果。

"制怒"要标本兼治，既有短暂见效的治标，也有长期消除的治本。

所谓治本，就是要从愤怒之源上着眼，让愤怒无法产生，从根源上消除愤怒。加强自身的道德修养，提高自己的人生境界，是"制怒"的根本途径。北宋宰相韩琦通过修身养性，养成容忍、宽厚的美德，既能容忍上级的误解、冤枉，也能容忍同事的不公、缺点，更能容忍部下的过失。在日常生活中，他从不计较鸡毛蒜皮之类的小事；受到朝廷重用时，与同事公平议事，从不沾沾自喜；不被重用时，回家享受天伦之乐；身居不测的宦海之中，也从不忧心忡忡。不论在什么情况下，他从不发怒，不感情用事，皆能以平和之心泰然处之。容忍是对理性能力的一种完善。"一忍可以制百勇"，"一忍可以制百动"。只有这样，才能保持头脑冷静，理智地分析问题，正确地处理问题。遇事从容，能理智控制好自己的情绪；与人为善，给周边疲倦的心灵以慰藉与鼓励。

所谓"治标"，就是在愤怒发生后如何克服这一不良情绪的具体方法。①

第一，冷静法。一旦愤怒之情产生，就要马上找一间空房冷静下来，闭上眼睛，深呼吸；打打哈欠，使全身肌肉尽量放松；或者自言自语，如"安静下来"、"放松一些"、"保持冷静"、"保持心平气和"等。这样，就可以使激动的情绪慢慢地平静下来。李世民身为大唐盛世的君主，魏征每次讲完话的时候，唐太宗都出去散步。为什么？有人问他："皇上，魏大臣为什么每次讲完话，您都出去散步？"唐太宗说得很简单："我怕我杀了他。"

第二，转移法。发怒时，要立刻离开生气之"源"，将不良情绪转移到其他活动上。如打打球，最好是选择喜欢的业余爱好，以淡化、消除不良情绪。还可以尽快离开产生不良情绪之源，将情绪转移到更高的精神需要的层次上去，或听听音乐，或漫步公园，或养花喂鸟，或亲近孩子，力求在艺术享受和天伦之乐中淡化不良情绪。

第三，拖延法。古代罗马哲学家西尼卡说过："拖延是平息怒气的好方法"，英国作家悉尼也认为拖延可以平息怒气。他说："在事情未明朗之前，不要有妄下判断的鲁莽行为。因为我发现，只是 24 小时之差，看法就是天壤之别。"所以，当因某人某事而发怒时，首先要强忍下来，不作反应，等过一段时间查清真相后，再作处理，效果一般比较好。坚持"冷处理"，切忌"热处理"。对于企业家来说，学会自我控制情绪，是一笔宝贵的财富和高超的领导艺术。

趣味阅读

一位总经理要开除一个副厂长，那个家伙做了一件几乎不能原谅的事情。

---

① 葛荣晋．儒家"德性"智慧与企业家"道德形象"［J］．东方论坛，2008（5）

解职指令写好后，总经理知道自己的脾气不好，于是将它塞到抽屉里面，第二天上班的时候，如果还是这样的想法，只要一交代人事部门，那个副厂长一个礼拜之内就要离开。第二天，总经理将昨天的解职指令拿出来再看，却发现处罚得太严重了！于是悄悄把它销毁了。全公司没有人知道这件事情。事情就这样过去了。其实这个副厂长是个不错的人，他的能力非常强，是公司里少有的优秀干部。

在纷繁复杂的矛盾以及各种人际关系中，人们还要学会宽容。豁达儒雅的风度的实质是：对己，在压力下能保持从容的心态，面对突发事件较好地控制情绪；对人，能做到与人为善——真诚、宽容、大度，不斤斤计较、不迁怒于人。宽容别人，其实就是宽容我们自己。多一点对别人的宽容，我们生命中就多了一点空间。

宽容就是在别人和自己意见不一致时也不要勉强。从心理学角度，任何的想法都有其来由。任何的动机都有一定的诱因。了解对方想法的根源，找到他们意见提出的基础，就能够设身处地为对方着想，提出的方案也更能够契合对方的心理而得到接受。消除阻碍和对抗是提高效率的唯一方法。任何人都有自己对人生的看法和体会，我们要尊重他们的知识和体验，积极汲取之间的精华，做好扬弃。宽容是一种坚强，而不是软弱。宽容所体现出来的退让是有目的、有计划的，主动权掌握在自己的手中。宽容的最高境界是对众生的怜悯。

宽容就是忘却。孔夫子教导我们要以直报怨，以德报德。古时候人们想杀一头熊，会在一碗蜂蜜的上方吊一根沉重的木头。熊想吃蜂蜜时，必须先推开木头，而木头会荡回来撞熊；熊生气就更用力推开木头，而木头也更猛烈地撞击它，就这样不断重复，直到熊被撞死为止。以怨报怨的人其实就像这只笨熊一样，对方也许只伤害过你一次，但是，你却在心中一而再，再而三，反复地想着，好像已经被伤害过千百次似的。

趣味阅读

1965年9月7日，世界台球冠军争夺赛在纽约举行。路易斯·福克斯胸有成竹，十分得意，因为他的成绩远远领先于对手，只要顺利发挥一下，再得几分便可登上冠军宝座。然而，正当他准备全力以赴拿下比赛时，发生了一件令他意料不到的小事：一只苍蝇落在了主球上。

路易斯没有在意，挥了挥手赶走苍蝇，然后俯下身准备击球。可当他的目光落到主球上时，这只可恶的苍蝇又落到了主球上，他又挥了挥手赶跑了它，这时观众席上发出了笑声。正当路易斯俯身准备击球的时候，这只苍蝇好像故意要和他作对，又落在了主球上。这样，路易斯和苍蝇之间的周旋，惹得现场的观众笑得前仰后合。此时，路易斯的情绪显然恶劣到了极点，当那只苍蝇又落在主球上时，路易斯终于失去了冷静和理智，愤怒地用球杆去击打苍蝇，一不小心球杆碰动了主球，裁判判他击球，他因此失去了一轮机会。

这时本以为败局已定的竞争对手约翰·迪瑞见状勇气大增，信心十足，连连过关。而路易斯则在极度愤怒与失败情绪的驱使下，接连失利。最终约翰赶上并超过路易斯，获得了世界冠军。

路易斯沮丧地离开赛场，第二天早上有人在河里发现了他的尸体。他投河自杀了。

一只小小的苍蝇却击败了一个胜券在握的世界冠军！不仅令人扼腕长叹，更令人震惊深思。

二、视思明

我们常说眼见为实，亲眼见的就是真实的吗？未必。

趣味阅读

一天，一家房地产开发公司的男性工程师接到一位客户的投诉电话，电话的那头是一位女士愤怒的声音：

"我要退房，我已经忍无可忍！"

"您先别急，请问出了什么问题？"工程师耐心地询问。

"你们的房子太差劲了，每当火车来的时候，我睡觉的床就在动，对我来说，睡觉就像噩梦一样。"女士仍然很激动。

"我理解您的心情。可是，我们是一家大型的房地产公司，已经开发了很多楼盘。您住的那栋楼虽然离铁路近了点，可是，我们是按照精确的计算，并充分考虑了火车行驶对于房屋的影响。您如果说，火车的鸣笛声会影响您的休息，我还可以理解，可是如果说火车一来，您的床就会震动，这是绝对不可能的，我们不可能犯这样低级的错误。"工程师仍然是耐心地解释。

"就是如此，火车一来，我的床就动。你不相信的话，可以过来看看好啦！"

"那好吧，我去一趟。"工程师无奈，只好答应到现场查看。

工程师应约来到了女士的家里。女士又绘声绘色地把情况说了一遍。但是，工程师还是无法相信。这时，正好一趟火车鸣着笛从远处开了过来。女士灵机一动："太好了，火车来了，你不相信的话，你现在就躺到我的床上感觉一下，看看我说的到底是不是真的。"

工程师躺到了女士的床上，等着火车的经过。

接下来的事儿，您可能猜到了，女士的老公回来了。

工程师翻身从床上坐了起来，面对此刻的情景，望着男主人惊诧和愤怒的眼神，工程师尴尬地对女士的老公说："抱歉，先生，如果我说，我是在您的床上等火车，您相信吗？"

鬼才相信呢！

可是事实确实如此！

我们都相信眼见为实的道理。我们亲眼看到的，一定是真的！可是，在现实的工作和生活中，有些事儿，确实是真的，但是，看起来确实很假；有些事儿，确实是假的，但是，我们却认为是千真万确。

所谓"视思明"，就是看问题、看事物的时候，要明辨是非，分清真假，把人和事看得通透。孔子提出"不以言举人，不以人废言。"（《论语·卫灵公》）正确的做法是："听其言而观其行"（《论语·公冶长》），"众恶之，必察焉；众好之，必察焉"。（《论语·卫灵公》）意思是，大家都厌恶他，我必须考察一下；大家都喜欢他，我也一定要考察一下。

孔子认为，考察一个人要"视其所以，观其所由，察其所安"（《论语·为政》），即考察做事的动机，考察做事的过程，考察内心的追求，从而全面认清一个人。

孔子的众多弟子中有一个名叫宰予的，能说会道，利口善辩。他开始给孔子的印象不错，但后来渐渐地露出了真相：既无仁德又十分懒惰；大白天不读书听讲，躺在床上睡大觉。为此，孔子骂他是"朽木不可雕"。

孔子的另一个弟子，叫澹台灭明，字子羽，是鲁国人。子羽的体态和相貌很丑陋，想要侍奉孔子。孔子开始认为他资质低下，不会成才。但他从师学习后，就致力于修身实践，处事光明正大，不走邪路；不是为了公事，从不去会见公卿大夫。后来，子羽游历到长江，跟随他的弟子有三百人，声誉很高，各诸侯国都传颂他的名字。孔子听说了这件事，感慨地说："我只凭言辞判断人品质能力的好坏，结果对宰予的判断就错了；我只凭相貌判断人品质能力的好坏，结果对子羽的判断错了。"①

———————————

① 《史记·仲尼弟子列传》载"吾以言取人，失之宰予，以貌取人，失之子羽。"

趣味阅读

三国时期，庞统隐居在江东。鲁肃慧眼识英才，周瑜死后，他就向孙权极力推荐庞统。可是孙权见庞统"浓眉掀鼻，黑面短髯，形容古怪"，心里十分不喜，又嫌庞统出言不逊，轻视周瑜，便拒而不用，轻易地将他放走了。于是，鲁肃只好把他推荐给了刘备。庞统虽然早死，但是从人们对他的评价以及他生前所做的事来看，他确实是一个不可多得的人才。孙权因为以貌取人，就失去了这样一个人才，不能不说是很大的遗憾。

趣味阅读

周亚夫是汉景帝的重臣，在平定七国之乱时，立下了赫赫战功。后官至丞相，为汉景帝建言献策，忠心耿耿。一天汉景帝宴请周亚夫，给他准备了一块大肉。但是没有切开，也没有准备筷子。周亚夫很不高兴，就向内侍官员要了双筷子。汉景帝笑着说："丞相，我赏你这么大块肉吃，你还不满足吗？还向内侍要筷子，很讲究啊！"周亚夫闻言，急忙跪下谢罪。汉景帝说："既然丞相不习惯不用筷子吃肉，也就算了，宴席到此结束。"于是，周亚夫只能告退，但心里很郁闷。

这一切汉景帝都看在眼里，叹息道："周亚夫连我对他的不礼貌都不能忍受，如何能忍受少主年轻气盛呢？"汉景帝通过吃肉这件小事，试探出周亚夫不适合做太子的辅政大臣。汉景帝认为，周亚夫应把赏他的肉，用手拿着吃下去，才是一个臣子安守本分的品德，周亚夫要筷子是非分的做法。汉景帝依此推断，周亚夫如果辅佐太子，肯定会生出些非分的要求，于是放弃了让他做太子辅政大臣的打算。

三、听思聪

上帝给我们两只耳朵一张嘴，就是希望我们多听别人讲话，做人要善于倾听。现实中很多的误会乃至因误会而产生的敌意都是"听"出了问题。"听思聪"，就是要正确地理解对方的真实意思。

趣味阅读

　　猫和狗是仇家，见面必掐。起因就是，阿猫阿狗们听不懂对方的语言。摇尾摆臀是狗族示好的表示，而这种"身体语言"在猫儿们那里却是挑衅的意思；反之，猫儿们在表示友好时就会发出"呼噜呼噜"的声音，而这种声音在狗听来就是想打架的意思。阿猫阿狗本来都是好意，结果却是好心得不到好报，真所谓好心肠被当做驴肝肺。

　　孟子有一段关于"知言"的论述。他的学生公孙丑问他有什么特长，孟子回答说"我知言"。那么，什么叫"知言"呢，孟子接着解释道："诐辞知其所蔽，淫辞知其所陷，邪辞知其所离，遁辞知其所穷。"（《孟子·公孙丑上》）他的意思是说，和别人说话时要洗耳恭听，如果对方说的是些偏颇的言辞，就知道他是一个无法看清事物整体的人；如果对方说的是些荒唐的言辞，就知道他是一个充满困惑的人；如果对方说的是些邪恶的言辞，就知道他是一个不合道理的人；如果对方说的是些吞吞吐吐的言辞，就知道他是一个陷于穷途末路的人。总之，由言知人，这就孟子的高明之处。

　　要听得正确，不妨注意以下几点：

1. 善于提问

　　别人在讲话的时候，如果你常常提问题，会让他认为你在注意听他讲话，觉得话题非常有兴趣。不断地提问，问题的答案就自然而然浮现出来了。人讲话时最害怕的是对方一点声音都没有，弄得自己都不知道别人对这个话题有没有兴趣。所以与人沟通时，不要只会听，不时地提问一两句，这样他会非常愿意一直往下讲，而且会讲出你想知道的内容。

2. 有话也要少讲

　　这样显示出你对对方的尊重，同时留下空间自己去思考。

3. 慎用批评

　　批评有两个缺点：其一，没有把话全部听完就批评；其二，看不起对方，认为对方不懂。管理者滥用批评，下属就不愿或不敢多说，你什么也听不到。更严重的是，还会造成连锁反应，被你批评的人会马上与其他人讲："你们以后最好也不要讲话了，我才讲了两句他就把我骂了一顿，我后面还有18句没讲呢！"

4. 不要打断

　　不要在别人的讲话中间插话。

5. 集中精神

与下属沟通时集中精神，下属一定认为你是一位很好的主管。所以，人与人沟通要集中精神。下属在与你讲话的时候，尽量不要一边看公文，一边回应他，也不要在下属的面前打手机。这都是精神不集中的表现。

补充知识

美国汽车推销之王乔·吉拉德曾有过一次深刻的体验。一次，某位名人来向他买车，他推荐了最好的车型给他。那人对车很满意，眼看就要成交了，对方却突然变卦而去。

乔为此事懊恼了一下午，百思不得其解。到了晚上 11 点他忍不住打电话给那人："您好！我是乔·吉拉德，今天下午我曾经向您介绍一款新车，眼看您就要买下，却突然走了。这是为什么呢？"

"你真的想知道吗？"

"是的！"

"实话实说吧，小伙子，今天下午你根本没有用心听我说话。就在签字之前，我提到我的儿子吉米即将进入密执安大学读医科，我还提到他的学科成绩、运动能力以及他将来的抱负，我以他为荣，但是你毫无反应。"

这就是乔失败的原因：没有用心听讲。在沟通过程中，如果不能够认真聆听别人的谈话，也就不能够"听话听音"，何谈机警、巧妙地回答对方的问题呢？这是影响解码的第一大障碍。

6. 用眼"聆听"

孟子的"知言"，还有一个颇具独创性的做法，那就是在听话时要注意观察对方的眼睛。"存乎人者，莫良于眸子。眸子不能掩其恶。胸中正，则眸子瞭焉；胸中不正，则眸子眊焉。听其言也，观其眸子，人焉廋哉？"（《孟子·离娄上》）眼睛是心灵的窗户，一个人的心理状态，往往通过眼神表现出来。心正，眼睛就清澈明亮，心不正，眼睛就污浊昏暗。听对方讲话的同时，注意观察他的眼睛，那么，这个人的善恶又能往哪里隐藏呢？

医学研究发现：眼睛是大脑在眼眶里的延伸，眼球底部有三级神经元，就像大脑皮质细胞一样，具有分析综合能力。所以，眼睛在人的五种感觉器官中是最敏锐的，大概占感觉领域的 70％以上。而瞳孔的变化，眼珠转动的速度和方向等活动，又直接受脑神经的支配，再加上眼皮的张合，眼与头部动作的配合等一系列动作，人的感情就自然而然从眼睛中反映出来，而且它所流露出的信息比言行更为真实。谈话时对方与你最直接的交流除话语之外，就是两人的眼神。用眼神去倾听话语，用眼神去与对方的眼神交流，不但能增强谈话的效果，还会促进双方的感情，让对方感到与你谈话不但是语言的交流，更是心灵的对话。不但要观察谈话对方的眼神变化，还要注意自己的眼神表情。作为一个倾听者，要注意用眼神吸引对方：

目光要不断地与谈话人的目光会合；当对方说到关键时刻时要目不转睛地看着对方；当对方说得很精彩时，要以赞扬的目光向对方示意；当对方难为情时，要用理解、宽容的目光来缓解对方的压力；当对方的观点你很赞成时，要用肯定的目光伴随点头的动作，给对方以鼓励；当对方突然提起你很感兴趣的话题时，要用新奇、期待的目光示意对方说下去；对方的话语幽默风趣，要以和悦的目光伴随笑声给对方以回应；对方谈及他自己的悲伤与痛苦之事时，要以同情的目光给人以安慰；当对对方的话题毫无兴趣时，转移目光提示对方改换话题；谈话结束时无论谈的效果如何都要以微笑友好示意对方。

补充知识

乔治·波特（George Boldt）——希尔顿饭店首任总经理。

一个风雨交加的夜晚，一对老夫妇走进一间旅馆的大厅，想要住宿一晚。

无奈饭店的夜班服务生说："十分抱歉，今天的房间已经被早上来开会的团体订满了。若是在平常，没有空房的情况下，我会送二位到附近的旅馆，可是我无法想象你们要再一次的置身于风雨中，你们可否在我的房间住一晚呢？它虽然不是豪华的套房，但是还是蛮干净的。我必须值班，我可以待在办公室休息。"这位年轻人很诚恳地提出这个建议。

老夫妇大方地接受了他的建议，并对服务生表示感谢。

隔天雨过天晴，老先生前去结账时，柜台仍是昨晚的这位服务生，这位服务生依然亲切地表示："昨天您住的房间并不是饭店的客房，所以我们不会收您的钱，也希望您与夫人昨晚睡得安稳！"

老先生点头称赞："你是每个旅馆老板梦寐以求的员工，或许改天我可以帮你盖栋旅馆。"

几年后，他收到一位先生寄来的挂号信，信中说了那个风雨交加的夜晚所发生的事，另外还附一张邀请函和一张来回纽约的机票，邀请他到纽约一游。

在抵达曼哈顿几天后，服务生在第 5 街及 34 街的路口遇到了这位当年的旅客，这个路口矗立着一栋华丽的新大楼，老先生说："这是我为你盖的旅馆，希望你来为我经营，记得吗？"

这位服务生惊奇莫名，说话突然变得结结巴巴："你是不是有什么条件？你为什么选择我呢？你到底是谁？"

"我叫威廉·阿斯特（William Waldorf Astor），我没有任何条件，我说过，你正是我梦寐以求的员工。"

这个旅馆就是纽约最知名的华尔道夫（Waldorf）饭店，这家饭店在1931年启用，是纽约极致尊荣的地位象征，也是各国的高层政要造访纽约下榻的首选。

当时接下这份工作的服务生就是乔治·波特，一位奠定华尔道夫世纪地位的推手。

是什么样的态度让这位服务生改变了他的命运？毋庸置疑的是他遇到了"贵人"，可是如果当天晚上是另外一位服务生当班，会有一样的结果吗？

经营人脉的"脉客"们苦心经营的无非是能在关键时候帮助我们的"贵人"。其实，"贵人"无处不在，人间充满着许许多多的因缘，每一个因缘都可能将自己推向另一个高峰。不要疏忽任何一个人，也不要疏忽任何一个可以助人的机会，学习对每一个人都热情以待，学习把每一件事都做到完善，学习对每一个机会都充满感激，请相信，我们就是自己最重要的"贵人"。

资料来源：http：//bbs. houdao. com/r3732138 _ u10907638/

第四章

儒家团队管理

21世纪是一个团队至上的时代，所有事业都将是团队事业。儒家和而不同、群而不党的思想既是团队建设的基本方针，也提示了团队管理的策略措施。

第一节　团队至上

一、组织形态的演进

德鲁克认为，自现代工商企业兴起以来，组织在观念和结构上已经经历两个主要的发展变化，而当前正面临第三个变化。①

第一个变化是在1895～1905年这10年间发生的，即管理权和所有权分开，管理从此成为独立的工作和任务。这首先发生在德国。当时，德国最重要的银行是德意志银行，该银行的创始人和首脑是乔治·西门子。西门子的表亲韦纳曾经创办了一个电子仪器公司，但韦纳的儿子和继承人不善经营，使该公司几近倒闭。西门子公司威胁说，要取消给该公司的贷款，除非韦纳家族把管理权交给专业人士。这使西门子最终挽救了电子仪器公司。不久之后，J. P. 摩根、安德鲁·卡耐基和约翰·洛克菲勒公司，在对美国铁路和工业进行大面积重组的时候也采用了这种方法。

第二个变化发生在这之后的20年，即现代公司制的诞生。这起源于皮埃尔·杜邦20世纪初对家族公司的重建，几年后又在阿尔弗雷德·斯隆改造通用汽车公司的过程中得到延续。这也就是今天的"命令—支配型"组

---

① P. Drucker The coming of the new organization [J] . Harvard Business Review, 1988, 66（1）

织，它强调分权、中央参谋队伍、人事管理、全面预算和控制系统，并严格区分战略层次和运作层次。这个变化在 20 世纪 50 年代早期通用电气公司的重组中达到了顶峰，使得现代公司的模式趋于完美，并被世界上大多数企业所采用。

现在面临着第三个变化：从部门分工的"命令—支配型"组织走向专家小组的信息型组织。德鲁克认为，21 世纪典型大企业将和 20 世纪 50 年代以后崛起的、在相当长的一段时期里被教科书奉为经典的大制造业公司没有丝毫相似之处，而更可能接近于那些被现在的经理人员和管理学家所忽视的组织。在德鲁克的想象中，未来的典型企业应该被称为信息型组织，它以知识为基础，由各种各样的专家组成。这些专家根据来自同事、客户和上级的大量信息，自主决策、自我管理。在信息型组织中，传统部门的职责将发生巨大变化，大量工作者主要负责标准维护、人员培训和工作分配，而不具体处理业务，业务工作主要由业务导向的团队完成。

二、团队的力量

如今是一个合作共赢的时代，谁拥有了高效能的团队，谁就拥有了知识经济时代的竞争力与战斗力。在 21 世纪所有事业都将是团队事业，现代社会许多工作需要团队，需要合作，需要借助大家的力量和共同努力才能顺利完成。

现代系统论表明，由于系统诸要素、诸层次的有机联系和有序结构，系统整体的质和功能优于部分的质的总和与功能总和。因此，在系统自组织、自同构、自复制、自催化、反馈及与环境的质量、能量、信息的交换下，系统朝着熵减少和有序程度提高的方面运动和发展，并逐步达到系统整体的最佳状态。一般说来，整体与部分之间的关系有四种情况：整体功能大于各部分功能的总和；整体功能小于各部分功能的总和；整体功能是各组成部分都不具备的功能；如果相互作用系数小到可以忽略不计，整体功能等于各组成部分的功能总和。系统论还指出，系统的动力取决于系统内的各要素合理、有序的组合而形成的合力，只有在子系统之间或要素之间比较协调的时候，系统整体功能才能大于部分功能之和，或产生新功能。

在现代企业大系统中，由管理者、技术人员、普通员工构成了人的系统。要发挥人的整体优势，使之产生一种新的力量，从而达到完成个人力量所无法完成的目标，就必须把他们有机地组织起来，使管理者与管理者、管理者与员工、管理者与技术人员以及员工与员工之间保持和谐的人际关系。20 世纪 80

年代以来，团队在美国企业组织中大量出现，如 IBM、GE、AT&T 等大公司，所拥有的团队均达百个之多。同时，为了适应环境不断变化的要求，许多组织开始走向合作，从而在企业之间出现了一些跨组织团队，如波音公司在开发 777 客机过程中，先后组建了 235 个团队，其中大部分团队是由波音公司人员和其他公司人员共同组成，他们分别从事新机型的设计和飞机部件的制造工作。团队的大量涌现，不仅提高了组织的局部效率，而且在根本上改变了组织的构造和运作方式，提高了组织的整体运作效率。

团队管理有时代需求性。团队管理乃是运用成员专长，鼓励成员参与及相互合作，致力于组织发展，可说是合作式管理，亦是一种参与式管理。善用团队管理，将激发成员潜能，增进成员组织认同，提升组织效率与效能。

补充知识

小王、小张、小赵和老李正围在刚生产出来的冰箱周围查找问题原因，为什么冰箱指示灯显示运转正常而冰箱却没有制冷？这种冰箱是公司新开发的环保节能型冰箱，小王是生产线上的总装工人，小张是负责生产工程师，小赵是公司负责研发的经理，老李是产品开发工程师，虽然四人在公司的角色和岗位职责非常不一样，但是，自这种环保节能型冰箱投入试产一来，他们四人就在一起工作了。在面对问题时，他们对每一个环节进行仔细分析，查找问题原因，思考解决方案。顺利地完成了公司新产品的试生产任务。在投放市场后一炮走红，取得巨大成功。

三、团队管理中的问题

虽然团队对于每个组织来说都非常重要，但是团队管理可能存在着很多问题，具体表现为：[①]

1. 成员之间过度竞争

在团队中，每个成员都有自己的个性，他们只有最大限度地发挥自己的才能，才能实现自己在团队中的价值。然而，那些个人能力很强的成员之间可能会形成恶性竞争，从而不利于其个人和组织目标的实现。

---

① 彭薇. 团队管理的问题与策略 [J]. 商场现代化，2008（9）

趣味阅读

三个和尚在一所破寺院里相遇。

"这所寺院为什么荒废了？"不知是谁提出的问题。

"必是和尚不虔，所以菩萨不灵。"甲和尚说。

"必是和尚不勤，所以庙产不修。"乙和尚说。

"必是和尚不敬，所以香客不多。"丙和尚说。

三人争执不休，最后决定留下来各尽其能，看看谁能最后获得成功。

于是，甲和尚礼佛念经，乙和尚整理庙务，丙和尚化缘讲经。果然香火渐盛，原来的寺院恢复了往日的壮观。

"都因为我礼佛念经，所以菩萨显灵。"甲和尚说。

"都因为我勤加管理，所以寺务周全。"乙和尚说。

"都因为我劝世奔走，所以香客众多。"丙和尚说。

三人争执不休、不事正务，寺院里的盛况又逐渐消失了。

2. 彼此过于依赖

团队中的成员由于经常在一起生活和工作，所以常常会导致成员之间相互依赖，而失去相对的独立性。虽然团队需其成员相互合作，只有团队成员相互支持，团队的作用才能得到发挥，但是成员过于依赖容易阻碍成员积极性的发挥。

3. 沟通障碍

成员具有不同的文化背景、宗教传统、风俗习惯等，可能会产生文化冲突。如由于语言上的差异，在信息交流时，很容易导致信息传递的丢失和失真；由于文化背景不同，成员很容易带着自身文化的"有色眼镜"来感知信息，从而导致对信息理解上的偏差，甚至误解；在合作过程中，习惯性的防卫心理和行为，也为团队内部的沟通设置了障碍。

只有人际和谐，才能使人保持轻松舒畅的心境，人才能发挥积极性、主动性和创造性，最大限度地发挥其能量；只有人和，才能形成一个统一有序的整体，实现整体功能优化，增强竞争实力。儒家"和而不同"、"群而不党"的思想为解决团队管理中的问题提供了一种思路。

趣味阅读

2004年6月，拥有NBA历史上最豪华阵容的湖人队在总决赛中的对手是

14年来第一次闯入总决赛的东部球队活塞。赛前，很少有人会相信活塞队能够坚持到第七场。从球队的人员结构看，科比、奥尼尔、马龙、佩顿，湖人队是一个由巨星组成的"超级团队"，每一个位置上的成员几乎都是全联盟最优秀的，再加上由传奇教练菲尔·杰克逊对其的整合，在许多人眼中，这是20年来NBA历史上最强大的一支球队，要在总决赛中将其战胜只存在理论上的可能性，更何况对手是一支缺乏大牌明星的平民球队。

　　然而，最终的结果却出乎所有人的意料，湖人几乎没有做多少抵抗便以1：4败下阵来。湖人的失败有其理由：OK组合相互争风吃醋，都觉得自己才是球队的领袖，在比赛中单打独斗，全然没有配合；而马龙和佩顿只是冲着总冠军戒指而来的，根本就无法融入整个团队，也无法完全发挥作用，缺乏凝聚力的团队如同一盘散沙，其战斗力自然也就会大打折扣。

第二节　和而不同

一、和同之辩

　　什么是"和"，古代典籍中有许多经典的阐述。《国语·郑语》曰："以他平他谓之和，故能丰长万物归之。若以同裨同，尽及弃矣。故先王以土与金、木、水、火杂以成万物。"意思是，用一物均和另一物叫和，这样事物能丰富发展，又使万物归于统一。如果用相同的补益、相同的东西，最终将使事物凋谢枯萎。所以先王用土和金、木、水、火等元素相配合，而产生万物。

　　《晏子春秋》中晏子有一段关于"和"的论述："景公至自畋，晏子侍于遄台，梁丘据造焉。公曰：'维据与我和夫！'晏子对曰：'据亦同也，焉得为和。'公曰：'和与同异乎？'对曰：'异。和如羹焉，水火醯醢盐梅，以烹鱼肉，燀之以薪，宰夫和之，齐之以味，济其不及；以泄其过，君子食之，以平其心。君臣亦然。君所谓可，而有否焉，臣献其否，以成其可；君所谓否，而有可焉，臣献其可，以去其否。是以政平而不干，民无争心。'故诗曰：'亦有和羹，既戒且平；奏鬷无言，时靡有争。'先王之济五味，和五声也，以平其心，成其政也。声亦如味：一气，二体，三类，四物，五声，六律，七音，八风，九歌，以相成也；清浊，大小，短长，疾徐，哀乐，刚柔，迟速，高下，出入，周流，以相济也。君子听之，以平其心，心平德和。故诗曰：'德音不瑕。'今据不然，君所谓可，据亦曰可；君所谓否，据亦曰否。若以水济水，谁能食之？若琴瑟之专一，谁能听之？同之不可也如是。"意思是，齐景公打猎归来，晏子在遄台随侍，这时景公之臣梁丘据也驾着车赶来了。景公说："只有梁丘据与我和谐啊！"晏子回答说："梁丘据也不过是相同而已，哪里能说是和谐呢？"景公说："和谐与相同有差别吗？"晏子回答说："有差别。和谐就像做肉羹，用水、火、醋、酱、盐、梅来烹调鱼和肉，用柴火烧煮。厨工调配味道，使各种味道恰到好处，味道不够就增加调料，味道太重就减少调料。君子吃了这种肉羹，就心性平和。国君和臣下的关系也是这样。国君认为可行的，其中也包含了不可行，臣下进言指出不可行的，使可行的更加完备；国君认为不可行的，其中也包含了可行的，臣下进言指出其中可行的，去掉不可行的。因此，政事平和而不违背礼，百姓没有争斗之心。音乐的道理也像味道一样，由一气、二体、三类、四物、五声、六律、七音、八风、九歌相配合而成，由清浊、小大、短长、疾徐、哀乐、刚柔、迅速、高下、出入、周疏相调节而成。君子听了这样的音乐，可以平和心性。心性平和，德行就协调。现在梁丘据不是这样。国君认为可以的，他也说可以；国君认为不可以的，他也说不可以。如果用水来调和水，谁能吃得下去？如果用琴瑟老弹一个音调，谁听得下去？不应当相同的道理，就像这样。"

在孔子看来，"和"是管理活动的最佳境界。孔子说："君子和而不同，小人同而不和。"（《论语·子路》）何晏《论语集解》对这句话的解释是："君子心和然其所见各异，故曰不同；小人所嗜好者同，然各争利，故曰不和。"孔子的学生有若说："礼之用，和为贵。先王之道，斯为美。"（《论语·学而》）后来孟子更是说："天时不如地利，地利不如人和。"

从哲学上说，和而不同是一个调和矛盾、实现融合的过程。所谓冲突，是指诸元素性质的差异，亦指异质元素的矛盾抵触。宇宙间不存在没有冲突的自然、没有冲突的社会，没有冲突的人生，也不存在没有冲突的心灵。在冲突中实现融合，融合是冲突的成果，也是冲突的表现方式。冲突本身不能直接创造新事物，它是否定和破坏。而融合是新事物的诞生，是肯定和创新。冲突融合的统一体，是一次提升，使原来的冲突融合进入一个新领域。冲突只有在新的统一体中，才能继续发展和获得价值意义。冲突是融合的前提和条件，融合是冲突的必然趋势，冲突融合的更高层次就是"和"，"和"包容了冲突与融合，融合使冲突得到调整和谐，使事物出现了新的面貌和状态。

"和而不同"，就是追求内在的和谐统一，而不是表象上的相同和一致。君子总是与别人相协调，但并不盲目地重复或附和别人，因为协调而不重复故能达成和谐。君子总是追求和谐，为此而包容差异，在丰富多彩中达成和谐。而强求一致，因容不得差异而往往造成矛盾冲突。乐队就是一个和而不同的团队，要演奏出和谐美妙的音乐，需要使用十几种乃至几十种不同的乐器，各奏其乐，各发其声，从而汇成宏大动听的交响乐。反之，如果乐队中都使用同一种乐器，其单调乏味是可想而知的。又如用乱石砌墙、碎石铺路，一块块乱石奇形怪状，一块块碎石各不相同，但墙一旦砌成，风格和谐统一；路一旦铺就，犹如一体天成。

人的因素是一个组织成功的关键所在，管理说到底是做人的工作，"和"之思维方法，能系统地协调人际关系，使社会、组织呈现和谐之态。怎样才能达成"和"的局面呢？实际上，孔子已为我们指明了答案——"不同"，也就是不强求一致，不重复别人。只有在大目标不冲突的前提下，承认差异，包容差异，乃至尊重差异，才能化解矛盾，共存共荣。只要愿意共存共荣，就必然要磨合。磨合就是通过接触、交流、对话来建立共识，以达到"和"的目的。可见，"和而不同"所表现出来的不仅是一种宽容与共享的情怀，还具有思想方法、工作方法的意义。

可见，和而不同的思想包含以下要点：其一，"和"的前提是"不同"，"不同"是事物发展和产生新事物的前提条件，"不同"有其自身的价值；其二，"和"是协调关系、解决矛盾冲突、促进事物发展的方法和过程，即"求和"；其三，"求和"的结果是新事物的产生，达到和谐统一的理想状态。"不同"、"求和"和谐统一，循环往复，使事物得到不断地发展和提升。[①]

一般认为，"团队精神"是日本企业文化的精髓。由于日本企业在世界市场上的竞争力经久不衰，它们所具有的一种特殊精神也日渐受到重视，这就是日本人通常称为"和"的团队精神，它被认为是日本经济发展的中坚力量。追根寻源，团队精神是以儒家"和"的观念为基础的。真正实行"和"的团体，势必带来和谐和成功。"和"的观念在很大程度上制约和引导着日本企业的经营哲学。日本企业实行的自主管理和全员管理，集体决策和共同负责，人与人之间的上下沟通，乃至情同手足，这些都与"和"的观念密不可分。

趣味阅读

在一次宴会上，唐太宗对王珪说："你善于鉴别人才，尤其善于评论。你不妨从房玄龄等人开始，都一一做些评论，评一下他们的优缺点，同时和他们

---

① 夏道辉. "和"的思想与团队精神 [J]. 闽西职业大学学报，2003（2）

互相比较一下，你在哪些方面比他们优秀?"

王珪回答说："孜孜不倦地办公，一心为国操劳，凡所知道的事没有不尽心尽力去做，在这方面我比不上房玄龄。常常留心于向皇上直言建议，认为皇上能力德行比不上尧舜很丢面子，这方面我比不上魏征。文武全才，既可以在外带兵打仗做将军，又可以进入朝廷搞管理担任宰相，在这方面，我比不上李靖。向皇上报告国家公务，详细明了，宣布皇上的命令或者转达下属官员的汇报，能坚持做到公平公正，在这方面我不如温彦博。处理繁重的事务，解决难题，办事井井有条，这方面我也比不上戴胄。至于批评贪官污吏，表扬清正廉洁，疾恶如仇，好善喜乐，这方面比起其他几位能人来说，我也有一己之长。"唐太宗非常赞同他的话，而大臣们也认为王珪完全道出了他们的心声，都说这些评论是正确的。

从王珪的评论可以看出唐太宗的团队中，每个人各有所长;但更重要的是唐太宗能将这些人依其专长运用到最适当的职位，使其能够发挥自己所长，进而让整个国家繁荣强盛。

和而不同的团队具有境界崇高、个性发展、和谐融洽等特征。

二、境界崇高

123

趣味阅读

有两个人，被安排把两块不规则的石头打磨成方形。其中一个人不知道打磨这块石头干什么，因此，他表现得懒惰而没有热情。而另一个人，他了解打磨这块石头是为了建造世界上最美的教堂，于是，他工作的积极性非常高。

儒家的"和"是一种"与天地合其德，与日月合其明，与四时合其序"的崇高境界。它不局限于利益诉求上的均衡，也不是小集团的和谐，而是一种至高的境界。这种境界体现在行为上就是使命感。使命感成就卓越团队，非凡的团队必是志存高远，肩负神圣使命的团队。大凡敬业者都是有崇高理想的，即投身于社会，为个人、企业和国家作出应有的贡献。对崇高理想的不懈追求，对神圣使命的不断努力，造就了卓越的团队和优秀的个人。一个人的抱负追求不同，激发出来的动力、活力以及所表现的精神状态也不一样，团队只有具备了神圣的使命感，才能引导人们以积极的实际行动奋斗不息，实现存在的价值，获得社会的承认，最终成就伟大的事业。一个共同的使命，能够将所有成员团结到一起，在为企业的目标共同努力的过程中，都能感觉到他们对社会理想使命所作的贡献。

美国著名的沃顿商学院和哈佛商学院为新生安排的入学教育第一课都是政治课，课程内容都很相似：商业使命、商业道德和企业家的使命、企业家道德。无独有偶，著名华人企业家李嘉诚在中国内地创办的长江商学院的新生入学第一课也是政治课。这个已经连续几年由院长亲自主讲的课程，内容是"中国企业和中国企业家的使命"。只要在工作中树立起强烈的使命感，将工作本身看成一种神圣的使命，就会极大地调动人的积极性，驱使自己自动自发地干好每一项本职工作。这样的员工会主动要求自己努力工作，而不以薪水为目标。他们也不会畏惧自己工作上的坎坷，而始终沿着目标向前迈进，因此他们也一定能够享受到努力工作的快乐。具有强烈使命感的人，不但明确自己要实现一定的价值，而且会主动地为自己出点儿难题；不但具有坚强的意志和坚忍不拔、埋头苦干的决心，还具备极强的探索精神，肯在自己的工作领域里刻苦钻研，尝试创新。他们不是被动地等待着新任务的来临，而是积极主动地寻找目标和任务。他们不是被动地适应工作使命的要求，而是积极、主动地去研究，变革所处的环境，尽力作出一些有意义的至关重要的贡献，并从中汲取再一次走向成功的力量。

工作绝对不仅仅是一种谋生的工具，即使是一份非常普通的工作，也是社会运转所不能缺少的一环。如参与研究新药的员工，为的不是推出新药替公司赚钱，而是找到对人类有益的药品。他们希望能为心中的使命感工作。这种认同度最终表现在他们的工作中，公司的使命也通过他们的工作得到实现。使命感是决定行为取向和行为能力的关键因素，是一切行为的出发点。将工作本身看成一种神圣的使命能极大地调动人的积极性，员工对企业的责任感会随着他完成使命的行动而越来越大。从一个人的行为取向中，就会发现他的内心赋予自我的使命是什么。富有使命感的敬业者与普通人的差异就在于，他们相信人是被赋予一定使命和职责的，就是要为自己的使命作出努力和承诺的。正如人们所说的"心胸有多宽广，事业就有多大"，使命是团队成长的源动力。如果没有远大的使命和理想，赚不到金钱或名誉、地位，企业不可能做大走远，团队难以维持持久的生命力。使命是团队的灵魂。没有使命，团队就没有未来；没有使命，团队就不会有持久的、旺盛的生命力。

美国企业界盛行"精神管理热"。所谓"精神管理"就是在每周的一个固定时间里，公司的经理、助手和雇员们坐在一起，进行一个小时的思想、情感的交流，从而消除心中的抑郁和忧愁。经过一个小时的交流，他们又获得了自信心和热情，即使是来时愁容满脸的人，走时也满脸笑容。搞这种管理运动的目的在于使雇员明白工作的目的和意义，加强公司与雇员之间的联系和交流，把个人的价值和工作联系起来。企业的生气来源于员工的创造力、活力和适应力，而所有的创造力、生气和适应力都存在于心灵之中。所以，需要通过"精神管理"来激发心灵中的激情。

趣味阅读

　　一位父亲坐在客厅，把家里的笤帚放倒在客厅门口，然后，他依次叫三个女儿过来。大女儿答应着走过来，看到地上的笤帚，似乎有些犹豫，但还是跨越而过，来到父亲身边。父亲摇摇头，又叫二女儿。二女儿过来时被笤帚绊了一下，也照样跨过去。叫到三女儿，她看见倒了的笤帚，犹豫了一下，也没有管。三个女儿问父亲到底有什么事。父亲叹了口气说：我想让你们看看妈妈是怎么做的。于是他喊在厨房里的妻子过来。妻子一边答应着走过来，一边弯腰扶起笤帚。父亲对女儿们说：看看你们的妈妈，她才没把自己当外人。

三、和谐融洽

　　由"不同"升华到"和"，才是和而不同的团队。

　　"和"意味着向心力和归属感。归属感是团队非常重要的一个特征，当成员产生对团队的归属感，他们就会自觉地维护这个团队，愿意为团队做很多事情，不愿意离开团队。建立归属感，组织积极帮助员工进行职业生涯规划，让员工更好地规划自己的人生方向。只有员工能更好地开发自己的潜能，实现自我价值，才能为组织带来更多的价值。和而不同的团队会营造一个相互帮助、相互理解、相互激励、相互关心的工作氛围，从而稳定工作情绪，激发工作热情，形成共同的价值观。

　　"和"是尊重与信任。团队的尊重与信任包括两重含义：一是特定团队内部的每个成员能够相互尊重和彼此理解；二是组织的领袖或团队的管理者能够为团队创造一种相互尊重、彼此信任的基调，确保团队成员有一种完成工作的自信心。人们只有彼此尊重信任对方，团队共同的工作才能比这些人单独工作更有效率。成员间的团结和信任可以说是所有优良团队的共有特性，只有这样才能在分派任务、制订计划、职权划分、相互沟通和协同工作时保持足够的尊重和信任，都会认真思考其他成员提出的问题和看法、认真反思自己可能存在的问题与缺点，提高每个成员的工作积极性和技术水平，尊重和体现每个成员的自我价值，使每个成员都有幸福感和归属感。

"和"是合作互补。一个优秀的团队并不是简单的"人的集合体"，而是通过团队的规则与精神，将每一个团队成员的优势与能力充分而合理地凝聚在一起，形成一种远远超越个体力量简单相加的效果，就是"1+1＞2"。在现代企业中，许多问题的解决需要多方面的知识与能力，任何个人的力量都是不可能完成的，这就需要具备单方面或几个方面知识与能力的人员共同组成一个团队，将每个人的知识与能力凝结起来，形成一个具有综合知识、能力的集体。这个集体的综合知识与能力是超越每一个个体之上的，这个综合的集体才是承担每一个个体不能够完成的艰巨任务的主体。也就是说要以团队的力量去解决个体的力量不能解决的问题。任何一个团队在技术上都会有他们的强项和弱项，每个较大的团队里不是每个成员都能熟练精通所有的技术，但关键在于能够找准合适的位置，并做好人员之间的合理搭配。掌握了相关技能的不同性格、不同能力的人互相搭配协同工作，就能提高工作效率和降低团队内部误解和矛盾。按照"和"的观念，需要在共同的活动中合作；需要建立和保持和谐的关系。团体中每个人都能够把自己摆在正确的位置上，他们认为自己的工作很重要，同时也认为别人的工作同样重要，人人都是整个工作过程中一个重要和关键的齿轮，只有个体的工作都做好了，整体的工作水平才能提高。那么合作互助是必不可少的。"我"既是助人者，同时也是受助的人。在成功的日本企业，员工不仅对自己的工作负责，而且对同事的工作也负责，甚至乐于对非职内的事务分担责任。这样，工作中明显的失误大大减少，工作质量和效率大大提高。和谐与合作的人际关系使得团队具有很大的凝聚力，产生最佳的合力，这种整体的合力大于个体之和。

"和"是信任下属，充分授权，培养员工的成就感。和谐的团队要开诚布公，利用多种方式，让每位成员充分了解组织内外信息，解释团队做出某项决策的原因，鼓励发表自己的看法，做到充分沟通，坦诚相待，客观公平。良好的团队首先能够进行良好的沟通，成员沟通的障碍越少，团队就越好。一个好的团队，就在于团队成员之间，能够把为了达成团队共同目标的资源、知识、信息，及时地在团队成员中间传递，以便大家共享经验和教训。

"和"是良好的沟通。团队成员之间良好的、恰当的沟通可以加强内部团结、化解内部矛盾、减少分歧、提高信息共享性和透明度、快速理解其他成员的意图、充分理解客户的需求和各模块之间的协同性、大幅提升产品质量和开发进度，同样也提升了团队的工作效率和企业业绩。

趣味阅读

　　唐太宗有两个得力的宰相，一个是尚书左仆射房玄龄，另一个是尚书右仆射杜如晦。唐太宗同房玄龄研究国事的时候，房玄龄总是能够提出方案。这时候，唐太宗就把杜如晦请来。而杜如晦一来，将问题加以分析，作出决断。房、杜二人，就是这样一个善于出计谋，一个善于作决断，所以叫做"房谋杜断"。房、杜二人同心辅政，合作得非常协调，人们称赞他们"笙磬同音，惟房与杜"。"笙磬同音"，原是《诗经》中的一句，这里借来比喻两个人彼此齐心协作，好像笙、磬两种乐器和谐地合奏一样。

四、个性发展

补充知识

　　《西游记》中的唐僧师徒是个很特别的组合：其团队成员要么能力超强，桀骜不驯；要么缺乏主见，平平庸庸。但就是这些人组合在一起，克服了常人难以想象的种种困难，最终完成任务取回了真经！可以说这是一支优秀的团队。

　　作为团队领导人和协调者的唐僧，虽然处世缺乏果断和精明，但对于团队目标抱有坚定信念，以博爱和仁慈之心在取经途中不断地教诲和感化着众位徒弟。他的特点一是专业，正是因为他对佛学的专业，才有机会受到唐王的派遣去取经；二是专注，只有他一心向佛，在他的弟子对取经毫无兴趣的条件下，不断引导他们要慈悲为怀，修成正果，可以说，他为整个团队确定了一个非常明确的目标。他虽然手无缚鸡之力，但却起到了一个主心骨的作用，是他把整个团队带动了起来，按照他的路线坚定不移地坚持到最后目标的实现。

　　团队中明星成员孙悟空能力高超，交际广阔，疾恶如仇，但桀骜不驯，喜欢单打独斗。最重要的一点是他对团队成员有着难以割舍的深厚感情，同时有一颗不屈不挠的心，为达成取经的目标愿意付出任何代价。

　　猪八戒好吃懒做的性格经常使他成为挨骂的对象，但他从不会因此心怀怨恨。他经常偷懒，常常躲在山腰上就睡着了，结果耽误事情。他好色，没有较好的自制力，很容易受到外界的引诱。但他的个性随和健谈，是唐僧和孙悟空这对固执师徒之间最好的"润滑剂"。

至于沙僧，每个团队都不能缺少这类员工，脏活累活全包，并且任劳任怨，还从不争功，是领导的忠实追随者，起着保持团队稳定的基石作用。忠诚是其最大的优点，无论何时何地都不会离开团队，即使被分开也要想办法找到团队并不懈努力。他细心，为了保管好袈裟每夜揽在怀里，找妖怪时经常是他率先发现洞口什么的。

每个团队成员都会有个性，这是无法也无须改变的，而团队的艺术就在于如何发掘组织成员的优缺点，根据其个性和特长合理安排工作岗位，使其达到互补的效果。

团队保持和谐一致，但不排斥个性差异，而是承认并肯定个性差异的价值。按照"和而不同"、"和实生物"的观念，个性的张扬有利于激发创造性，因而鼓励开发个性。但这种个性的张扬应该是适度的，以不破坏整体的和谐为前提。在有着良好团队精神的团体里，人们总是在一种宽松而活跃的气氛中工作，而不是在紧张压抑的环境中做事。日本索尼公司经常组织集体活动，如野餐、跳舞、外出旅游，使员工在愉快的环境中尽情交流、沟通。管理人员经常深入基层了解员工，鼓励员工贡献合理化建议。公司每年能从每个员工那里得到建议，并认真对待这些建议。

维护个性有利于培养团队成员敢于负责、敢于冒险的精神，勇于不断审视现状、调整自身，即使意外事件发生也勇于解决问题以取得期望结果。这是推动每个组织前进的一个关键原则，也是团队创新能力的核心。

20 世纪 90 年代以来，越来越多的学者强调持久竞争优势（Sustainable Competitive Advantage）对于企业的作用。持久竞争优势是当一个企业实施一种其他企业无法复制，或者难以模仿的价值创造战略时形成的。一个企业的持久竞争优势来源于它能够不断地开发出新的竞争优势，而创新是企业持久竞争优势的根源。

现代管理学中有个"内企业家"的概念。它最早是由美国学者吉福德·平肖第三在其著作《创新者与企业革命》中提出的。内企业家，也翻译为内部创业者，指的是那些在现行公司体制内，富有想象力、有胆识、敢冒个人风险来促成新事物出现的管理者。在罗宾斯的《管理学》中，将内企业家定义为那些试图在大型组织中激发企业家精神的管理者。一个企业的创新能力和核心竞争力将决定企业能否获得持久竞争优势，"企业内创业"对于大公司的创新活动就具有了不同寻常的重要意义。企业内创业要求高层管理者通过对新创意的激励和保护、企业内部环境的改善、科层式官僚体制的改革、组织结构的调整直到直接的资金支持来加以推动。

如今，已有越来越多的企业意识到了推动企业内部创业的必要性。一个给内企业家成长提供充分舞台的企业才能在竞争中立于不败之地。内企业家进行企业内创业的最终目的就是要在企业内部建立创新和创业的战略态势，创造新的增长点，形成业务的"增长阶梯"，增强核心竞争能力。只有在机制上保证内企业家有动力、有条件、有能力地实现企业内的规模创业，才能为企业赢得持久竞争优势，才能不断地从优秀走向卓越，建立长青基业。

补充知识

46 岁的大山章博原本是松下电器公司下属人才开发公司的一名普通职员，主要从事员工的内部进修工作，凭借多年的工作经验和对所处行业的敏锐直觉，他意识到随着信息技术的飞速发展，在今后的数年内面向企业和大学的电子学习系统市场将不断扩大，其中蕴藏着无穷的商机。然而，他的创业构想却无从实现，一方面，他所供职的人才公司只不过是一个为松下电器公司提供内部服务的子机构，固有的体制决定了该部门无法自由拓展业务范围；另一方面，他又缺乏自主创业所需的资金和信心。幸运的是，2000 年底，松下公司为了鼓励员工进行内部创业，为企业发展注入活力，投资100 亿日元启动了松下创业基金：PSUF（Panasonic Spinup Fund）。松下公司尝试通过这种方式既为那些不安于现状，立志创业的优秀人才提供一个自我发展的空间，同时也可以为企业拓展更广泛的市场领域，为松下今后的发展增添活力。经过历时半年的面试、筛选、培训和考察，大山章博有幸被选中成为首批创业计划的 3 名成员之一。如今，大山章博已经成为 Panasonic Learning Systems 社长，所经营的学习系统软件销售业务蒸蒸日上。

第三节　群而不党

一、非正式组织

美国行为学家梅奥（Elton Mayo）于 20 世纪 30 年代在其所著的《工业文

明中人的问题》提出了"非正式组织"这一概念。经过历时8年（1924～1932年）的霍桑实验，梅奥认为，企业中既存在正式组织，又存在非正式组织，这种非正式组织是企业成员在共同的工作过程中，由于具有共同的社会感而形成的非正式团体。社会系统学派的创始人切斯特·巴纳德（Chester Barnard）认为，非正式组织是一种存在于正式组织中，产生于同工作有关的联系并形成一定的看法、习惯和准则的无形组织。

正式组织是指为了有效实现组织目标，经过人为筹划和设计，并且具有明确而具体的规范、规则和制度的组织。在满足员工需求时，正式组织以效率逻辑为行为规范，在为其成员提供物质需求（属于物质范畴）、权力与地位需求等方面有较强的优势。但是，从马斯洛的需求层次理论看，物质需求只是人类最基本的需求，通过正式组织可得到一定程度的满足。而安全、社交或爱情、自尊或受人尊重以及自我实现等需求更大程度上属于精神需求领域，具有刚性结构特征的正式组织往往满足不了每个成员这些方面的需求。正是为了弥补这些方面的需要，人们便会自发地去寻找在价值观、情趣、爱好、性格等方面相同或相近的人进行交流，并结合成具有一定紧密性的团体，由此而产生了以情感逻辑为行为规范的非正式组织。因此，非正式组织与正式组织一样，都是组织的天然属性，其产生有一定的合理性和客观必然性。正如松下幸之助认为的那样，制造派系是人的本能，有人的地方就会有"派系"，并且这种派系是很难消除的。

非正式组织的特点主要有：在企业中大量存在，具有广泛性；出自某种共同需要自发形成的，因此有形成上的自发性和人员组成上的同质性；其结构相对于正式组织而言较为松散，组成人员不固定，呈现出了动态性和一定程度的隐蔽性；有明确而具体的规范和制度，但多数是不成文的口头约定（抑或是不明言的"潜规则"）等特点。

由于非正式组织是为成员提供正式组织无法满足的某些需求，因而其组织目标与正式组织目标存在着不一致性。因此，非正式组织如同一把"双刃剑"，当其行为在超出合理限度时或以行政权力强行压制取缔时，就会遭到非正式组织的抵抗，从而对正式组织产生一定的"离心力"，即消极影响；如果正确引导并在合理限度范围内利用它，则会对正式组织产生一定的"向心力"，即积极影响。

二、"比而不周"与"周而不比"

儒家"群而不党"的思想对处理非正式组织问题具有启迪意义。孔子曰：

"君子矜而不争，群而不党。"（《论语·卫灵公》）矜而不争是庄重自尊，自己对自己很有信心，但却并不骄傲自满，所以也就不会去和他人争强斗胜。群而不党也就是孔子在《为政》篇里所说"君子周而不比，小人比而不周"的意思。周而不比就是群而不党，普遍团结人而不搞宗派，不拉小团体，不结党营私。比而不周则与此恰恰相反。做到周而不比，非正式组织就能发挥积极作用；如果比而不周，非正式组织就起到消极作用。

1. 特征

在组织中，比而不周，就是争名誉、争地位、争出风头，把个人利益放在第一位，把组织的利益放在第二位；就是在组织内闹独立性，只顾局部利益，不顾全体利益；就是在同事关系上，喜欢拉拢一些人，排挤一些人；就是在处理本单位、本部门与外单位、外部门的关系上，搞本位主义。其弊端在于只讲小团结，不讲大团结；只讲帮内利益，不顾帮外利益；只信任帮内人，不信任帮外人。其实质是分裂和谋私，违反组织利益，破坏组织纪律。比而不周的行为有以下几个突出特征：

（1）小道消息流行。与正式组织的"指令链"传递模式相比，非正式组织之间的信息传递方式多属于非正式渠道，其传播途径具有隐蔽性和多变性（在此基础上又产生了一定程度的不可控性）。由于大多是在非正式场合传播信息，传播的内容多为"小道消息"，其内容往往会经过人为加工，真实性有时会大打折扣，甚至出现捕风捉影、以讹传讹的情况。在真伪难辨的情况下，其他成员往往会信以为真，给管理工作带来不可忽视的危害。

（2）派系争斗。当正式组织目标与非正式组织的利益不一致时，牺牲正式组织的利益去维护非正式组织的利益，尤其是一个组织中存在多个非正式组织时，很容易产生派系和派系争斗，使企业正常工作陷入低效率状态。

（3）潜规则管事。非正式组织内部遵循不成文的，但又被各成员接受的"潜规则"，通常都要求内部成员在立场、观点、目标、行为方式上趋于一致，因而对其内部成员具有潜在的约束力和控制力。若成员不顺从，轻则受其他成员孤立；重则有可能被清除出该非正式组织。如在组织中，那些素质较高、技术能力较强的人才，工作中表现如果过于积极，非正式组织为了自身利益往往会对他施加压力。这样一来，优秀人才为了免遭孤立和冷落，要么选择离开，这时就产生了"人才逆淘汰"现象；要么向非正式组织屈服，不得不降低工作效率、保留自己的能力或者按非正式组织成员的意图行事。

2. 作用

中国是个很有人情味的民族，与西方国家比较，我们的非正式组织更突出些，其给组织管理带来的困惑也更多一些。解决这个问题，打造优秀团队，就要做到周而不比,即强调和谐、团结、协同但不相互勾结、成群结党,从而发挥非正式组织的积极作用。周而不比的行为能够起到以下作用:

(1)促进形成和谐的工作氛围。正式组织常以保证组织目标(经济或物质目标为主)的完成为制定"规则"和行为导向的准则。因此在满足员工的物质需求和"大众性"精神需求方面有其巨大优势,但在满足员工个性化需求方面常常显得力不从心。而事业型、兴趣型非正式组织可以增进员工之间的交流,加强彼此之间的了解,从而弥补正式组织在这方面的不足,使员工能够在一个和谐的氛围中工作,最终使其提高了工作热情和效率,达到为正式组织服务的目的。

(2)缓解员工的精神压力。在现代社会,由于工作、生活节奏加快,很多人都面临着各种各样的工作、生活压力,久而久之会产生焦躁不安等情绪,影响了工作效率,甚至影响员工的心理健康。在这种情况下,就需要通过适当的渠道缓解员工的精神压力。非正式组织应致力为成员提供一种友好、认同和相互支持的环境,在这样的环境下其成员会产生一种归属感或依附感,并进一步演化为心理安全感。

(3)激发员工的创新意识。正式组织成员之间在探讨工作问题时由于存在利害关系而有所顾忌等原因,经常出现会而不议、议而不决的情况。兴趣爱好型、事业追求型的非正式组织成员之间由于具有共同语言和非正式的、不受过多约束的沟通渠道,其氛围比较融洽,成员没有太大的思想压力,会发自内心地进行交流并收到"知无不言,言无不尽"的效果,有利于思想上的升华和创新意识的培养。

3. 注意事项

组织中的人如何避免陷入宗派、小圈子的泥淖,以下两点值得注意。

(1)区别公私关系。有的骨干在工作中喜欢自己当大哥,而把同事、下属当小弟。这些骨干愿意用"大哥"的方式来领导下属。换句话说,是做大哥而不是做领导,用"家法"取代"组织法",无形中把组织中的人划分为"我的人"、"他的人",形成了小团体、小圈子。

(2)保持适当距离。现代职业化组织,不是以血缘而是以契约为纽带建立的。家族企业的创业基础是家族,但其成长纽带也是契约。所以,在现代组织内部,成员之间的关系非常简单:上级、下级、协作。除此之外的任何关系,都是非正式的。所以,在职场中需要人与人之间保持一定距离。孔子的学生子游说:"事君数,斯辱矣;朋友数,斯疏矣。"意思是,如果你有事没事总是跟在国君旁边,虽然表示亲近,但离你招致羞辱就不远了;总跟在朋友旁边,虽然看起来亲密,但离你们疏远也就不远了。朋友之间保持一定的距离,不可过近，不可过远，适度最好。儒家主张"君子之交淡如水"。同事、朋友之间的最高境界就是"淡如水"的境界。水是清澈的，水是温柔的，水是纯洁的。水能去污垢，清澈的水捧在手里，能照见自己，看见自己的模样，让自己清醒。朋友之间不可过从甚密，君子之交是内心的相互欣赏，是心与心的赏识，没有世俗的俗气，是一种有人格魅力的人才能有的友情，友情如水滋润彼此的心田。

趣味阅读

相传唐贞观年间，薛仁贵尚未得志之前，与妻子住在一个破窑洞中，衣食无着落，全靠王茂生夫妇经常接济。

后来，薛仁贵参军，在跟随唐太宗李世民御驾东征时，因薛仁贵平辽功劳特别大，被封为"平辽王"。一登龙门，身价百倍，前来王府送礼祝贺的文武大臣络绎不绝，可都被薛仁贵婉言谢绝了。他惟一收下的是普通老百姓王茂生送来的"美酒"两坛。

一打开酒坛，负责启封的执事官吓得面如土色，因为坛中装的不是美酒而是清水！"启禀王爷，此人如此大胆戏弄王爷，请王爷重重地惩罚他！"岂料薛仁贵听了，不但没有生气，反而命令执事官取来大碗，当众饮下三大碗王茂生送来的清水。

在场的文武百官不解其意，薛仁贵喝完三大碗清水之后说："这就叫君子之交淡如水。"

4. 方法

如前所述，非正式组织的存在具有客观必然性，组织内部成员适当的私人空间和感情空间也是应该得到尊重的。重要的是，要克服非正式组织的消极影响，发挥其积极作用，把各种类型的非正式组织努力朝积极型方面转化。为此，组织管理者应做到：

（1）正视存在，寻求合作。企业管理者应认识到，员工的需求是多方面的，而企业正式组织是不可能满足员工的一切需求的。从尊重人的角度出发，企业的管理者要尊重员工加入非正式组织的需要，承认非正式组织存在的合法地位，并努力与组织中的领袖达成合作意向。

管理者也是企业中的一员，也或多或少地接触过非正式组织中的活动。在此基础上，要本着正式组织外的个人身份，保持平和、虚心的态度，主动与员工接触，尽可能多地参与非正式组织的活动。当管理人员成为非正式组织的成员，可以通过他们施展个人影响，逐渐使非正式组织的行为和利益与正式组织管理目标保持一致，更好地发挥非正式组织的积极作用，遏制消极作用的发生。

（2）改善沟通渠道，引导非正式沟通。当一个组织缺乏必要的正式沟通或正式沟通的渠道不畅时，非正式沟通便会盛行。因为人们总是对不了解的事情有着强烈的好奇心。所以，在真实的信息被传达之前或是不被传达时，非正式沟通的信息便替代了真相。非正式沟通是企业与非正式组织之间沟通的主要渠道，但由于其不规范性和不权威性，经常会引起信息的失真。当这种失真引起组织内部的人心涣散、惶恐时，它就会对组织造成极大的危害。要排除非正式沟通的干扰，就必须重视正式沟通。管理者首先应致力于迅速在组织内部建立起权威的、正式的信息沟通渠道。考虑到非正式沟通对缓解工作压力，增进人际关系的作用，企业管理者可以适当考虑更多地创造机会，在组织内部正确引导非正式沟通渠道，从而使上下级之间、同级之间，有更多的机会了解、沟通，最终使组织能够健康发展。如组织活动与非正式组织群体成员意见的沟通提供机会，如各种舞会、联欢会、恳谈会等，举办各种专栏、有奖征文、开展合理化建议，体育比赛等，对他们的观点进行潜移默化的影响，逐渐使其接近或相同于企业的观点，从而使上下级之间、同级之间，有更多的机会了解、沟通，最终使组织能够健康发展。尤其是那些与广大组织成员密切相关的事情。要尽可能地使决策公开化、透明化，使组织中的每一个人有主人翁的感觉，觉得自己是集体中的一分子。[1]

（3）警惕非正式组织的"紧密化"。[2] 如果非正式组织力量过于强大，正说明企业正式组织的力量的不足。这要求加强正式组织的控制力度，在完善组织结构的严密性和有效性的同时，提高中层管理人员的管理方式和管理水平。中层管理人员作为高层和基层的桥梁，担负着沟通、执行、控制的角色，对完成企业的变革目标十分重要。因此，企业领导要定期评估企业内部中层经理们的管理方式和管理效果，防止管理人员的个人行为而导致的组织控制力下降。

另外，可以着手的就是弱化非正式组织的力量。从非正式组织的成因和发展看，非正式组织的根源就在于同质化，这是非正式组织存在和发展的基础。如相似的经历、学历、年龄，相似的背景、价值观，来自同一个城市、同一所大学等，这是非正式组织存在和发展的基础。同质化使得员工在压力之下或者利益的驱动下能更快地取得一致，从而为非正式组织的紧密化提供良好的条

---

① 郑国锋，李万明．浅析我国企业中的非正式组织［J］．现代管理科学，2008（4）
② 常涛．警惕非正式组织的"紧密化"［J］．中国新时代，2004（9）

件。所以尽量保持员工的多样化、差异化是最容易达到目的的方法。所以破坏这种同质化是最容易达到目的的方法。当然，很多时候同质化的形成根源于管理上的问题，改善和提高管理本身的质量就是消除这种潜在同质化风险的最好办法。比如引进市场的竞争机制，保持员工一定比例的流动性，就能很容易地抑制非正式组织力量的不断壮大。

　　除此之外，我们在具体的管理上还可以采取一些有效的措施。一是掌控关键人物。非正式组织中的英雄人物是非正式组织中的关键人物，他集中体现了非正式组织成员的共同价值观和共同志趣，他们往往凭借自身的技术专长和个人魅力在非正式组织中享有很高的威望和影响力。有时他们的实际影响力甚至远远超过那些正式组织任命的管理者。这些关键人物的思想和行动直接影响着非正式组织的思想和行动，因而，管理者应对非正式组织中的关键人物的影响给予高度重视，积极谋求与他们在各个层面上进行有效沟通，应积极邀请他们参与组织的重要决策，如有必要，还可邀请他们出任组织的正式职务。二是工作调动。必要时把非正式组织的核心员工调离原来的岗位，减弱非正式组织的影响，使非正式组织由紧密型向松散型演变。

第五章

儒家领导行为

孔子说"政者，正也"，指出了领导影响力的本质来源。儒家"道之以德，齐之以礼"之于领导方略，"中庸守常"之于领导思维，"无为而治"之于领导艺术，都具有深刻的启迪意义。

第一节　政者，正也

补充知识

井植薰早年在松下电器公司打工时，学到一个观念：造人！他对"造人"的理解是："要想造就他人，先得塑造自己。只有竭尽全力将自己塑造成一名称职的企业领导人，才有充分的资格去教育和培养他人。平庸的总经理要想'制造'优秀的部下是绝无可能的。同样的道理，平庸的经营者绝对领导不了一家优秀的企业。"

井植薰自律甚严，时时为员工表率，这使他成为松下公司最优秀的领导者之一。

井植薰1969年接替三洋的董事长、总经理职位后，自我约束更严。他常说："不能制造优秀的自己，怎么谈得上制造优秀的人才。优秀的领导人才能制造出优秀的人，再由优秀的人去制造优秀的商品、更优秀的自己和更优秀的他人，这就是三洋的特色。"

他每天早上7点准时到达公司，其误差率几乎精确到秒的程度。天长日久，公司大楼的门卫竟然把他当成了标准时钟。每当他的身影出现在公司大门前，门卫就会有意无意地看看自己的手表，嘴里说"真准时啊"或"我的手表怎么慢了一分钟"。井植薰将这种准时上班的习惯坚持了几十年，一直到退休。

他为什么这样苛刻地控制自己的上班时间呢？提早上班也比准时上班省心多了。但井植薰认为，如果提早上班的话，也许会给员工造成某种苛求的印象。他说："大家可能会学你的样，比你来得更早，这不是好办法。想来想去只有一个办法，那就是我现在所做的，分秒不差。"

一次，他在给一些中小企业主讲演时，直言不讳地说："如果你认为，企业的规章制度只是一种控制职工和下属的手段，那么你就大错特错了，错到了足以使你的企业一蹶不振的地步……只有当你清醒地认识到，作为企业之主，除了比其他所有的职员更加模范地遵守一切规章制度而外别无选择，并且为此而坚持不懈的时候，你才具备了承担企业领导职务的基本条件，你的企业才能兴旺发达。"

井植薰用自己的"不言之教"，将三洋电机公司塑造成了一家世界知名企业，他的人品和领袖风范在日本企业界也有口皆碑。

一、领导的本质是影响力

领导是组织行为学研究的重要领域。关于什么是领导，学者们各有见解。

彼得·德鲁克认为："领导就是创设一种情境，使人们心情舒畅地在其中工作。有效的领导应能完成管理的职能，即计划、组织、指挥、控制。"

孔茨说："领导即为影响力，影响人们心甘情愿地和满怀热情地为实现群体的目标而努力的艺术或过程。"

柯维也认为："领导的才能就是影响力，真正的领导者是能够影响别人，使别人追随自己的人物。"

斯蒂芬·罗宾斯的定义："领导就是影响他人实现目标的能力和过程。"

一般认为，领导作为一种管理活动，指管理者通过指导、激励、带领等方式对下属的思想、行为施加影响，使其去努力达成组织目标的过程，领导的本质是影响力。

现代领导学理论十分丰富。有理论学派认为，杰出领导者都有着某些共同的特性或品质。美国管理学家吉赛利在其《管理者探索》提出了八种个性特征和五种激励特征。八种个性特征为：才智、首创精神、督察能力、自信心、决断力、适应性、性别、成熟程度等。五种激励特征为：对工作稳定的需求、对金钱奖励的需求、对指挥别人权力的需求、对自我实现的需求、对事业成就的需求等。1969 年吉姆的研究认为天才领导者应该具有 7 种特质：善于言辞、外表英俊、高超智力、充满自信、心理健康、支配趋向、外向敏感等。① 后来，斯托格狄尔等认为领导者有 16 种特质，这些领导特质归纳为六类：①身体性特性；②社会背景性特性；③智力性特性；④个性特性；⑤与工作有关的特性；⑥社交性特性。②

学者们的研究中还发现领导者在领导过程中的领导行为与他们的领导效率之间有密切的关系。俄亥俄州立大学亨普希尔等人从多种领导行为因素中抽出了两个基本因素，发现了领导行为的两个互相独立的维度（抓组织和关心人），并采用了量表作为测量工具来评定这两个维度的领导行为。③ 以弗雷施曼为首的美国俄亥俄州立大学的一批研究人员，对领导的效能进行了大量的研究。他们使用了多种问卷，做了大量测量后，发现总是有两种领导行为凸显出来，这两种领导行为被称为"创立结构"和"关怀体谅"。创立结构是指那些把重点直接放在完成组织绩效上的领导行为；关怀体谅，是指信任下级，友爱温暖，关怀下级个人福利与需要。④ 布莱克与莫顿在以往领导行为研究的基础上，提出了著名的"管理方格理论"，他们用纵坐标表示对人的关心程度，横坐标表示对生产的关心程度。两者按程度大小各分成九等份，从而形成一个方格图。这样，在理论上能组合成 81 种不同的领导方式，在这 81 种领导方式中，可以选取 5 种典型的领导方式。⑤ 20 世纪 60 年代日本学者三隅二不二在吸取了前人研究成果的基础上，提出了著名的 PM 理论。该理论从把群体作为一个整体的角度研究领导行为和群体行为。该理论认为，群体具有两种功能：一种功能是实现群体的特定目标，即绩效（Performance，用 P 表示），另一种功能是改善群体自身的正常运转，即维持（Maintain，用 M 表示）。PM 理论认为，领导者的作用就在于执行这两种团体机能。因此，领导者的行为也就包括这两个因素。这样，不论 M 因素多么强，也总包含着某种程度的 P 因素；同样的道理，不管 P 因素多么强，也总包括 M 因素。此外 P 和 M 两方面都强或两方面都弱的情况也是存在的。参照 Blake 和 Mouton 管理方格图的思想，如果以 P

---

① J. Gibb, L. Gibb. Role Freedom in a TORI Group. In A. Burton（Ed.）. Encounter Theory and Practice of Encounter Groups, 1969

② B. M. Bass. Bass and Stogdill's Handbook of Leadership（3rd edition）. New York：Free Press, 1990

③ J. K. Hemphill, 1949. Situational factors in leadership. Columbus：Ohio State University, Bureau of Educational Research：4

④ E. A. Fleishman, L. I. Wetrogen, J. C. Marshall-Mies, N. G. InPeterson, M. D. Mumford, W. C. Borman, P. R. Jeanneret, E. A. Fleishman Development of prototype occupational information network content model［R］. Utah：Utah Department of Employment Security, 1995

⑤ R. R. Blake & J. S. Mouton, The managerial Grid［M］. Houston, TX：Gulf Publishing, 1964

为横坐标，M 为纵坐标，并在 P 和 M 坐标中点，各画一条线，就可划分出 PM、Pm、Mp、pm 四种领导类型。①

权变理论学者们在研究领导与绩效的关系时把情境因素考虑在内。菲德勒在研究领导时将领导风格分为关系取向和任务取向，并考虑了领导者—成员关系、任务结构和职位权力三种情境。通过调查研究得出结论：任务取向的领导者在领导者—成员关系比较好、任务结构比较高和职位权力比较强的情境及领导者—成员关系差、任务结构低和职位权力弱的情境下工作会取得比较好的工作绩效，关系取向的领导会在中等条件下取得比较好的工作绩效。②

赫西和布兰查与菲德勒对领导维度的划分相同，但考虑的情境不同，他们将下属的成熟度（个体完成某一具体任务的能力和意愿的程度）设定为情境，并根据下属的成熟度界定出四种有效的管理方式：在员工非常成熟的情况下，采取授权的领导方式比较有效；在员工比较成熟的情况下，采用参与的领导方式比较有效；在员工不大成熟的情况下，采取推销的领导方式比较有效；在员工不成熟的情况下，采取指示的领导方式比较有效。③

乔治·格里奥提出了领导—成员交换理论。日常工作中，由于时间压力，领导者往往与下属中少部分人建立特殊关系，这些个体就成为圈内人士，他们受到信任，得到领导更多的关照，也更可能享有特权；而其他人员则成为圈外人士，领导者—成员交换理论预测，"圈内"地位的下属得到的绩效评估等级更高，离职率更低，对主管更满意。

维克多·弗罗姆和菲利普·耶顿提出了领导者—参与模型（Leader—participation model）。该理论认为领导行为必须根据具体情况加以调整。在该理论中，共有 12 个权变因素：质量要求、承诺要求、领导者信息、问题结构、承诺的可能性、目标一致性、下属的冲突、下属的信息、时间限制、地域的分散、激励—时间、激励—发展。该理论将从完全独裁到群体决策设定为五个等级，领导者可根据权变因素调整自己的行为。

有学者着眼于领导风格进行研究。大卫·纳德尔；迈克尔·塔什曼讨论企业变革时，根据领导在变革中的角色对魅力型领导和工具型领导进行了描述。魅力型领导有三个特点：提供远景、鼓舞和注重行动。提供远景包括创造未来的蓝图，或者陈述出人们所认同和能激发人们热情的未来状况，通过创造远

---

① 三隅二不二．领导行为科学［M］．刘允之，王南，文宝忠等译．光明日报出版社，1991

② F. E. Fiedler, A contingency model of leadership effectiveness. In L Berkowitz（Ed.），Advance in exoweimental social psychology［M］．New York：Academic Press，1964

③ P. Hersey, and K. H. Blanchard, Life-cycle theory of leadership［J］．Training and Development journal，1969（23）

景，加强人们责任感，提供共同目标，并为人们设定成功的途径。这种远景要有挑战性、意义和值得追求，并且可信。领导的角色就是直接为组织的员工提供动力，激励他们行动。不同的领导鼓舞的方式不同，但最常用的方式是领导展示个人的激情和干劲，通过指导个人与大多数人的合作使激情凝聚在一起，表达出他们有能力成功的信心。注重行动即领导从心理的角度帮助人们行动、面对挑战。领导必须能够分享组织的情感（倾听、理解）。他们要表现为支持员工，更重要的是要把他们的信心灌输于人们心中，以使人们有效地工作，面对挑战。与魅力型领导对应的是工具型领导，他们存在下列三个特征：第一是结构化，领导投入时间建立团队，这种团队要与企业的战略相协同，同时创建一种结构，在这种结构中能清晰地表达出组织需要什么类型的行为。在这个过程中涉及设立目标、建立标准、定义角色和责任。第二是控制，这涉及创造测量、监督、行为和结果的评估以及管理行为的系统和程序。第三是一致的回报，包括对员工行为与变革所要求的行为一致性问题所做的奖励和惩罚。

补充知识

毛泽东指出："领导依照每一具体地区的历史条件和环境条件，统筹全局，正确地决定每一时期的工作重心和工作秩序，并把这种决定坚持地贯彻下去，务必得到一定的结果，这是一种领导艺术。"

美国前总统尼克松是这样描述"领导"的："伟大的领导能力是一种独特的艺术形式，既要求有非凡的魄力，又要求有非凡的想象力。经营管理是一篇散文，领导能力是一篇诗歌。"

美国政治学家伯恩斯将"追随者"纳入领导的要素，认为："领导人劝导追随者为某些目标而奋斗，而这些目标体现了领袖及其追随者共同的价值观和动机、愿望和需求、抱负和理想。"

二、职位权力与个人权力

现代领导理论研究认为影响力的基础来源是权力，而权力可以区分为不同的类型。French 和 Raven 按照影响力的来源把权力划分为五种不同类型，强制权、奖赏权、合法权、专家权和崇拜权。① 强制权指目标对象接受影响是要避免影响者所控制的惩罚。强制权力是一种基于惩罚的权威，它是指通过负面处罚或剥夺积极事项来影响他人的权力。换言之，它是利用人们对惩罚或失去其重视的成果的恐惧来控制他人。奖赏权指目标对象接受影响是要获得影响者所控制的奖励。作为影响者的领导者控制着追随者（目标对象）所重视的资源而对其施加影响。包括给予加薪、额外津贴和晋升的权力；授予官职的权力；选拔员工完成特别任务或有利可图的活动的权力；分配合适资源的权力；做出对某人有利的仲裁决定的权力；以奖品、表扬认可某人工作的权力等。合法权指目标对象接受影响是因为他相信，影响者有合法权力提出要求，目标对象有义务顺从。合法权力取决于个人在组织中的职位被授予的权力。它可以被看作是一个人的正式的或官方明确规定的权威地位。拥有合法权力的个人凭借与其职位、岗位相当的要求或主张，来施加影响。专家权指目标对象接受影响是因为他相信，影响者有以最佳的方式去做某事的专业知识，以最佳的方式执行一项任务或解决一个重要问题的独特的知识就提供了对他人的潜在影响。崇拜权指目标对象接受影响是因为他羡慕或崇拜影响者的超凡魅力和良好声誉。崇拜权源自其他人取悦影响者的需求，他们对影响者显示强烈的羡慕和忠诚。当人们钦佩一位领导者，将其视为楷模时，他们就更可能答应其所提出的请求。为取得和保持强劲的崇拜权影响，最重要的是作为影响者的领导者的个人品质。影响者不需要任何明晰的能力去唤起这种权力，当影响者所具有的个人魅力一旦引发出目标对象对影响者的强烈的羡慕和忠诚时，崇拜权力就能够增加影响者对目标对象的影响。

Bass 和 Etienne 认为领导者的权力中部分来源于个人在组织中位置的内在机会，部分来源于影响者本身及影响者与目标对象之间的关系，由此提出的"职位权力"和"个人权力"的两分法。他们认为，这两个类型的权力是相当独立的，每个权力包括着几个不同但又部分联系的因素。由职务权力实现的影响力，也叫权力性影响力，指的是由组织赋予的、在领导者实施行动之前就获得了的、要求下属服从的影响力，是一种强制性质的影响力。这种影响力带有强迫性，不可抗拒性，以外部压力的形式来发生作用。职位权力包括：来自合法性权威的潜在影响、对资源和奖励的控制、对惩罚的控制、对信息的控制以及对工作环境的控制。个人权力包括：来自工作专长的潜在影响以及基于友谊

---

① J. R. French, P. , B. Raven, The bases of social power. In D. Cartwright and A. Zander. Group dynamics. New York: Harper & Row, 1959

和忠诚的潜在影响。① 领导者个人权力实现的影响力，也叫非职位影响力，指的就是领导者的品德、作风、知识、能力、业绩以及行为榜样等非权力因素对下属造成的影响。这种影响力更多地属于非自然影响力，其产生的基础要比权力性影响力广泛得多。职位权力是"职务"和"地位"的体现，它的核心是个"权"字。

1. 作用原因

在社会个体中存在对领导的心理需要，这些心理需要的总和，是领导影响力发挥作用的社会心理基础。②

（1）对特定组织的归属心理。人具有社会性，归属感是人的一种高级需求，人在社会生活中，总是渴望自己归属于一定的组织，成为其一分子，因为在组织中，个人的愿望等更容易得到满足。

（2）对杰出人物的崇拜心理。心理学与社会学研究表明，人们对于才智过人、功勋卓越的人会产生一种自发的崇拜心理。原始社会氏族或部落的首领，往往因其是渔猎的能手或战争中的英雄而被人们拥戴，而且，人们往往以自己的组织中有这样的杰出人物而自豪。

（3）对行为表率的模仿心理。模仿是在没有外界控制的条件下，个体受到他人行为的刺激，主动使自己的行为与之相似或相同。通过模仿，使自己适应环境，从中受益。模仿达到内在的更深层次时，被称为认同，这时，模仿者已经深刻认识到被模仿的那种行为的意义和价值，产生一种喜爱的情感体验。模仿是人的一种本能倾向，这种倾向有利于促进社会的整合和发展。

（4）对权威的遵从心理。遵从是人的一种心理倾向，它包括对人的遵从和对规范的遵从。

2. 区别

职位权力和个人权力的成因和发挥作用的方式是有区别的：③

（1）成因和作用不同。由传统、职位和资历所构成的职位权力的基础是法定权力，是外部赋予的，与领导者本人的素质没有直接的关系，它产生于领导活动之前。而个人权力的基础是领导者的德与才，是自身因素形成的，它靠领导者自身的威信和以身作则的行为来影响他人。

（2）影响时限不同。职位权力是来自领导职位的影响，其作用随权力的确定而产生，随权力的终结而消失。而个人权力是来自领导者个人特质的影响，

---

① B. M. Bass，1985，Leadership and Performance Beyond Expectations，New York：Free Press
② 刘炳香．论领导影响力 [J]．理论学刊，2003（6）
③ 刘伟．试论领导非权力性影响力 [J]．株洲师范高等专科学校学报，1999（2）

它既不随职位的得失而存亡，也不随职位的高低而消长。

（3）使用范围和频率不同。职位权力更多的带有执法的性质，因此应持审慎态度。该用的时候就要果断使用，不该用的时候不要滥用。个人权力则没有这样的限制和弊端。一个卓越的领导者其强大的个人权力无时无刻不在发挥着对下属的作用。

（4）对下属影响的深度不同。职位权力是带有强制性的影响力量，它以外推力的形式产生作用，难以进入被领导者的心灵深处。而领导者的个人权力属于自然的影响力量，它对接受者是以内驱力的形式产生作用的。

3. 联系

职位权力与个人权力当然具有内在联系。首先，从领导的权力到产生影响力的机理看，影响力是职位权力和个人权力共同作用的结果。职位权力是领导影响力产生的前提要素。领导者必须手中有实权，方能支配下级，实现领导功能。但这种影响力带有强制性，有一定的威力，它只能使人畏服，不一定能使人信服。个人权力是领导影响力的基础要素。要使下级自觉地、真正地服从，仅仅依靠职权是不行的。其次，两种权力相互影响，其中，个人权力制约着职位权力。个人权力所产生的威信高低可以导致实际权力大小的变化。而职位权力也对个人权力产生一定影响。一般来说，被领导者对领导者总有一种服从感和敬畏感。如果领导者有一定的职权和资历，就会对个人权力起到增力作用。

以上分析表明，个人权力较之职位权力具有更大的作用，个人权力才是领导影响力起决定作用的力量，是领导影响力的关键所在。

143

三、身正产生影响力

《论语·宪问》中有这样一段对话："子路问君子。子曰：'修己以敬。'曰：'如斯而已乎？'曰：'修己以安人。'曰：'如斯而已乎？'曰：'修己以安百姓。'"儒家认为，君子治国理民非以法律制裁人，非以制度约束人，非以理说教人，而是"修己以敬"，养成君子人格、圣人风范，以其人格、风范感化、熏染人。孔子说"政者，正也"。《论语·颜渊》云："君子之德风，小人之德草，草上之风，必偃。"这表明只要在上者修德于己、德行高尚，在下者自能远耻格非、从善如流。所谓"政"即管理"众人之事"。如何为政呢？儒家认为，为政的根本在于身正，领导影响力建立在身正的基础上。所谓"身正"就是为政者的道德人格，它具有重要的影响力。为政者自己"身正"，其人格影响力扩散开去，人们就能够自觉地遵守社会的规范；如果为政者自己身正，其所管辖下的各级管理人员以及民众就没有不正的。为政者自己身正，管理国家就没有什么困难。相反，为政者自己身不正，下命令去强制下属做什么，他们也不会服从。如果自己都身不正，就没有什么资格去教育别人、端正别人。所以孔子说，只要为政者自己身正了，就能像北极星那样众星拱护在它的周围，得到民众的拥护。为政者用他们的道德人格力来实施管理，发挥其人格的示范作用和榜样的功能。治人者、为政者的高尚的道德品质和情操所形成的人格影响力，就像风一样所向披靡，无不折服。所以君子为政无别，只是修己以修人，正己以正人。

为政者是民众的表率，起标杆的作用，上正则下正，上不正则下必歪。要使下级、被管理者"正"，必须要从"正己"开始，起好表率的作用。孔子认为，如果为政者、管理者"好礼"、"好义"、"好信"。则天下的百姓都会来归顺你。"上者，民之表也"，孔子说，"上好礼，则民莫敢不敬；上好义，则民莫敢不服；上好信，则民莫敢不用情。夫如是，则四方之民襁负其子而至矣。"（《论语·子路》）

趣味阅读

贞观年初，有人给唐太宗上书，说朝廷应该清理那些佞臣。清理佞臣当然是好事情了，唐太宗没有不接纳的道理，还接见了这个上书的人。但是，既然说要清理那些佞臣，自然前提是要有佞臣存在了，唐太宗就问上书人："朕任命的这些人都是贤人，你知道谁是佞臣？"上书人说："臣身处朝外，不知道具体谁是佞臣。不过陛下可以假装发怒来试一下大臣们，那些不管你发怒还继续直言进谏的人就是忠臣，那些一看你发怒就见风使舵的人就是佞臣。"唐太宗没理他，回头对封德彝说："流水是清是浊，取决于它的源头。君王就像那源头，臣民就像是流水。做君王的自己行诈，却指望臣民们正道直行，就好比是源头污浊，却指望流水清澈，没有这个道理。朕常常觉得曹操这个人狡诈，所以鄙视其为人，这样怎么能教化天下呢？"

儒家的"政"，或者说领导，不仅是治事、治人，而是化人。上者修"德"于内，辉之于外，民自披靡于上的德风，而无不自谦于内，外发为善行。通过此种方式，民自然安其位，国自然无治而谐。在孔子看来，为政就是以人格楷模感化庶民之心，熏染庶民之行的过程。将为政化约为道德教育、感化，这一领导模式有两个重要特点：一是领导行为伦理化。在孔子看来，为政并非别事，只是上者以德修身，以德正己，这样身垂示范，上行下效，社会自能臻于安康、和谐的状态。在此，孔子将领导行为伦理化了。二是领导行为生活化。

曾有人不解地问孔子为何不为政，孔子回答曰："《尚书》云：'孝乎惟孝，友于兄弟，施于有政'。是亦为政，奚其为政？"（《论语·为政》）在孔子看来，从政并非一定出仕做官，居家孝悌也是从政。在此，政治落实于人伦日用之中，已经生活化了。在孔子的心目中，政治简略为伦理、生活，伦理、生活化的政治极平易、简朴，所以伦理、生活化的政治如伦理、生活一般，不能有意为之，只能无意随顺，无心而为。

趣味阅读

　　孔子的弟子闵子骞幼年丧母，他的父亲又娶了后妻，后来生下了两个儿子。这后母十分疼爱自己的亲生儿子，给他们夏织衣冬缝袄，照顾得十分细致。但对闵子骞却十分冷淡，特别是由于闵父长期在外劳作，后母总是趁机虐待他。

　　一年冬天，后母给自己的亲生儿子缝制了丝棉的衣服，里面填的是煦暖的新棉绒，而给闵子骞的棉袄里面填的却是胀鼓鼓的芦花。有一天，闵父从外归家了，他要闵子骞帮他驾车搬运东西。寒冷的冬天，凛冽的北风吹着，才十几岁大的孩子穿着被寒风吹透的"芦花袄"，浑身战栗着，以至鞭子好几次从冻僵的小手中滑落下来。闵父训斥道："没用的东西，穿这么厚的棉袄还冷！"

　　小子骞两眼含泪，却没有申辩一句。

　　这样鞭子一次次地掉到地上，小子骞一次次伸出僵直的手把它捡起来。

　　后来，闵父急了，他一把夺过鞭子，气狠狠地抽了小子骞一鞭。鞭子落处，棉布裂开，无数雪白的芦花飘出，像雪花一样从闵父眼前飞过，看得他都傻了。

　　良久，闵父一把搂过快冻僵的小子骞，又气又恨又痛地吼道："我要休掉那恶毒的女人！"

　　小子骞从父亲怀中挣出头，流着眼泪说道："请不要休掉母亲吧！母亲在，只有我一个人受冻；如果休掉了母亲，那我们兄弟三个都要受冻了！"

　　父亲被孩子的话感动得涕泪交流，决定不再休妻。而那后母听说后也感动且惭愧，最后成为慈母。

　　闵子骞长大后，成为一名才德兼修的君子。他在政治生涯中表现得很出色，不重利禄而重节操，孔子对这个弟子的孝道与仁道之举十分赞赏。

　　身正产生人格魅力。领导者的人格魅力是本质性因素，人格影响力就是在领导工作中，领导者通过自己的品德素质、心理素质和知识素质在下属的身上产生的心理和行为的一种力量。领导者优良的人格魅力会使人产生敬爱感，具有感染力。所以，孔子说："其身正，不令则行，其身不正，虽令不行。"领导者要求下属做到的自己首先要做到，要求下属不做的，自己要首先不做，言行一致，可以潜移默化成为一种无形的道德力量。对领导者来说，很多时候化人之德比之驭人之能更为重要，无论职位多高的领导者，倘若在人格、品格上出了问题，那他就会失去影响力。

身正也意味着坚强的意志。在领导实践中，无论是决策过程还是为实现决策的行动过程，领导者常常会面临众多的两难选择、行动困难、舆论压力、心理压力、艰苦条件等方面的考验。在这些情况下，领导者坚强的意志力是做好决策、坚持行动直至组织预定目标实现的重要保障，更是对群众强大的精神激励力量。遇到复杂的局势，从容不迫，指挥若定；艰难时刻，多谋善断，化险为夷，这时的部下就会为有这样的领导而自豪。

身正也是领导者的宽广胸襟。面对各种舆论及对自己褒贬不一的评价，领导者能不能做到心如止水，以一颗平常心正确对待，其中一个十分重要的因素就是要看领导者的"气量"怎么样。面对下属和群众，领导者能以宽广的胸襟和豁达的气度予以包容和理解，不打击、不报复必能创造出和谐宽松、畅所欲言的工作氛围，进而实现领导绩效的极大提高。

身正还是榜样。榜样影响力是在领导工作中，领导者通过自己的行为给下属提供一种可值得学习和效仿的模式，使之在下属身上产生同样的心理和行为的一种力量。孔子要求他的学生从政以后要做到"先之劳之"，"居之无倦，行之以忠"，严格要求自己，做群众的表率，关心群众生活，孜孜不倦地尽职尽责地工作，永远不懈怠；要"无伐善，无施劳"，永远保持谦虚逊让的精神；要"使民如承大祭"，"因民之所利而利之"，"择可劳而劳之"，严肃认真，谨慎地担当起役使人民的工作，时时考虑怎样才能使人民得到利益，怎样才能使人民"劳而无怨"，愉快地劳作和生活。孔子说："己有之而后求诸人，己无之而后非诸人。"意思是，自己拥有某种品行，才有资格要求别人具备；自己没有某种缺点，才有资格要求别人纠正。这正是领袖人物应有的风范，也是管理者坚持的一个原则。他们正是用自己无声的语言，引导部下积极的行动，汇成一股无坚不摧的力量。

趣味阅读

包玉刚是香港环球航运集团的创始人，被誉为"海运大王"。

有一次，他出门办事，坐一辆面包车行至狮子山海底隧道。这条隧道是环球公司的产业，包玉刚是隧道公司董事局的主席，他曾经订过一个规矩：本公司任何人过隧道都要照章交费，即使是董事也不例外。

不料，到了收费站，面包车司机才发现忘了带钱，就向包玉刚借。包玉刚在自己口袋里一掏，不禁哈哈大笑，原来他也分文未带。

事出特殊，如果包玉刚对收费站的工作人员打声招呼的话，人家一定会放行的。哪有员工还会妨碍老板的公务呢？

包玉刚却没有这么做。他对面包车司机说："别着急，我们在这里等一下。待会有朋友经过时，正好宰他一把。"

他们等了很久，好不容易等来一个熟人。那人奇怪地问："你不是隧道公司主席吗，谁不认识你？说一声不就过去了？"

包玉刚哈哈一笑，幽默地说："老天通知我，今天该你破费，让我在这里恭候阁下。"

第二节　道之以德，齐之以礼

一、道之以德

孔子说："道之以政，齐之以刑，民免而无耻；道之以德，齐之以礼，有耻且格。"（《论语·为政》）在儒家看来，大致存在两种不同的管理方式：一种是"道之以德，齐之以礼"，重在诱导；另一种是"道之以政，齐之以刑"，重在强制。这两种不同的治理方式所产生的效果是完全不同的。孔子主张用"道之以德"来引导人的行为，用"齐之以礼"来规范人的行为，即用道德来诱导百姓，用礼法来约束百姓，就会产生"有耻且格"的效果，百姓们不但有羞耻感，而且还能自觉纠正自己的错误；相反，假如用法制政令来引导百姓，用刑罚来惩治百姓，则会产生"民免而无耻"的效果。百姓只图苟免于犯法而不知道犯罪的羞耻。

《礼记》中有一段专门的论述："为人主计者，莫如安审取舍。取舍之极，定于内；安危之萌，应于外。安者，非一日而安也；危者，非一日而危也；皆以积然，不可不察也。善不积，不足以成名；恶不积，不足以灭身。而人之所行，各在其取舍。以礼义治之者积礼义，以刑罚治之者积刑罚；刑罚积而民怨倍，礼义积而民和亲。故世主欲民之善同，而所以使民之善者异。或导之以德教，或欧之以法令。导之以德教者，德教行而民康乐；欧之以法令者，法令极而民哀戚。哀乐之感，祸福之应也。"（《礼记·礼察篇》）皇侃《义疏》引郭象《论语体略》说："政者，立常制以正民者也。刑者，兴法辟以割物者也。制有常则可矫，法辟兴则可避。可避则违情而苟免，可矫则去性而从制。从制外正而心内未服，人怀苟免则无耻于物，其于化不亦薄乎？故曰：'民免而无耻也'。德者，得其性者也。礼者，体其情者也。情有所耻而性有所本，得其性则本至，体其情则知至。知耻则无刑而自齐，本至则无制而自正，是以'导之以德，齐之以礼，有耻且格'。"所以，"君民者，子以爱之，则民亲之；信以结之，则民不倍；恭以莅之，则民有孙心。"（《礼记·缁衣》）用德来教育人民，引导人民，人民就有归顺之心，就能服从治理。深切地爱护民众，则民众就会亲近你；用诚信来交结民众，则民众就不背叛你；用恭敬的态度来治理民众，则民众就有逊和之心。这样社会就会出现祥和安泰的局面。

孟子也有相似的阐述："善政不如善教之得民也。善政，民畏；善教，民爱之。善政得民财，善教得民心。"（《孟子·尽心下》）孟子也提出了两种不同的领导方法或曰管理模式：一种是"以力服人"，即凭借手中的权力，靠规章制度惩罚等对被管理者实行压服；另一种是"以德服人"，即靠领导者的道德榜样，人格魅力，通过说服教育，和被管理者进行感情交流与思想沟通，晓之以理，动之以情。孟子认为对被管理者要"以德服人"，不应"以力服人"。他说："爱人者，人恒爱之；敬人者，人恒敬之。"（《孟子·离娄下》）在管理中要多用说服教育的方法，反对用压制惩罚的手段，"以力服人者，非心服也，力不赡也；以德服人者，中心悦而诚服也，如七十子之服孔子也。"（《公孙丑上》）

儒家十分重视运用人的仁爱心、自尊心、自信心、自觉心来发挥其内在的动力，以求达到社会的平衡与协调。道德所以能启发人的自觉，具有自律的作用，是因为有其内在的机制。道德规范是一种非制度化的、非强制性的、内化性的规范。"内化的规范也称为良心，良心是人们思想、言行的标准、尺度和检察官，良心形成特定的动机、意图、目的，良心促使人们去遵守社会规范。"道德不仅是一种意识形态，而且还是一种实践精神。"道德作为实践精神是一种价值，是道德主体和需要同满足这种需要的对象之间的价值关系。""道德需要促使人类结成相互满足的价值关系，推动人们改善这种关系，调节人与人之间的交往、协作，完善人的人格，形成人类特有的实践精神。""道德作为实践精神不仅是价值，而且是实现价值的行动，是有目的的活动。""正是目的决定了道德行为的方向、价值，表现了精神的实践功能。反过来讲，实践精神要成为道德，就必须转化为一定的目的和在这一目的支配下的行动，就必须干预、调节人们的目的，并通过调节目的而达到调节行为。"实践精神把道德理想变为现实，就是实现了自己的目的。"实践精神的理想性又在于其行为的义务性。义务是被意识到的道德必然性，既是外在的职责、使命，又是内在要求。"①

我们从上述伦理学的结论中，可以得出如下几点启示：②

第一，道德规范的内化性即良心是通过教育、修身养性，使之转化为人的感情、意志和信念的结果。一个内化性规范强的人，有高度的道德自觉，良心促使他遵守社会规范和组织的规章制度，因此，这样的人不需要别人强制他干他应该干的工作，有自律的意识和行为。

第二，完善的人格是人的自觉行为的一种内在动力。人格完善的人有一种强烈的自我实现的追求，有一种实现自己人生价值的强烈愿望，有一种驱使他去实现自己理想的没有穷尽的内在动力，他不断地拼搏奋斗，不遗余力地为实现自己的理想而努力工作。

第三，责任心也是人的一种内在动力。责任心是人的积极性的一个重要方面。道德高尚的人，有高度的工作责任心和社会责任心。责任心来源于人对自身价值熟悉的结果。

第四，义务感强的人同样有很强的内在动力。他意识到，他对他人、对组织、对国家、对社会有一种必然的义务和责任，履行这种义务是一种理所当然的事情，不需要任何强制。

149

由此可见，良心、人格力、责任心、义务感等以及与此相关联的价值观才是人们行为的恒久的内在动力。因此，儒家强调用"道之以德"来进行治理是很有道理的。

对于现代管理来说，"道之以德"要求领导者首先要有优良的个人品德修养，这主要包括诚信、勇敢、节制。诚实是作为领导的品质，也是作为个人的重要品质。诚实是基本的道德品质，是道德体系中的母德。失去诚信，整个道德体系就要发生动摇。诚信就是说真话，欺骗是说假话。诚信是传达真信息的行为，欺骗是传达假信息的行为。勇敢是对可怕事物的一种心理态度和行为表现。勇敢为有勇气，有胆量，果敢，不畏艰险，不怕困难。勇敢是人类在改造自然、改造社会的实践过程中形成的一种品质，是维持社会生存，推动社会发展所需要的一种行为规范。勇敢是一种中庸，过度则为鲁莽，不及则为怯懦，

---

① 罗国杰．伦理学［M］．北京：人民出版社，1989
② 陈德述．儒家的道之以德与现代管理的自律机制［EB/OL］．http://manage.org.cn/Article/200501/11347.html

勇敢要有正的道德价值观，符合道义和智慧。节制是指服从理智是道德的，而服从情欲是不道德的。无自制力的人是为情感所驱使，去做明知道的坏事。有自制力的人，服从理性，不追随欲望。理智支配着情欲。放纵为不节制，受情欲支配，做明知不当做之事的行为。

补充知识

三国时，蜀汉建兴九年，诸葛亮命人制造木牛流马运输军粮，再次出兵祁山，第四次攻魏。魏明帝曹叡亲自到长安指挥战斗，命令司马懿统率诸将领，带领大军直奔祁山。面对兵多将广、来势汹汹的魏军，诸葛亮不敢轻敌，于是命令士兵占据险要地势，严阵以待。

魏蜀两军，旌旗在望，鼓角相闻，战斗随时可能打响。在这紧要关头，蜀军中有8万人服役期满，已有新兵接替，老兵们都整装待发，盼望着能早点返回故乡。魏军有30余万人马，兵力众多，连营数里。如果蜀军放走这8万老兵，那么他们的实力就会更加单薄，取胜的希望就更加渺茫了，众将领都为此感到十分忧虑。这些整装待发的老兵也深感担心，生怕盼望已久的回乡愿望不能立即实现，担心要到这场战争结束才能回去。

不少的蜀军将领向诸葛亮进言，希望留下这8万老兵，延期一个月，等打完这场仗再走。诸葛亮断然拒绝道："统率三军必须以守信为本，我岂能以一时之需，而失信于军心？何况常年征战在外的士兵早已归心似箭，家中的父母妻儿也终日倚门而望，盼望着他们早日回家团聚。"遂下令各部，催促老兵返乡。此令一下，所有准备还乡的老兵在意外之余也欣喜异常，感激得涕泪交流，反而都主动要求留下参加战斗。那些在队的士兵也受到极大的鼓舞，士气高昂。诸葛亮在紧要关头不改原令，收拢了军心，使还乡的命令变成了战斗的动员令。他运筹帷幄，巧设奇计，在木门设下伏兵，大败魏军。

诸葛亮取信于士兵，宁使自己一时为难，也要对士兵、百姓讲诚信，让役满士兵还乡。因为他深知，一次欺诈行为也许会解决暂时的危机，但是这背后所隐伏的灾患却比危机本身更危险。

"道之以德"的领导者在行为上应尊重他人，为他人服务，表现公正，显示诚实。作为领导者不能仅靠简单的高压政策，领导过程还应包含价值观的交流。没有领导与追随者之间的交流就不能算真正进行了领导过程。领导者有尊重他人的责任，尊重他人意味着永远把他人当作是目的来看待，而不是当作达到某种目的的手段。尊重他人的领导者珍视他人的精神价值和个性，肯定他人的理念，认可他们，同时，也肯定自己有创造力的想法和愿望。要培养追随者，让他们意识到自己的需要、目标和价值观，帮助他们进行整合。领导者要有为弱势群体、他人谋求更大利益的理念，把他人利益放在首位，按有利于他人的方式行事。领导者要表现公正与公平，要把公平放在核心地位。领导是要公平、平等地信任和对待别人。领导者行为必须诚实。诚实的对立面为欺骗。不诚实的领导是靠不住的、信不过的。不诚实的领导会失去信任与威信。欺骗会造成人际关系的破裂。诚实领导者应该讲真话，应该向他人敞开心扉，全面完整地呈现事实。诚实领导还应该做到诚恳待人。

二、齐之以礼

儒家认为，假如只有善的观念或意识，而没有表现这些善的行为规定，善只是一种可能性的善，而不是现实性的善。孔子在强调"德"的同时，也强调"礼"的重要作用。在孔子看来，"仁"是内在的道德意识，"礼"是"仁"的外在表现，也是道德评判的标准。孔子说："克己复礼为仁，一日克己复礼，天下归仁焉。"（《论语·颜渊》）即克制自己的私欲，使自己的行为符合周礼的规定就算是仁了。还强调用礼的规定来规范自己的视、听、言、动，他说："非礼勿视，非礼勿听，非礼勿言，非礼勿动。"（《论语·颜渊》）假如只有"仁"的道德观念，而没有"礼"来规范自己的行为那就不成其为"仁"。"恭而无礼则劳，慎而无礼则葸，勇而无礼则乱，直而无礼则绞。"（《论语·颜渊》）意思是，恭敬而不懂礼法就会烦劳，谨慎而不懂礼法就显得胆小，勇敢而不懂礼法就会惹出乱子，心直口快而不懂礼法就会尖刻伤人。

"礼"是善的道德观念的外部表现，儒家通过"礼"来规范人的行为。儒家认为，"道德仁义"，没有礼不能成立；"教训敬俗"，没有礼不能完备；"分争辩讼"，没有礼不能决断；"君臣上下，父子兄弟"之间的关系，没有礼不能定位；"宦学事师"，没有礼不能亲和；"班朝治军，莅官行法"，没有礼就没有威武严厉的气氛。"是以君子恭敬撙节，退让以明礼。鹦鹉能言，不离飞鸟；猩猩能言，不离禽兽。今人而无礼，虽能言，不亦禽兽之心乎！夫唯禽兽无礼，故父子聚麀。是故圣人作，为礼以教人，使人以有礼，知自别于禽兽。"（《礼记·曲礼》）圣人制定礼仪是使人的行为合乎道德规范，使人的行为和禽兽区别开来，所以，礼仪是人际交往中不可缺少的行为规定。

关于"礼"的内涵，荀子说："礼者，法之大分，类之纲纪也。"（《荀子·劝学篇》）礼是法制的前提，事物的规范。"礼者，贵贱有等，长幼有序，贫富轻重皆有称者也。"(《荀子·富国篇》)"礼也者，贵者敬焉，老者孝焉，长者悌焉，幼者慈焉，贱者惠焉。"(《荀子·大略篇》)礼还规定对尊贵的人要恭敬，对老人孝顺，对年幼的人要慈爱，对地位低下的人要施恩惠。"人无礼，则不生；事无礼，则不成；国家无礼，则不宁。"(《荀子·修身篇》)这里可以看出，"礼"虽然具有一些约束性，但不具有强制性，仍然是属于仁德的范畴。

由此可见，荀子的"礼"的内容包括政治法律制度、社会等级制度、道德规范以及行为准则等。"礼"是制定法律的总纲，又是以法类推的各种条例的纲要。"礼"还对社会人群的等级名分进行明确的规定，使之贵贱有别，长幼有序。这样，社会就有序了。"礼"还包含仁、义、忠、孝、慈、惠等道德范畴以及各种礼节和人际交往中的行为准则等。

在儒家看来，管理的前提条件是"礼"之对社会的广泛适用，是人们对组织的礼的认同和遵循。管理，即是以"礼"为手段将人们有机地结合起来而实施的有组织的行为活动。儒家的"礼"实质是外部规范在作为人这一组织要素的内化，即是说，这种规范在一定程度上依靠着人格的塑造，所以是有着巨大的约束力并具有持久性的。

以"礼"来维系、规范和调节人际关系，从而实现组织的稳定性目标，与以"法"或其他强制性手段来维护组织，从方法上说，具有本质的不同。"法"是组织强加于个人的，而"礼"虽有从组织或从群体来的带有某种强制性的东西，但很大部分却是由个人自身以自觉方式实行的。"礼"实质上是组织规范在组织要素（即个人）的内部结构中的功能性植入。因此，"礼"需要通过人格塑造来完成这种植入。随着人格塑造的完成，"礼治"的组织人本主义的实质也就可以实现了。

"礼"的重要价值在于"养人之欲，给人之求。"(《荀子·礼论篇》)人有各种欲求是人的本性，荀子对人的欲求不是"寡欲"更不是"灭欲"，而是"养欲给求"，这种"养"和"给"不是无限制的，而是有节制的"养"和"给"。荀子说："欲虽不可尽，可以近尽也；欲虽不可去，求可节也。所欲虽不可尽，求者犹近尽；欲虽不可去，所求不得，虑者欲求也。道者，进则近尽，退则节求，天下莫之若也。"(《荀子·正名篇》)即是说，按照"礼"的规定，尽量满足人的欲求；同时又用"礼"的规定节制人的欲求。"从人之欲，物不能赡也"，只有用"礼"来调节人的欲望，并限制在一定程度上和一定范围之内。荀子强调"礼以顺人心为本"(《荀子·大略》)，人心和顺，按礼仪之规定行事，则人心尚善，从而具有内在的道德自律性。

儒家"道之以德，齐之以礼"的思想对现代领导行为具有重要的启迪。如果"道之以政，齐之以刑"实施管理，员工可能服从、守规矩，但他们只是在按照规章制度办事，却不会积极主动地工作，他只求干好分内的事而不思考其他的是非观念。人人都在工作，生产效率却不高；脸上没有了笑容，工作失去了意义。而"道之以德，齐之以礼"进行管理，人们首先会产生明确的是非观念，能够自己做出判断该干什么不该干什么，因为他的思想境界已经到了一个较高的层次，他的道德修养驱使他这样做。他服从命令听指挥，他守规矩不出格，这一切不是来自于组织的严格要求和管理，而是来自于他的高度"自律"。

然而，现实中大多数管理者往往会选择"道之以政，齐之以刑"的所谓的"制度化管理"。无可否认，"制度化管理"是能够取得一定的成果。可是，通常会出现这样一种新情况：员工们总是努力寻找管理制度的漏洞，而且他们总是能够找到。正所谓"上有政策，下有对策"。这样一来，管理就成了管理者与员工之间的"斗争"，于是很多企业的管理制度越来越细致，也越来越多。这种情况的出现是理所当然的，因为"制度化管理"不能够做到使员工"有耻"。当"制度化管理"发展到一定程度，就会出现人心涣散的结果。

在儒家看来，领导是一种教育，目的是让人们有品德，让人们有羞耻感，并且赢得人心。而这一点的前提是领导者必须能够担任这一教育角色，也就是做到"道之以德，齐之以礼"。领导的价值在于帮助员工成长。要想帮助员工成长，就是帮助员工形成意识和责任感。一个人对自己没有意识到的东西很少有主动思考和主动行动，当员工在领导的帮助下，意识到了某个事情该做，员工的责任感就树立了，员工对目标和行动步骤有了自主权，这个时候，意识和责任都同时具备了，行动的效果就与众不同了。

补充知识

讲话不疾不徐，娓娓而谈的鲍勃·科卡伦（Bob Corcoran）谈到 GE 的领导力发展的话题，镜片后的眼睛里光芒闪烁。"我们很少招募只有专业知识而没有领导力的人。"他的观点非常鲜明。鲍伯·科卡伦已经为这家公司服务将近 22 年，自言"像一场漫长的婚约"。

他在通用电气公司（GE）担任"首席教育官"（Chief Learning Officer，CLO），这个职位在大多数公司是很少见的。

在 GE，领导力发展的系统和文化历久弥深，一定程度上可以说，公司已经把这一点当作战略发展的一个侧面，而并非一般意义上单纯的人力发展。

领导力和自我领导力

GE 每年都招募大批的年轻毕业生，有工程、销售、财务等各方面的人才，公司会去仔细观察，发现他们的潜能，培养他们的领导力。"我们很少招募只有专业知识而没有领导力的人。"科卡伦说。他的理解中，一个好的领导人绝不只是规划前景，而会给团队一个明确的目标，提供充分的资源，给员工充分发挥自身能力的自由，能激励别人去达到大伙共同的目标，这个人还要有出色的影响力，具有热情和激情，能令大家热爱自己的工作，自觉为公司的目标努力奋斗。

"另外，一个好的领导人绝不是机械地教下属怎么做事，而会启发他们思考，给别人留下发挥潜能的余地，而且让员工感受到你对他们的关心。"

基层员工的领导力何以得到体现呢？科卡伦对这一点的回答是，对领导力的理解并非那么狭窄，并不是只有在领导岗位上的人才需要领导力，一个基层的员工也应该具有自我领导力，对自身具有高标准的要求，不断学习，并对工作保持热爱之情。

公司需要愿意挑战自我的人。那些乐于学习和迎接挑战、自我要求比较高的人会以身边优秀的人作为尺度，渴望做得更好，所谓见贤思齐。在 GE，工作并不容易，竞争和挑战的氛围很浓，公司需要发现能够自然适合这种文化的人。比如在一场考试中，如果测试的结果相当理想，已经处在前面 5％ 的水平，仍会有些学生并不满足，会重新审视试卷找出错误，有时他们会经过反复核算，坚信自己是对的，然后找到教授加以证明。"我们喜欢这样的人，我们寻找这样的人，因为他们具有最大程度的自觉。"

员工获取的不仅是知识，更有智慧

科卡伦认为，从长远看，一定要关注企业所赋予员工的价值，他们从职业生涯中得到的不应仅是某个方面的专业知识，还要拥有智慧，而后者更为重要。他的理解，只有在实践中遇到了问题并加以解决，才会得到智慧。"打个比方，如果告诉一个两岁的小孩子，别碰炉子，说上 100 遍，他记住了，就会得到知识；但如果他碰了炉子，烫疼了，这时得到的就算是智慧了。"科卡伦笑着说。

最佳的学习方式就是亲自去做，而不是坐在教室里等着被告知该去干什么。GE 很多时候会把事情交给员工去做，加以进一步的关注，留意他们的反馈，鼓励员工在做事的过程中进行探索、去挑战自我，犯错误也是学习和发展的机会，但要有机制的保障，有问题及时发现、及时处理，并设定固定程序，防止这样的错误再次重复。

"一个员工在工作中犯了错误，我们不会生气；但如果在相同的情况下再次犯了相同的错误，我们会非常生气，因为这意味着他没有思考和进步。"

过去，GE 的员工有更多轮岗的机会，让他们在不同的位置上尝试，不过现在岗位的更换不再那么频繁了。科卡伦对这一点的看法是，频繁的轮岗在一定程度上会影响某个专业方向上的沉淀和积累。"许多人讲起话来，乍一听像是达到了对总经理的要求，各种话题都能谈及，但缺乏真正的深度，只适合社交场合。"

希望在短期内迅速成才的想法是错误的，职业经理人需要在实践中不断磨炼。每年 GE 用在教育培训方面的花费大约 10 亿美元，在公司内部提供 6000 多种课程。在培训项目中的老师，一半来自高校和咨询公司，另外的来自公司内部，往往是各个职能部门的领导人。学院派的概念、理论和模型能够给人相当的启发，但他们并不接触真切的公司实务运作，而各个部门的领导人就可以更好地讲授如何把这些理念应用到实践中去。

资料来源：让每一个员工发展自我的领导力［N］．第一财经日报，2005－9－10

第三节　无为而治

趣味阅读

孔子的学生宓子贱和巫马期曾先后出任单父的地方官。宓子贱做单父的地方官，大家只见他整天弹琴作乐，悠闲自得，然而在他的治理下，单父这地方生活富足，人心安定。后来，宓子贱离开了单父，接替他的是巫马期。巫马期每天天没大亮就出去了，一直忙到夜里繁星密布才疲惫不堪地返回公堂，好不容易才将单父治理好。人们称宓子贱为"君子"，而巫马期"虽治，犹未至也"。

一、天道无为

孔子曰："无为而治者，其舜也与？夫何为哉？恭己正南面而已矣！"（《论语·卫灵公》）意思是，无为而治，那是舜帝吧，舜帝是怎么做的呢？那就是端正自己从而君临天下。孔子的"无为而治"渊源于作为价值之源的"天道"。孔子一再慨叹的"天何言哉？"《论语》中还有这样一则材料："子曰：'予欲无言。'子贡曰：'子如不言，则小子何述焉？'子曰：'天何言哉！四时行焉，百物兴焉，天何言哉！'"（《论语·阳货》）孔子教育弟子时，行不言之教。孔子认为，"天"并不说话，然而四季自然交替，有序运行，万物自然生长，生机勃勃，这就是天顺应万物自己固有规律的无为而治。

在孔子的语境中，天有"能言而不言之意"。天无意运作、无心运行，而"四时行焉，百物生焉"，冯友兰解析此为天之"无为而治"。① 天道"无为"而万物生，那么作为治道的人道也只能则天而行，"无为而治"；天道以"德"生物，人道以"德"治民。孔子曾如此喻政："为政以德，譬如北辰，居其所而众星共之"（《论语·为政》）。北极星居其所，而众星围之而环绕。孔子以天象言政，言在上者处其位而天下归之。

二、养民化民

孔子通过"无为而治"的途径治国理民，以实现有道之世。"无为而治"虽具有理想性，但其并非向壁虚造，而是植根于具体的现实基础之上。《论语·为政》有这样的一段孔子与弟子的对话："子适卫，冉有仆，子曰：'庶矣哉'。冉有曰：'既庶矣，又何加焉？'曰：'富之'。曰：'既富矣，又何加焉？'曰：'教之。'"可见为政有三个阶梯：庶民、富民、教民。既然人趋利就实，那么在上者就要因势利导，满足人腹饱身暖的基本要求。作为上者，不能尸位素餐，仅仅满足于一己之意欲，而应以天下之民之足为足，"百姓足，君孰与不足；百姓不足，君孰与足？"（《论语·颜渊》）孔子释"从政""五美"之"惠而不费"为"因民之利而利之"（《论语·尧曰》）。足民、利民的具体措施则是"节用而爱人，使民以时"（《论语·学而》）。但孔子的理想不仅仅停留于此，足民、利民非"无为而治"的本旨，此仅为"无为而治"的前提和基础，"无为而治"关涉民之生计，更关涉民之道德、民之风尚。在"饱食"之后，意欲导民之"用心"，"用心"于道德的修养，使其习礼俗，明人伦。故孔子不仅意欲养民，也意欲教民，使其趋善。由此观之，无富乃无以养民；无教，乃无以化民；养民是化民之前提，化民是养民的归宿。化民之术一般而言有言教、身教。鉴于民之根基，孔子侧重于身教。身教，即在上者以身作则、身垂行范，精进于道德修养，使己有君子人格、圣贤气象，在下者自然仰慕于上者之风范，熏染于在上者之气息，从而自我振作、自我完善。

孔子在勾画其心目中的圣人舜的治理天下时直接提出了"无为而治"。舜是孔子推崇之人，舜世是孔子憧憬之世，然舜何以行其治？只是修德于己的"恭己"而已。朱熹的注释是"无为而治者，圣人德盛民化，不待其有所作

---

① 冯友兰. 中国哲学史（上）[M]. 上海：华东师范大学出版社，2000

为。""为政以德，则无为而天下归之"，并引程颐等人之注："为政以德，然后无为。""为政以德，则不动而化、不言而信、无为而成。所守者至简而能御烦，所处者至静而能制动，所务者至寡而能服众。"（《论语集注》）朱熹的这些解释是说，只要统治者"为政以德"，那么他就像北斗星一样，即使自己不动，臣民们也会像众星那样，自然而然以他为中心，衷心拥戴他了。可见，"无为而治"并非不作为，而是居上位者"为政以德"。而"为政以德"，宋人董铢曾如是解释："为政以德，不是欲以德去为政，亦不是块然全无作为，但修德于己而人自感化。"（《朱子语类·论语五》）李允升《四书证疑》辨析"为政以德"时云："既曰为政，非无为也；政皆本于德，有为如无为也"；"为政以德，则本仁以育万物，本义以正万民，本中和以制礼乐，亦实有宰制，非漠然无为也。"李氏此一辨析"无为"与"德治"甚为妥帖透辟，刘宝楠称誉为"足以发明此注之意"。由此可知，孔子的"德治"即"以德化人"。"以德化人"乃以上者人格楷模感化众民，故有为犹无为。徐复观也曾以"无为"评价孔子德治思想："不妨这样说，孔子在政治上的无为思想，极其究，乃是要以教育代替政治，以教育解消政治的思想。这是德治最主要的内容。"①

在荀子那里，君无为是就具体事务而言，为君之道主要是致力以礼义修身。"闻修身，未尝闻为国也。君者，民之原也；原清则流清，原浊则流浊。"（《荀子·君道》）"且上者，下之师也，夫下之和上，譬之犹响之应声，影之像形也。"（《荀子·强国》）这与孔子"政者，正也。子帅以正，孰敢不正"，都是讲人君以身作则的身教作用、内圣与外王的统一。这种垂范和感化的不言之教，是一种"壹于道"的"无为之治"。

对现代企业管理来说，所谓"养民"意味着每一企业都应该在不断提高生产能力的同时，也要不断增加职工的收入，改善职工的生活条件。在儒家的观点看来，领导还包含着施教于被管理者。就人的本质来说人是社会化的存在物，因此，人人都有自尊、自立、自强的欲求，为此每一个人都有学习求知识的要求，都希望获得教育和成长。管理活动中的施教，一方面，要施以道德的教育，如日本松下公司的商学院，用儒家的《大学》、《论语》、《孝经》来教育他的干部，用儒家的伦理来教育和提高他们的道德素质。另一方面，要施以技术和技能的教育，对职工进行再培训和知识更新的再教育，目的在于提高职工的知识和技术水平。

总之，儒家认为治理天下，关键不是如何制定法律政策去统治别人，而在于提高君主自身的道德修养，倘若君主通过自己的道德"有为"，在道德修养

157

---

① 徐复观．中国思想史论集［M］．上海：上海书店出版社，2000

上达到一定的境界，能够给臣民作出表率，对臣民进行潜移默化的道德感召，那么就能达到"其身正，不令而行"的无为而政令可行的效果，就可以达到"无为"而天下大治的境界了。

三、简政宽民

"无为"也指"简政宽民"。所谓简政，是指为政要抓大体，不烦琐，以简单的方式来行政；所谓宽民，主要是指减轻人民的负担，让老百姓在宽松的环境里生活。《论语》记载：仲弓曾向孔子请教子桑伯子这个人为政的优劣问题，孔子回答说："可也，简。"认为子桑伯子为政简单的好。但他同时又认为，简单并不是粗略、马虎，对待政事不严肃认真，而是应该做到"居敬而行简，以临其民"。对待政事首先要在思想上是严肃认真的，然后以简单的方式来施政，抓大体，不烦琐。这就清楚地表明，孔子所说的简政就是要求为政者严肃认真地对待政事，而在施政的过程中应当尽可能简单，如果太复杂烦琐，老百姓就会"无所措手足"。可见简政的目的实际上也就是为了宽民，给老百姓的生活造成一种宽松的环境。从为政者的角度看，采用宽民的政策具有十分重要的意义，因为"宽则得众"，能得到老百姓的拥护。如果得到了老百姓的拥护，就会政兴人和，本固邦宁。

补充知识

管理之神松下幸之助说："当你领导10个人的时候，你要走在最前面，领着大家去干；当你领导100个人的时候，你应该在中间，协调周围的各种关系；当你领导1000个人的时候，你必须在后面，掌握全局，把握方向！当你领导1万个人的时候，那么你惟一能做的事就是祈求上天保佑。"其实，所谓祈求上天保佑，就是顺道无为，使自己的思想符合自然，符合天人合一的准则。

儒家这一思想对现代管理中的授权行为有启迪意义。

作为领导必须学会正确授权。正确授权可以减少领导者工作负担，使领导者不被细小事务缠绕导致身心疲劳，集中精力处理更重要更大的问题；授权也是对下属的一种信任，事无巨细的领导不仅对领导者本人不利，还会让下属感到不被信任，下属创造力未能得到充分发掘；正确授权会调动下属积极性，权力是一种重要的激励方式，赋予下属一定的权力是对有权力需要下属的满足；

授权有利于领导发现人才，锻炼人才，培养人才；授权有利于团队建设，正确授权有利于各级管理者之间、管理者与员工之间沟通，加强协调，团结共事，有利于发挥专长，互补不足，提高组织的整体力量；正确授权有利于避免领导专断，降低错误决策风险，减小错误决策的发生，甚至减小错误决策所造成的损失。

才智过人的诸葛亮为蜀汉丞相，工作勤勤恳恳，每日起早睡晚，各种事务都要亲自处理，亲自过问，"自校簿书"，"罚二十以上亲览"，以至积劳成疾，病逝军中。诸葛亮死后，蜀国明显人才缺乏，特别是没人能主持大局，这与诸葛亮不善于授权不无关系。西汉著名丞相陈平认为"宰相者，上佐天子，理阴阳，顺四时，下遂万物之宜；外镇抚四夷诸侯；内亲附百姓，使卿大夫各得任其职也"。从这点看，陈平更得儒家领导思想之精髓，更懂授权的道理。

四、选贤任能

儒家认为，管理者要达到"无为而治"的境界，在组织结构上还必须实行"君无为而臣有为"的管理方法。达到"无为而治"的境界，应该以"有为"为条件，其关键在于"任官得其人"。尧舜何以能"无为而治"呢？《大戴礼记·王言》曰："昔者尧左禹而右皋陶，不下席特天下治。"《新序·杂事三》云："王者劳于求人，佚于得贤。尧举众贤在位，重衣裳慕己无为而治。"在儒家看来，尧舜的"无为而治"主要归因于"任官而得其人"，也即思贤若渴，用人得当。可以说，孔子是这一思想最早的倡导者，他所谓的政治在某种意义上说就是主张贤人治国。《论语》记载："舜有臣五人而天下治。武王曰：'予有乱臣十人。'孔子曰：'才难，不其然乎？'"舜有五位贤臣，就能治理好天下。周武王也说过："我有十个帮助我治理国家的臣子。"孔子说："人才难得，难道不是这样吗？"鲜明地表现出孔子对贤人治国的倾慕之情。子产和管仲是春秋时期著名的贤臣，孔子对他们十分敬仰。他评价子产："有君子之道四焉：其行己也恭，其事上也敬，其养民也惠，其使民也义。"（《论语·公冶长》）对于管仲，他虽然略有微词，但当他的学生问他管仲是否可以称为"仁"时，他肯定地回答："桓公九合诸侯，不以兵车，管仲之力也。如其仁，如其仁。"并十分感叹地称赞道："管仲相桓公，霸诸侯，一匡天下，民到于今受其赐。微管仲，吾其被发左衽矣。"（《论语·宪问》）对管仲的敬仰之情溢于言表。对于同时代的贤臣，孔子也是十分敬重的。例如卫灵公无道，但卫国犹存，而且国政不乱。孔子讲"卫灵公无道啊"，季康子问："那照这样，为何不亡？"孔子说："仲叔圉管理接待宾客，祝鮀管理宗庙祭祀，王孙贾治理军队，那这样子，为何会亡？"（"仲叔圉治宾客，祝鮀治宗庙，王孙贾治军旅，夫如是，奚其丧?")(《论语·宪问》)充分肯定了贤臣在治理国政、维护国家稳定方面所起到的突出作用。

"君无为而臣有为"的管理思想，和现代管理学所提倡的"分级管理"理论如出一辙。日本土光敏夫在《经营管理之道》一书中主张"分级管理"，他指出，"一般说来，首脑只提出'目的'，各级主要负责人将它转为方针（达到目的的方法），一般工作人员将它转为工作步骤"。"分级管理"有利于管理者摆脱烦琐事务，集中精力抓全局性的"大事"，这和"君无为而臣有为"的管理思想在出发点和本质上都是一致的。

"无为而治"管理思想，究其实质而言，是以最小的领导行为取得最大的管理效果。在实际的管理行为中，表现为管理者"抽身谋大计"，着眼于全局，进行宏观控制，整体把握勇于放权，善于任人，用人不疑，使下属"有为"而己"无为"，从而达到无为而治的管理极致。

补充知识

高祖开辟汉家四百年江山，萧何居功至伟。刘邦、萧何曾同时为沛县官吏，萧何通晓法律、为人清廉、能判断事情大小轻重、办事干练，刘邦自然知道。自起兵之日起，便一直委以重任，深信不疑。萧何之见识非同寻常，从三件事可见一斑。一是沛公大兵攻陷咸阳，所有将领迫不及待瓜分金银财宝，独萧何不然。他关注的是军国大事所需要的法律、命令、图画、书籍，等等。沛公得以通晓天下大势，乃拜萧何之功。二是沛公率兵东进与各路豪杰争锋，最终击败项羽，关键是萧何留守关中，治理有方，源源不断为刘邦输送物资和部队。三是萧何月夜追韩信，为刘邦找到一个克敌制胜的军事天才，其胆识魄力令人称奇。天下大定，论功行赏，刘邦认为萧何功劳最大，所受封赏应该最高，并且巧用打猎的比喻说服众人。得一人而兴天下者，萧何真是当之无愧！而刘邦知人善任、用人不疑、论功行赏，亦可为万世表率。

留侯张良出身豪门，秦灭其国，遂抱复仇之志，然历十数年壮志未酬。时当陈涉反秦、天下大乱，张良也拉起一股人马，加入灭秦行列。为何他很快就追随刘邦，甘愿为其效力呢？原因是刘邦对张良的兵法和计谋十分欣赏，衷心接受。张良志在灭秦，为此隐姓埋名多年，终于找到知己。士为知己者死，是那个时代豪杰壮士之风尚。张良为刘邦所用，刘邦对张良则几乎是言听计从。留侯竭忠尽智，高祖从善如流，古往今来，少有如高祖留侯般的梦幻组合。留侯毕生妙算无数，举其大者可见端倪。第一次是沛公攻占咸阳，宫室、帷帐、名犬、良马、珍宝、美女，应有尽有。沛公心向往之，欲进驻皇宫。樊哙规劝不住。张良晓以大义，直谏"忠言逆耳利于行，良药苦口利于病"，沛公幡然悔悟，折回霸水之滨。第二次是韩信扫荡齐国，派使者与沛公讨价还价，条件是要沛公封他为"假齐王"。"汉王大怒，骂曰：'吾困于此，旦暮望若来佐我，乃欲自立为王！'张良、陈平蹑汉王足，因附耳语曰：'汉方不利，宁能禁信之王乎？不如因而立，善遇之，使自为守。不然，变生。'"沛公不愧为开国之君，瞬间明白大势所在，立刻接受张良、陈平之计。此乃汉朝开国史上最重要的关键时刻之一。假若沛公当日没有听从张良建议，历史可能重写。第三次是汉朝立国之初，诸将对高祖分封不满，又害怕高祖诛杀功臣，张良乃建议高祖即刻封赏他最讨厌的雍齿，天下之心遂安。辨真伪，识好歹，虚纳谏，是高明领导者最重要的素质，高祖无疑是佼佼者。

　　韩信出身寒微，先后追随项梁、项羽，皆不受重用，满腹经纶，无处施展。后经萧何力荐，成为刘邦麾下大将，才终成大器。为何韩信终于助刘邦一统天下呢？他有三次直接论及高祖为人，最清楚地说明了刘邦为何能够驾驭像韩信这样的军事奇才。第一次是刘邦拜韩信为大将之日，韩信嘲笑项羽徒有"妇人之仁、匹夫之勇"，反衬刘邦有王者之气，帝王之风。他将军事韬略毫无保留地告诉刘邦，高祖惊为天人，大有相见恨晚之叹。第二次是齐人蒯通力劝韩信自立门户，与沛公、项羽鼎足而三。韩信答曰："汉王遇我甚厚，载我以其车，衣我以其衣，食我以其食。吾闻之，乘人之车者载人之患，衣人之衣者怀人之忧，食人之食者死人之事，吾岂可以向利倍义乎！"韩信所言，正是高起、王陵所强调的高祖品德："所将下者因以予之，与天下同利也。"故诸将愿意为他效死力。第三次是韩信与刘邦论兵。上问曰："如我能将几何？"信曰："陛下不过能将十万。"上曰："于君如何？"曰："臣多多益善耳"。上笑曰："多多益善，何为为我禽？"信曰："陛下不能将兵，而善将将，此乃信之所以为陛下禽也。且陛下所谓天授，非人力也。"

第四节　中庸思维

　　孔子在《论语·雍也》中说："中庸之为德也，其至矣乎！民鲜久矣。"意思是说，中庸作为实行道德的法则，真是最正确的了。但是，长期以来，人们很少能把握这个法则。儒家认为，中庸是宇宙万物运动发展的基本条件和客观规律。《礼记·中庸》云："致中和，天地位焉，万物育焉"，即宇宙万物唯有各得其"中"，才能相依相生，化生万物。人的行为也要适合中道。

一、无过无不及

中庸是恰如其分地把握事物、协调矛盾的正确思维方法。任何事物都有一定的界限，超过或未到达一定的界限都要影响事物的质，势必向相反的方向转化，事情就不会有理想的结果。中庸要求人们做事恰如其分，不走极端。中庸的思维方法，是通过"中"、"和"显示事物对立面的同一性、质量互变关节点的辩证思维方法，从而克服决策思维的片面性，因而具有普遍的有效性、真理性的品格。

《中庸》曰："喜、怒、哀、乐之未发，谓之中。发而皆中节，谓之和。"要求人们内外合一，遵守中道。中节也就是合乎法度，做到了这一点，其"发"则正当有效。在企业管理中也是一样。在市场竞争、利益纷争中，管理者的行为如果是合乎法度的，那就是正当的，应当支持，必须执行。这是中庸思想的正当性原则。正当性原则首先表现为思虑中正。《中庸》强调："中也者，天下之大本也。""中"和"正"是联系在一起的，正是正直、正道之意，正如朱熹所说："中者，天下之正道。"对"中"的意义的落实离不开正，不偏不倚才为公正，明朝的王守仁在《传习录》中称为"大中至正"，认为此乃是伟大的最高的中道，可见"正"在中道里的重要性。"喜、怒、哀、乐之未发"，中正主要是正己。"正己而不求于人则无怨。"（《中庸》）企业管理者只要能够端正自己而不苛求别人，那么他的管理行为就可以减少和杜绝怨责。正当性原则还表现为有所作为。将思虑中正与权衡恰当结合起来，便是正当，即"发而皆中节"。这里的关键是要有所"发"，即知行合一，有所作为。《中庸》把这种正当性叫做"强哉矫"："故君子和而不流，强哉矫！中立而不倚，强哉矫！"矫是指坚强的样子。《中庸》一方面称发而中节"谓之和"，另一方面又主张"君子和而不流"，这是与"和而不同"的精神相一致的。

中庸包含着"无过无不及"的适度原则。"无过不及"的基本思想是领导者避免极端决策的重要思路。中庸的基本思想就是"以中为用"，反对"过"与"不及"，无"过"与"不及"，就是领导者在充分研究、分析"过"与"不及"两极间所有情况的基础上，决策时避免走向极端。在《论语·先进》篇中，孔子在回答子贡"师（子张）与商（子夏）也孰贤？"的问题时说："师也过，商也不及。"子贡又问："然则师愈与？"子曰"过犹不及。"这就是说过与不及都是不好的，因为它们都背离了"中"。显然，孔子是在告诉我们，在过度、不及和适中三种状态中，过度和不及都是不好的，中庸才是最好的。可以说，"过犹不及"的思想在一定程度上揭示了质与量的辩证关系，亦即度的观念。过与不及构成事物的两端，中是过与不及的连结点和分界点，就是我们所谓的"度"。这一思想在《论语》中随处可见："君子矜而不争，群而不党"（《卫灵公》），"君子泰而不骄"（《子路》），"君子尊贤而容众"（《子张》），等等，它们都是对事物的两个方面既考虑此，又照顾彼。

中庸之道反对"过"和"不及"，事实上就是反对走极端，倡导适度原则。因此，中庸之道包含着重要的辩证思想的合理因子。

孔子在社会和政治问题上主张要"以礼制中"。他说："礼乎礼！夫礼，所以制中也。"按照这种观点，合乎礼就是"中"，违反礼就是"过"或者"不及"。孔子以齐国的两位名相为例，说管仲衣食住行的奢华程度几乎与天子诸侯一样，这种越礼行为导致了他的过分；而晏婴在祭祀祖先和参加朝会时，祭品和衣着都过于粗陋寒酸，也是不依礼而行的表现。

在现代管理工作中，能不能把握好"度"，关系到工作开展的成败优劣。因此，掌握"适度"原则极为重要。作为一种思维方法，中庸其实就是"叩其两端"。在孔子看来，这里的"两端"即矛盾的对立双方，即对立双方的统一、协调、均衡的交叉点。因此，儒家认为，要执中，就必须反对过和不及两种错误倾向。因此，对管理者来说，在管理中执经达权而取其中，就既要坚持中正之道又敢于打破常规。就如在《孟子·离娄下》中孟子对成汤的称颂："汤执中，立贤无方。"

孔子指出："君子惠而不费，劳而不怨，欲而不贪，泰而不骄，威而不猛。"（《论语·尧曰》）即要求君子从政，要"因民之所利而利之"，既使民得到恩惠，又不使自己过度浪费，这就叫"惠而不费"；"择可劳而劳之"，选择百姓可劳作的时间和事情，适度地役使臣民，就不会因过度役使而产生怨恨，这就叫"劳而不怨"；君子虽提倡仁义但不禁止"六欲"（生死耳目口鼻之欲），虽有求利之欲望，但从不贪利忘义，这就叫"欲而不贪"；无论财富有多少，权力有多大，君子都不应骄傲，这就叫"泰而不骄"；君子应"正其衣冠，尊其瞻视"，不怒而威，这就叫"威而不猛"。"尊贤而容众，嘉善而矜不能"（《论语·子张》），"矜而不争，群而不党"，"贞而不谅"（《论语·卫灵公》），"周而不比"（《论语·为政》），"乐而不淫，哀而不伤"（《论语·八佾》），"温而厉，威而不猛，恭而安"（《论语·述而》）；等等，都是要保持"中和"的最佳状态。

二、时中

《论语》里面讲了孔子的这样一段故事："子华使于齐，冉子为其母请粟。子曰：'与之釜。'请益。曰：'与之庾。'冉子与之粟五秉。子曰：'赤之适齐也，乘肥马，衣轻裘。吾闻之也：君子周急不济富。'原思为之宰，与之粟九百，辞。子曰：'毋，以与尔邻里乡党乎！'"意思是，孔子的学生子华出使齐国，冉求替他的母亲向孔子请求补助一些谷米。孔子说："给他六斗四升。"冉求请求再增加一些。孔子说："再给他二斗四升。"冉求却给他八十斗。孔子说："公西赤到齐国去，乘坐着肥马驾的车子，穿着暖和轻便的皮袍。我听说过，君子只是雪中送炭，而不是锦上添花。"后来，孔子的另一个学生原思给孔子家当总管，孔子给他俸米九百斗，原思推辞不要。孔子说："不要推辞了，如果有多的话就接济你的乡亲们吧。"

同样都是自己的弟子，孔子对子华只是象征性的慰问，而对于原思却很大方。为什么孔子不一视同仁呢？一视同仁应该是做人的基本原则，在这里，孔子则按照"周急不济富"的原则进行了灵活处理。这就是"义"。

"时中"是领导者在决策过程中应该坚持的重要思想。所谓"时中"，就是在遵循原则性的同时，也要注意处理问题的灵活性。孔子说："可与共学，未可与适道；可与适道，未可与立；可与立，未可与权。"（《论语·子罕》）孔子强调在处理实际问题时要灵活运用"中"，在处理问题时要把握一个合适的度，而这个"合适的度"并不是固定不变的，要根据不同的事情、不同的场合、不同的人加以衡量，他称这种处理问题的方法为"通权达变"。"中"具有因时而变的特点，把中的原则性和时的灵活性结合起来，就更具有合理性。其中，权变和损益的思想也是时中思想的具体贯彻。权即权变，即具体情况具体分析。孔子认为，中并不是一成不变的，而应当随时间、条件的不同而变化。《礼记·中庸》云："君子之中庸也，君子时中也。"这句话明确提出了"时"与"中"的关系，指出"中"是随时而中，因时而中，是根据时机的变化，审时度势，灵活、适度地处理问题，而不是不分场合、不讲条件的随意中。然而，随时机和场合的变化，怎样才算恰当、适中，并没有一个固定不变的标准，执著于一个凝固不变的"中"，就走向极端，失去了"中"的意义。因此，中庸的"时中"思想对现代管理的领导决策思维具有深刻的启发意义，它提示决策者，要顺应时代和社会环境的变化，根据组织内部的实际情况，适时地调整决策的目标和方向，使组织的运转时时保持在和谐适中的状态。

孔子还有一句话最能说明中庸的这种"时中"的精神——"君子之于天地

也，无适也，无莫也，义之与比。"意思是，君子对于天下的事，没有规定要怎么干，也没有规定不要怎么干，只要怎样干合理、恰当，就怎么干。这话也算把"中庸"说透了。可以说，按照客观规律去办事，以达天地万物之和谐是中庸思想的题中要义。孔子的中是一种动态的概念，而不是一成不变的僵死的原则。所以，子思也说："君子之中庸也，君子而时中。"中庸要求人在任何情况下都要保持清醒的头脑，行为适度，言行得体，不片面，不冲动，不偏执，做事避免"过"或"不及"。

补充知识

在华为的核心价值观中，很重要的一条是开放与进取，这条内容在行政管理团队的讨论中，有较长时间的争议。华为是一个有较强创新能力的公司，开放难道有这么重要吗？由于成功，我们现在越来越自信、自豪和自满，其实也在越来越自闭。

我们强调开放，更多一些向别人学习，我们才会有更新的目标，才会有真正的自我审视，才会有时代的紧迫感。

清晰的方向来自灰度

一个领导人重要的素质是方向、节奏。他的水平就是合适的灰度。坚定不移的正确方向来自灰度、妥协与宽容。

一个清晰方向，是在混沌中产生的，是从灰色中脱颖而出，方向是随时间与空间而变的，它常常又会变得不清晰。并不是非白即黑、非此即彼。合理地掌握合适的灰度，是使各种影响发展的要素，在一段时间和谐，这种和谐的过程叫妥协，这种和谐的结果叫灰度。

妥协一词似乎人人都懂，用不着深究，其实不然。妥协的内涵和底蕴比它的字面含义丰富得多，而懂得它与实践更是完全不同的两回事。我们华为的干部，大多比较年轻，血气方刚，干劲冲天，不大懂得必要的妥协，也会产生较大的阻力。

我们纵观中国历史上的变法，虽然对中国社会进步产生了不灭的影响，但大多没有达到变革者的理想。我认为，面对他们所处的时代环境，人们的变革太激进、太僵化，冲破阻力的方法太苛刻。如果他们用较长时间来实践，而不是太急迫、太全面，收效也许会好一些。其实就是缺少灰度。方向是坚定不移的，但并不是一条直线，也许是不断左右摇摆的曲线，在某些时段来说，还会画一个圈，但是我们离得远一些或粗一些来看，它的方向仍是紧紧地指着前方。

我们今天提出了以正现金流、正利润流、正的人力资源效率增长以及通过分权制衡的方式，将权力通过授权、行权、监管的方式，授给直接作战部队，也是一种变革。在这次变革中，也许与 20 年来的决策方向是有矛盾的，也将涉及许多人的机会与前途，我想我们相互之间都要有理解与宽容。

宽容是领导者的成功之道

为什么要对各级主管说宽容？这同领导工作的性质有关。任何工作，无非涉及两个方面：一是同物打交道；二是同人打交道。

不宽容，不影响同物打交道。一个科学家，性格怪僻，但他的工作只是一个人在实验室里同仪器打交道，那么，不宽容无伤大雅。一个车间里的员工，只是同机器打交道，那么，即使他同所有人都合不来，也不妨碍他施展技艺制造出精美的产品。

但是，任何管理者，都必须同人打交道。有人把管理定义为"通过别人做好工作的技能"。一旦同人打交道，宽容的重要性立即就会显示出来。人与人的差异是客观存在的，所谓宽容，本质就是容忍人与人之间的差异。不同性格、不同特长、不同偏好的人能否凝聚在组织目标和愿景的旗帜下，靠的就是管理者的宽容。

宽容别人，其实就是宽容我们自己。多一点对别人的宽容，其实，我们生命中就多了一点空间。

宽容是一种坚强，而不是软弱。宽容所体现出来的退让是有目的有计划的，主动权掌握在自己的手中。无奈和迫不得已不能算宽容。

只有勇敢的人，才懂得如何宽容，懦夫绝不会宽容，这不是他的本性。宽容是一种美德。

只有宽容才会团结大多数人与你一齐认知方向，只有妥协才会使坚定不移的正确方向减少对抗，只有如此才能达到你的正确目的。

没有妥协就没有灰度

坚持正确的方向，与妥协并不矛盾，相反妥协是对坚定不移方向的坚持。

当然，方向是不可以妥协的，原则也是不可以妥协的。但是，实现目标过程中的一切都可以妥协，只要它有利于目标的实现，为什么不能妥协一下？当目标方向清楚了，如果此路不通，我们妥协一下，绕个弯，总比原地踏步要好，干吗要一头撞到南墙上？

在一些人的眼中，妥协似乎是软弱和不坚定的表现，似乎只有毫不妥协，方能显示出英雄本色。但是，这种非此即彼的思维方式，实际上是认定人与人之间的关系是征服与被征服的关系，没有任何妥协的余地。

"妥协"其实是非常务实、通达权变的丛林智慧，凡是人性丛林里的智者，都懂得恰当时机接受别人妥协，或向别人提出妥协，毕竟人要生存，靠的是理性，而不是意气。

"妥协"是双方或多方在某种条件下达成的共识，在解决问题上，它不是最好的办法，但在没有更好的方法出现之前，它却是最好的方法，因为它有不少的好处。

妥协并不意味着放弃原则，一味地让步。明智的妥协是一种适当的交换。为了达到主要的目标，可以在次要的目标上做适当的让步。这种妥协并不是完全放弃原则，而是以退为进，通过适当的交换来确保目标的实现。相反，不明智的妥协，就是缺乏适当的权衡，或是坚持了次要目标而放弃了主要目标，或是妥协的代价过高遭受不必要的损失。

明智的妥协是一种让步的艺术，妥协也是一种美德，而掌握这种高超的艺术，是管理者的必备素质。

只有妥协，才能实现"双赢"和"多赢"，否则必然两败俱伤。因为妥协能够消除冲突，拒绝妥协，必然是对抗的前奏；我们的各级干部真正领悟了妥协的艺术，学会了宽容，保持开放的心态，就会真正达到灰度的境界，就能够在正确的道路上走得更远，走得更扎实。

坚决反对完美主义

什么是职业化？就是在同一时间、同样的条件，做同样的事的成本更低，这就是职业化。市场竞争，对手优化了，你不优化，留给你的就是死亡。思科在创新上的能力，爱立信在内部管理上的水平，我们现在还是远远赶不上的。要缩短这些差距，必须持续地改良我们的管理，不缩短差距，客户就会抛弃我们。

的确，我们要有管理改进的迫切性，但也要沉着冷静，减少盲目性。我们不能因短期救急或短期受益，而做长期后悔的事。不能一边救今天的火，一边埋明天的雷。管理改革要继续坚持从实用的目的出发，达到适用目的的原则。

我们从一个小公司脱胎而来，小公司的习气还残留在我们身上。我们的员工也受20年来公司早期的习惯势力的影响，自己的思维与操作上还不能完全职业化。这些都是我们管理优化的阻力。由于我们从小公司走来，相比业界的西方公司，我们一直处于较低水平，运作与交付上的交叉、不衔接、重复低效、全流程不顺畅现象还较为严重。

在管理改进中，要继续坚持遵循"七反对"的原则：坚决反对完美主义；坚决反对烦琐哲学；坚决反对盲目的创新；坚决反对没有全局效益提升的局部优化；坚决反对没有全局观的干部主导变革；坚决反对没有业务实践经验的人参加变革；坚决反对没有充分论证的流程进行实用。

我们不忌讳我们的病灶，要敢于改革一切不适应及时、准确、优质、低成本实现端到端服务的东西。但更多的是从管理进步中要效益。我们从来就不主张较大幅度的变革，而主张不断的改良，我们现在仍然要耐得住性子，谋定而后动。

因地制宜实事求是

西方的职业化，是从一百多年的市场变革中总结出来的，它这样做最有效率。穿上西装，打上领带，并非是为了好看。我们学习它，并非是完全僵化地照搬，难道穿上中山装就不行？

我们20年来，有自己成功的东西，我们要善于总结出来，我们为什么成功，以后怎样持续成功，再将这些管理哲学的理念，用西方的方法规范，使之标准化、基线化，有利于广为传播与掌握并善用之，培养各级干部，适应工作。

只有这样我们才不是一个僵化的西方样板，而是一个有活的灵魂的管理有效的企业。看西方在中国的企业成功的不多，就是照搬了西方的管理，而水土不服。一个企业活的灵魂，就是坚持因地制宜实事求是。这两条要领的表现，就是不断提升效率。

我们从杂乱的行政管制中走过来，依靠功能组织进行管理的方法虽然在弱化，但以流程化管理的内涵，还不够丰富。流程的上、下游还没有有效"拉通"，基于流程化工作对象的管理体系还不很完善。组织行为还不能达到可重复、可预期、可持续化的可值得信赖的程度。人们还习惯看官大官小的指令来确定搬道岔。以前还出现过可笑的工号文化。

工作组是从行政管制走向流程管制的一种过渡形式，它对打破部门墙有一定好处，但它对破坏流程化建设有更大的坏处。而我们工作组满天飞，流程化组织变成了一个资源池，这样下去我们能建设成现代化管理体系吗？一般而言，工作组人数逐步减少的地方，流程化的建设与运作就比较成熟。

我们要清醒地认识到，面对未来的风险，我们只能用规则的确定来对付结果的不确定。只有这样我们才能随心所欲，不逾矩，才能在发展中获得自由。任何事物都有对立统一的两面，管理上的灰色，是我们生命之树。我们要深刻理解开放、妥协、灰度。

资料来源：任正非. 管理的灰度 [N]. 商界评论，2010（4）

第六章

儒家组织行为

受儒家文化深深影响的东方文化圈中，存在一种伦理型的组织理念与组织形态。这样的组织都是以家庭关系为基础，以"家"为原型的。它倡导明分使群、因材任使的组织管理方式，儒家的核心概念"义"、"仁"包含着对组织社会责任的深刻体认。

第一节　迥异的组织形态

一、西方官僚制组织形态

被誉为现代组织管理之父的德国社会学家 M. 韦伯在 20 世纪初提出了现代组织的官僚制理论。他认为这种组织应具有如下特征：①根据合理的劳动分工，明确规定成员履行职责的权利和义务，并且把这些权力和责任作为正式职责而使之合法化。②官职的组织遵循等级制原则，即每一个较低的官职处于一个较高的官职的控制和监督之下。③根据通过正式考试或训练和教育而获得技术资格来挑选组织中所有成员，并采取任命而不是选举形式。④行政管理人员应完全和生产资料所有权分开，生产资料只是供其使用。⑤行政管理人员的报酬是固定薪金，薪金级别主要按照等级制的分类。⑥行政管理人员要遵守有关他的官方职责的严格规则、纪律，这些规则和制约将不受个人情感的影响。

韦伯认为，这种官僚制集权管理是最为合理的组织形式。他说："经验一般倾向于表明，从纯技术的观点看，纯粹的官僚式形式的行政组织（即各种独裁式的官僚制）能够实现最高效率，从这个意义上说，它是对人实行强制控制的最合适的已知手段，它在精确性、稳定性、纪律的严格性和可靠性方面都优先于其他任何形式。"① 韦伯的官僚制集权管理模式奠定了西方现代组织理论的基础，以这种模式建立的组织乃当今世界大多数组织的主要组织形式。

二、东方伦理型组织形态

与上述组织形态相异，受儒家文化深深影响的东方文化圈中，存在一种伦理型的组织理念与组织形态。儒家组织理论以宗法关系为中心，强调组织中的血缘等级关系。这样的组织都是以家庭关系为基础，以"家"为原型的。"国家"两字概括了儒家组织理论对组织的理解，家是缩小的国，国是放大的家。儒家组织理论调节下至家庭上至国家的一切组织。君臣、父子、夫妻、兄弟、朋友五伦关系构成严密的社会关系网。在这一组织网络中，每一种身份都有一套与之相应的角色模式，君为臣纲，夫为妇纲，父为子纲。其中君臣和父子关系最为重要，而父子关系是君臣关系的原型，君臣关系是父子关系的再现和展开。君与臣、父与子，各自所处的地位不同，在组织中承担的权力和义务也不同。在父子关系中，建立父的威严和子的顺从是父子关系的基本内容。父子之间的权威与服从关系，奠定了儒家组织结构中的个人和组织行为规范，从而提供了判断个体和组织行为合理化的准则。

维持组织结构的是"忠"、"孝"伦理关系。孔子认为，"忠"、"孝"是"为仁之本"。在宗法血缘关系的社会组织制度中，子要对家长"孝"，臣要对君"忠"，"忠"、"孝"伦理表达了等级之间权威与服从的关系。"忠"、"孝"伦理不仅成为调整儒家组织内部人们行为规范的道德准则，为维护组织内部的等级秩序，提供了伦理道德依据，而且成为维系内部等级结构的组织力量。"忠"、"孝"作为家族式组织内部的黏合剂，起稳定等级制结构、增强组织凝聚力的作用。

西方官僚组织体制的主要特征是理性化和非人格化。注重人的工具理性，并使理性演化为控制人性以获得利益的机制，这造成了组织内部人际关系的疏离与对抗，以致反而降低了组织运转的效率。受儒家组织管理思想的影响，家族式组织管理走上了一条与西方现代组织管理不同的道路。儒家文化的这种组织理念在近代以来的日本得到了运用和创新发展。并在实际经营活动中产生了独特的组织风格。日本式的企业，将儒家传统家族组织中对家长的"忠"、"孝"，转变为对公司的"忠"、"孝"，公司这个"家"是所有成员的命运共同

---

① ［德］M. 韦伯. 社会经济组织理论. 组织理论精粹［M］. ［英］D. S. 皮尤. 北京：中国人民大学出版社，1990

体，形成很强的集团主义意识。与现代西方官僚制集权组织形式相比较，家族式组织形态具有不同特征：组织内部对行政管理人员选择上既讲究"选贤"，又不排斥"亲亲"，广泛地依靠亲戚、朋友等关系网进行管理。在家族式组织内部，利用个人情感力量，讲究下属对上司的"忠"、"孝"。企业的内在凝聚力是通过下属对上司的"忠"、"孝"来表现出来的。

日本式管理的企业内部形成终身雇佣制、年功序列工资制和集体决策制三大支柱，这些都是日本企业维持亲密型人际关系的表现，而这些制度却又是经过改造的中国儒家家族主义文化传统。由于实行家族式经营，内在血缘联系和家族利益要求使日常运作管理排斥了不必要的阻碍，决策的程序更为顺畅，公司日常运作管理较为灵活和统一。家族式组织注重未来发展目标和长远投资。重储蓄、节消费的儒家传统道德观念在家族式组织中得到充分的体现。在组织内部重视个人感情关系，在上下级之间建立家庭式的互相感应关系，同舟共济，形成较强的内在向心力。家族式组织的这些特点，作为促进经济成长的组织要素，为日本及东亚其他地区的经济繁荣作出了贡献。

尽管家族式组织的具体形态随着社会发展发生了变化，但家族式组织中追求亲密型的人际关系，注重组织内部集体配合的精神在现代化社会仍具有重要的积极意义。这种亲密感构成了组织内部凝聚力的基础。

补充知识

宗庆后认为，娃哈哈倡导的企业文化不仅是全体员工的共同理念和认知体系，亦是娃哈哈实行以人为本管理的重要内容之一，为企业的发展奠定了最重要的基础。23年来，娃哈哈坚持培育和发展"家"文化。这个"家"包含了"小家"，即员工个人；"大家"，即企业；以及"国家"三个方面的含义。娃哈哈就是通过照顾好员工这个"小家"，依靠员工的全体努力发展企业这个"大家"，同时也让广大员工共享企业发展的成果，使"小家"安居乐业；在发展"小家"和"大家"的基础上，竭尽全力履行社会责任，报效国家。

娃哈哈把每位员工都当作自己的家庭成员一样看待。对有困难的退休工人、病弱职工以及长期驻外员工，在体检、探亲、子女上学等方面给予多方照顾。富裕起来的员工，成长就成为他们的迫切愿望。为了满足员工成才需求，公司每年拿出数百万元作为培训经费，通过"请专家进来"、"送员工出去"等方式对员工进行培训，满足员工成长成才需要。

世界上任何事都是人干出来的，只要调动了人的积极性，任何奇迹都可以创造出来。因此，娃哈哈坚持人性化的管理，一方面经营者要做到强势开明，既强调严格管理、令行禁止，又注重民主，广泛吸收员工意见与建议；另一方面亦注重对员工恩威并重，通过想员工所想，急员工所急，使员工通过分享企业发展成果不断提高收入水平和生活质量，使员工爱企、爱岗。同时，当员工工作不努力、犯错误时亦采取铁面无私的方法让员工接受公平、公正的处罚。娃哈哈以人为本的管理方式为娃哈哈长期快速、健康发展发挥着重要的保驾护航的作用。

此外，通过建立激励机制和竞争机制来满足员工的物质和精神需求。如娃哈哈全员持股，而且是按贡献按能力持有不同等级的股份，让员工利益与企业发展相挂钩。对突出贡献者甚至实施住房、轿车等重奖措施。同时每年通过评定各类先进予以精神激励，使先进员工成为大家羡慕的对象。

但是光有激励机制时间长了亦会产生惰性，为了让企业保持持久的活力，娃哈哈还建立了竞争机制。每年通过竞争上岗让广大干部员工总结自己的工作业绩及下一步的工作思路，发动员工进行评定，对业绩优良、思路明确的予以重用，并予以晋升工资与股权级别，而对业绩不好又没有思路的则要求换岗降级。

实践证明，通过"家"文化的熏陶和以人为本的管理机制，娃哈哈培养了一支拉得出、打得响、过得硬且对企业高度忠诚的员工队伍，而且队伍非常稳定，流动率低，精神风貌好，成为娃哈哈事业腾飞的重要保证和依靠。

宗庆后认为，办企业，无论是处在中小企业阶段，还是大企业阶段，只要能办好企业，养好员工，创造利税，就是一种为社会尽责的表现。中国的中小企业解决了大多数务工人员的就业问题，而大型企业，应该利用雄厚的实力做好科研开发，保证好产品质量，同时带动产业链下端的中小企业，促进整个产业的做强做大。

企业在自身健康发展的同时，也要积极参与社会公益事业。娃哈哈自成立那天开始，就秉承"健康你我他，欢乐千万家"的企业宗旨，支持社会公益事业，捐资建造校舍，积极应对危机，赞助文化事业，帮扶社会弱势群体，迄今为止在社会公益方面的投入超过 2.6 亿元。2009 年，娃哈哈慈善基金成立，也标志着娃哈哈慈善公益事业常态化、机制化。

资料来源：娃哈哈的"家文化"［N］．重庆晨报，2010－12－6

第二节　明分使群

儒家认为，组织的有效运行需要整个组织的分工与合作，否则"一人之身，而百工之所为备，如必自为而后用之，是率天下而路也"。（《孟子·滕文公上》）

一、正名与明分

《论语》中这样一段话：子路曰："卫君待子而为政，子将奚先？"子曰："必也正名乎！"子路曰："有是哉，子之迂也！奚其正？"子曰："野哉，由也！君子于其所不知，盖阙如也。名不正，则言不顺；言不顺，则事不成；事不成，则礼乐不兴；礼乐不兴，则刑罚不中；刑罚不中，则民无所措手足。故君子名之必可言也，言之必可行也。君子于其言，无所苟而已矣。"意思是，子路问："假如卫君请老师去治理国政，您先做哪件事？"孔子说："一定要我做的话，那就是纠正各种名分了。"子路说："真的是这样吗？那老师未免太迂腐了吧！为什么一定要正名？"孔子说："真鲁莽啊，子路！君子对于自己所不知道的，应该保持沉默。如果名分不正，说话就不顺当；说话不顺当，则事就办不成；事办不成，则礼乐就无法复兴；礼乐无法复兴，则刑罚就不会恰当；刑罚不恰当，人民就惶惶然而不知所措了。所以，君子定下名分是为了保证说话顺当，说出来的话也要保证得到实施。君子对于自己的言语，要求做到一丝不苟而已。"孔子认为政治管理的第一要务便是"正名"，因为"名不正，则言不顺"，并且将由此引发出无数的问题："事不成"、"礼乐不兴"、"刑罚不当"、"民无所措手足"。

在荀子看来，人类之所以优于其他生物，关键在于人类的社会性——"群"。所谓"群"，也就是组织工作。关于"能群"，荀子指出："君者何也？曰：能群也。"荀子认为，管理者的职责就在于按一定的分工和等级把人们组织起来。所谓"君"，就是善"群"的人，即善于按照一定的原则把社会组织起来的人。组织社会的原则恰当，天下百姓和世间万物就能各得其所，各得其宜。[①]"群"是人类生来就具有的功能，而要使之成为现实的社会组织，就必

---

① 黎红雷．荀子的组织哲学与现代管理［J］．中山大学学报（社会科学版），1998（1）

须有"分"。荀子说"水火有气而无生，草木有生而无知，禽兽有知而无义，人有气有生有知且有义，故最为天下贵也。力不若牛，走不若马，而牛马为用，何也？曰：义。故义以分则和，和则一，一则多力，多力则强，强则胜物。故宫室可得而居也。故序四时，裁万物，兼利天下，无它故焉，得之分义也。"（《荀子·王制篇》）"人生不能无群，群而无分则争，争则乱，乱则离，离则弱，弱则不能胜物"，"争则必乱，乱则穷矣"。（《荀子·王制篇》）"分"即社会成员的"职分"，也就是解决人和人在生产活动中的地位和相互关系问题。从事生产劳动是艰苦的事情，往往是人们所不愿意干的，而对劳动果实的享用和占有，人们却争先恐后。如果人群中劳动和享受，事业和功利之间不用"分"予以明确规定，"则人有树事之患，而有争功之祸矣"，（《荀子·富国篇》）生产活动就难以正常进行了。另外，人的智愚、贤与不肖互不相同，能力也不一样，如果人群中没有一个能使智愚、贤不肖、能不能分别处于不同地位的"分"，人群中智不能使愚，贤不能使不肖，生产活动也不可能有效地进行。所以，"兼足天下之道在明分"，"无分者，人之大害也；有分者，天下之本利也。"（《荀子·富国篇》）确定人们在社会群体中的地位和上下关系，对社会生产活动极为重要，它是决定生产发展和社会富足的关键所在。

汉代董仲舒认为，"治天下之端，在深察名号"，由此提出他的正名思想，力图确定每个人的社会角色，解决名分人格的问题。董仲舒认为，"随其名号以入其理，则得之矣。"董仲舒认为"名生于真"，这就要求岗位名称指谓得当，既符合事实需要，又顺应员工的心理诉求。"真"乃是指客观事实、客观需要。现代管理中的岗位设置的确是个很重要的问题。如果设置不当，整个组织机器就会出现运转障碍，因而合理的岗位设计，巧妙的人事安排，周详的工作计划，成为人力资源管理过程中的关键要素之一。现实中，有的决策者为了吸引、招揽人才，把推销人员叫做销售经理，普工叫做工程师。这种名实相去甚远的做法，虽然也可能收到一时之效，但由于组织结构被打乱，会造成企业管理的更加困难。工作考核变得模糊不清。而克服的办法就是严格按照需要设置岗位，招录人员。同时职位工作书要详尽具体，不可敷衍了事。如是才可能做到分工明确、目标清晰、秩序井然。

儒家认为，不同的人应该做不同的事，有不同的行为规范，履行不同的道德义务。企业员工（包括经理、主管等）的经营管理或生产工作做得如何，衡量的标准也应当是因岗而异的，而不是因人而异。现实中，有的主管人员习惯于戴着有色眼镜去评价员工的工作实绩。这样会使个人的情绪情感影响到整个人力资源管理有效性的发挥。实际上，"名"（岗位职级规范）才是评价员工和部门工作得失的唯一标准。这样，销售经理与普通营销人员自然不能用同样的绩效标准来衡量工作的优劣，同样也不能用技术总监的标准来衡量流水线工人的技术技能。如此等等。因为每一岗位都有各自不同的工作职责和义务范围。这种用"名"（岗位职别规范）来评价工作的方法，至少可以达到如下效果：①调动各方面的积极性。因为这样的话，每一员工通过努力都可以实现自己的梦想，成为该岗位的优秀员工而得到企业的嘉奖。②减少人为因素和主观色彩。使企业有一个比较稳定的内部发展环境。③能更好地在人事安排中贯彻企业发展计划，实现组织战略目标。①

二、各司其职

荀况认为，明分首先要明确君主在整个社会中所处的这种特殊的"分"，为了稳定社会秩序，富足天下，必须把封建君主放在社会最尊贵的位置上去，这是国家管理的关键。其次是确定士、农、工、商在社会经济中的地位和相互关系。荀况认为君、民之间的关系是"礼法之枢要"，而士、农、工、商四民之间的关系，则是"礼法之大分"："农分田而耕，贾分货而贩，百工分事而劝，士大夫分职而听，建国诸侯之君分土而守，三公总方而议，则天子拱己而止矣。出若入若，天下莫不平均，莫不治辨，是百王之所同，而礼法之大分也。"（《荀子·王霸篇》）而士、农、工、商之间的关系，首先是士与农、工、商之间的关系。在荀况看来，士与农、工、商之间的关系，是德与力的关系，精于道者与精于技者的关系。士大夫、士君子是脑力劳动者，是社会生产的管理者，而农、工、商则是体力劳动者，是实际从事生产与经营活动的阶层："工匠农贾则常烦劳。"（《荀子·荣辱篇》）农民、手工业者和商人都有为士君子所不及的技术特长，如"相高下，视硗肥，序五种，君子不如农人；通货财，相美恶，辨贵贱，君子不如贾人；设规矩，陈绳墨，便备用，君子不如工人"。（《荀子·儒效篇》）但是，荀况认为，在社会生产活动中，道与技，德与力之间，起主导作用的是道和德，它比技艺、体力对财富的生产活动具有更重要的意义："农精于田而不可以为田师，贾精于市而不可以为贾师，工精于器而不可以为器师。有人也，不能此三技而可使治三官，曰：精于道者也，非精于物者也。精于物者以物物，精于道者兼物物。"（《荀子·解蔽篇》）精于具体业务技术的只能从事具体业务活动，而精于道的君子却可以治理各业务部门。士君子是社会中的能者、贤者和智者，在生产过程中起主导作用，所以必须把

①　蓝德荣，何华征.董仲舒"正名"说在企业人力资源管理中的运用［J］.当代经济，2008(7)

他们放到比农、工、商更重要的社会经济管理者的位置上去。要使士君子享受比农民、手工业者和商人更优厚的物质待遇，使他们不论在社会地位上和财富占有上都和他们活动中的主导地位相适应，和他们的德行才能相一致："德必称位，位必称禄，禄必称用。"（《荀子·富国篇》）这就可以保证他们完成自身职责所必要的物质生活条件。只有这样，才能调动人才的积极性，促进社会经济的发展。

第三节　因材任使

趣味阅读

　　去过寺庙的人都知道，一进庙门，首先是弥勒佛笑脸迎客，而在他的背面则是黑口黑脸的韦陀。但相传在很久以前，他们并不在同一个庙里，而是分别掌管不同的庙。弥勒佛热情快乐，所以来的人非常多，但他丢三落四，没有好好地管理账务，弄得入不敷出。而韦陀虽然管账是一把好手，但成天阴着个脸，太过严肃，搞得人越来越少，最后香火断绝。佛祖在查香火的时候发现了这个问题，就将他们俩放在同一个庙里，由弥勒佛负责公关，笑迎八方客，于是香火大旺。而韦陀铁面无私、锱铢必较，则让他负责财务，严格把关。在两人的分工合作中庙里呈现一派欣欣向荣的景象。

一、器与不器

　　在如何用人上，孔子提出了"器之"与"不器"的区分。孔子认为，高层领导者和普通管理者以及操作者之间应有明确的分工。在领导者自身的作用问题上，孔子强调"君子不器"。（《论语·为政》）高层领导者主要关注全局性、方向性的大问题，凡属管理助手或普通操作人员职守范围之内的事应放手让他们自己去做，领导者不应自为。领导人的职责是领导全局，必须把自己的主要精力放在决策和用人上，而不能把自己放在"器"即局部、具体工作执行者的地位。否则就会妨碍自己对全局的观察和指导，也会妨碍管理助手的作为，削弱他们的主动性和责任心。

　　而在对普通管理者的使用问题上，孔子则主张"器之"。（《论语·子路》）

"器之"即因材任使，像对器具一样，什么样的器具派什么样的用场。管理助手是受领导者委托负责局部、具体工作的，他们是因为有各自的专长而被遴选担任某种或某方面工作的。他们具备这种条件而不把他们摆在合适的岗位上，那就是领导者不善任人。既善于识别管理助手的才具，又善于为他们安排适宜的工作岗位，既知人，又善任，就叫做"器之"。"器之"就应"无求备于一人"，（《论语·微子》）即对任何人都不能要求他完美无缺。只要他在品德方面大节无亏，在工作能力方面胜任所担负的职务，并且忠于职守，勤于任事，即使发现其有某些缺点，该选拔的仍应选拔，该重用的仍应重用。在使用过程中，如果发现缺点，也要具体分析，只要缺点不致妨害他任职的基本条件，就应继续使用，并给予信任，而不宜遽加罢黜。[①]

趣味阅读

　　战国时候，齐国的孟尝君喜欢招纳各种人做门客，号称宾客三千。

　　有一次，孟尝君率领众宾客出使秦国。秦昭王将他留下，想让他当相国。孟尝君不敢得罪秦昭王，只好留下来。不久，大臣们劝秦王说："留下孟尝君对秦国是不利的，他出身王族，在齐国有封地，有家人，怎么会真心为秦国办事呢？"秦昭王觉得有理，便改变了主意，把孟尝君和他的手下人软禁起来，只等找个借口杀掉。秦昭王有个最受宠爱的妃子，孟尝君派人去向她救助。妃子答应了，条件是拿齐国那件天下无双的狐白裘做报酬。可这件狐白裘在孟尝君刚到秦国时便把它献给了秦昭王。就在这时，有一个门客说："我能把狐白裘找来！"说完就走了。原来这个门客最善于钻狗洞偷东西。他先摸清情况，知道昭王特别喜爱那件狐裘，把它放在宫中的精品储藏室里。他便借着月光，逃过巡逻人的眼睛，钻进储藏室把狐白裘偷了出来。妃子见到狐白裘高兴极了，想方设法说服秦昭王放弃了杀孟尝君的念头，并准备过两天为他饯行，送他回齐国。孟尝君可不敢再等过两天，立即率领手下人连夜偷偷骑马向东快奔。到了函谷关（当时是秦国的东大门）正是半夜。按秦国法律，函谷关每天鸡叫才开门，半夜时候，鸡怎么可能叫呢？大家正犯愁时，只听见几声"喔，喔，喔"的雄鸡啼鸣，接着，城关外的雄鸡都打鸣了。原来，孟尝君的另一个门客会学鸡叫，而鸡是只要听到第一声啼叫就立刻会跟着叫起来的。怎么还没睡踏实鸡就叫了呢？守关的士兵虽然觉得奇怪，但也只得起来打开关门，放他们出去。天亮了，秦昭王得知孟尝君一行已经逃走，立刻派出人马追赶。追到

---

　　① 赵靖. 谈孔子的管理艺术 ［J］. 孔子研究，1998（4）

函谷关，人家已经出关多时了。孟尝君靠着鸡鸣狗盗之士逃回了齐国。

荀子特别强调"任贤使能"，他把任不任贤提到仁与不仁的高度，他说："贵贤，仁也；贱不肖，亦仁也"。（《荀子·非十二子》）相反，如果不尚贤就是不仁。荀子认为，应根据士大夫的不同才能，委任他们以不同的管理职责。荀况指出，士君子中有适于担任一般管理事务的"官人使吏之材"，有"有士大夫官师之材"，有"卿相辅佐之材"。（《荀子·君道》）君主应该根据士君子德行才能安排以适当的官职："论德而定次，量能而授官，皆使人载其事而各得其宜。"（《荀子·君道》）要为农工商各部门安排相应的管理职位，如设司空以管理水利，设治田以管理耕种，设虞师以管理山泽，设工师以管理百工，设市师以管理关市，如此等等，使各项事业都在精于道的士君子的治理下健康发展。

趣味阅读

北宋初年，南唐派使者徐铉前来纳贡，宋朝照例要派官员做押运使去接受贡品。徐铉以学识渊博，通达古今而闻名于世，因此宋太祖在选人去接受徐铉的贡品时满朝文武都害怕自己学识不及徐铉而丢面子，因而没有人敢做押运使。面对这种情形就连宰相也一筹莫展，不知如何是好，只好向宋太祖请示。宋太祖说要亲自挑选押运使。他知道徐铉口若悬河，若真的要在北宋朝廷中找一个口才、智慧与其平分秋色的文官并不是件容易的事情。如果凑合一下，找一个差一点的文官去应对，结果必然会败在徐铉手下，而被南唐耻笑，认为大宋无人。宋太祖思忖一番之后，让宦官传旨招殿前司前来，要他写出 10 个不识字的殿中侍者的名字送来。殿前司写好后，太监将名单送给太祖。宋太祖在这张名单上随手圈了一个人的名字。满朝文武见此大吃一惊，连宰相也不解其中的奥妙，只能遵旨催促那个被点中的侍者赶快动身。那位侍者不知为什么派他去做使臣，但又不敢问，只好服从安排。他到了江边，一上船，徐铉就滔滔不绝地谈古道今，言辞尖锐，周围的人都为他的能言善辩而惊讶，而那位使者根本听不懂徐铉的高谈阔论，当然无言以对，只一个劲点头称是。徐铉看到这个押运使不说话，心里没底，就越发喋喋不休地说个不停。一连几天，那人却从不曾与徐铉论辩，而徐铉已经说得口干舌燥疲惫不堪，加上十分没趣，就再也不吭声了。这就是历史上著名的以愚困智的故事。侍者是文盲，这本是他的短处，而宋太祖却在特定场合巧妙使用这一短处，使其变成长处，并顺利地克制了徐铉滔滔不绝的语言攻势。

二、举直直枉

《论语》有这样一则对话："樊迟问仁。子曰：'爱人。'问知。子曰：'知人。'樊迟未达。子曰：'举直错诸枉，能使枉者直。'樊迟退，见子夏曰：'乡也吾见于夫子而问知，子曰，'举直错诸枉直'，何谓也？'子夏曰：'富哉言乎！舜有天下，选于众，举皋陶，不仁者远矣。汤有天下，选于众，举伊尹，不仁者远矣！'"

孔子说"爱人"，樊迟似乎理解，孔子说"知人"，樊迟懵了。孔子知道他不完全懂，所以作了简洁的诠释："举直错诸枉，能使枉者直。"把好人选举出来，放在坏人上面，坏人也就跟着学好了。樊迟是一个务实求精的学生，他不敢再加深问，却去问子夏。子夏是孔门中的高材生，对此作了具体解答。他说，夫子的这番话内容太丰富啦！舜即天子之位后，在众多人群中选拔了皋陶，让他做了刑官，那些不仁者的不仁现象都给离得远远的了；商汤有了天下后，从众多人群中选拔了伊尹为宰相，那些不仁者的现象也都给离得远远的了。

孔子认为要选拔才德兼备的人，放在有关键意义的岗位上。这样，一来可以做好这些岗位的工作，二来可以影响、带动处于同一岗位中的工作者或者邻近岗位上的工作者，使他们有所取法，受到激励而努力工作，从而使广大管理干部的作风有所转变。在这种情况下，一些品质不好、不称职而又不肯改弦更张、弃恶从善的人就会被暴露出来或被揭露出来而遭到清除，或者因感到孤立，感到无地自容而自行避去。这就是孔子所说的举直直枉和举直远佞。

关于如何推举贤人，《论语》中有一则："仲弓为季氏宰，问政。子曰：'先有司，赦小过，举贤才。'曰：'焉知贤才而举之？'子曰：'举尔所知；尔所不知，人其舍诸？'"（《论语·子路》）孔子认为，首先让各级管理者明白自己的工作职责，让他们忠诚于自己的工作。其次，将眼光集中在重要的工作和任务之上，而不在那些无关大局的细微之处浪费时间和精力，不去计较员工们的小过错。最后，注意人才的选拔，将真正有能力的人提拔到重要的工作岗位上来。

趣味阅读

春秋晋平公的时候，南阳这个地方缺一个官。晋平公问祁黄羊："你看谁可以当这个县官？"祁黄羊说："解狐这个人不错，他当这个县官合适。"平公很吃惊，他问祁黄羊："解狐不是你的仇人吗？你为什么要推荐他？"祁黄羊笑答道:"您问的是谁能当县官,不是问谁是我的仇人呀。"平公认为祁黄羊说得很对,就派解狐去南阳做县官。解狐上任后,为当地办了不少好事,受到南阳百姓好评。

过了一段时间,平公又问祁黄羊:"现在朝廷里缺一个法官,你看谁能担当这个职务?"祁黄羊说:"祁午能担当。"平公又觉得奇怪,"祁午不是你的儿子吗?"祁黄羊说:"祁午确实是我的儿子,可您问的是谁能去当法官,而不是问祁午是不是我的儿子。"平公很满意祁黄羊的回答,于是又派祁午当了法官,后来祁午果然成了能公正执法的好法官。

第四节 社会责任

一、义利统一

企业在追求自我利益时,如何采取行动以保护和改进公众利益,这是企业社会责任理论研究的问题。儒家把义与利视为对立统一体,讲先义后利,见利思义,这对于企业的和谐共赢、社会的协调发展具有重要的借鉴价值。①

孔子从人的本性出发,肯定了人们的求利之心及逐利行为的必然性。他说:"富而可求也,虽执鞭之士,吾亦为之"(《论语·述而》),体现出对合理利益追求的当仁不让。孔子抱着"老安少怀"的理想,对子产的惠政予以歌颂,主张"因民之所利而利之"(《论语·尧曰》),孟子也肯定了人们追求私利这一欲望的合理性,得出"欲贵者,人之同心也"(《孟子·告子上》)、"人亦孰不欲富贵"(《孟子·公孙丑下》)等结论。荀子对人生而有欲的基本特点也做了阐述:"凡人有所一同:饥而欲食,寒而欲暖,劳而欲息,好利而恶害,是人之所生而有也"(《荀子·荣辱》)。他认为,欲利之求是人的天性,任何人概不能免。"义与利者,人之所两有也。虽尧、舜不能去民之欲利,然而能使其欲利不克其好义也。虽桀、纣亦不能去民之好义,然而能使其好义不胜其欲利也"(《荀子·大略》)。荀子不仅肯定了义的价值,也肯定了利的价值,认为追求义与利是人的两大本性,即便尧、舜这样的圣王也不能除去人民逐利之

---

① 刘刚. 先秦儒家义利观与企业社会责任建设标准 [J]. 中国人民大学学报,2008 (2)

心，即便桀、纣这样的暴君也不能除去人民好义的本性。荀子进而指出："不富无以养民情，不教无以理民性"（《荀子·大略》），正是人们的逐利之心推动着社会的进步。可见，先秦儒家诸子没有绝对的重义轻利，而是把义与利视为对立统一体。

当利与义之间出现矛盾时，先秦儒家提出"见利思义"（《论语·宪问》），或者说"见得思义"（《论语·季氏》）。这可以看做是其义利观的基本要求。在承认人们逐利正当性的基础上，这一基本要求为人们合法、合理地逐利提供了相应的标准。

孔子在肯定人们逐利求富动机的同时，主张不能无限制地追求利。他倡导"富与贵，是人之所欲也，不以其道得之，不处也。贫与贱，是人之所恶也，不以其道得之，不去也。"（《论语·里仁》）这里所谓的道，指的是正当的方法，也就是符合义的要求的各种逐利方法。这就是说，义是人们逐利过程中的"一杆秤"，以此决定人们的逐利行为是否合法、合理。孔子对不合于道义而去追求富贵表现出非常不屑的态度："不义而富且贵，于我如浮云。"（《论语·述而》）孔子讲"放于利而行，多怨"（《论语·里仁》），表明一旦人们对个人利益的追求背离道义的原则，就会招致怨恨与敌对行为，并进一步指出"邦有道，贫且贱焉，耻也；邦无道，富且贵焉，耻也。"（《论语·泰伯》）

孟子沿袭了孔子"见利思义"的价值判断标准，主张"非义勿取"，无论对于一个人还是一个国家来说，绝对不能因为利益而牺牲道义。在个人修养方面，他说："非其道，则一箪食不可受于人；如其道，则舜受尧之天下，不以为泰"（《孟子·滕文公下》）；"非其义也，非其道也，禄之以天下，弗顾也；系马千驷，弗视也；非其义也，非其道也，一介不以与人，一介不以取诸人"（《孟子·万章上》）。

荀子也非常痛恨背弃道义而追求利益的行为，鞭挞"保利弃义谓之至贼"（《荀子·修身》）。尽管荀子承认"好利而恶害"（《荀子·荣辱》）是君子与小人的共同特点，但他们追求利益的方式却大相径庭，根本区别就在于是否合乎道义去追求利益。荀子将守礼与否视为义的标准。

儒家义利观是义利统一，"义利之说，乃儒者第一义"（《朱文公文集》），可见，义利关系是儒家最基本的问题，义利观是儒家思想体系中的核心。"义者，宜也"（《中庸》），所谓义，就是做自己应该做的事情，事得其宜即为义。孟子认为，"义，人之正路也"（《孟子·离娄上》），指出义是一种引导人们正确行动的规范或准则，做事要符合法律、道德准则。荀子认为，"夫义者，所以限禁人之为恶与奸者也"（《荀子·强国》），指出义是甄别善与恶、忠与奸的标准。由此可见，义是儒家处理个体与社会之间关系的基本规范。"义"，可理解为"正义、理义"等。

企业的基本目标是获取利润，为此企业必然遵循效率原则，也就是以最小的代价获取最大收益的原则。在任何时候，效率原则都是指导企业管理的基本原则。对效率高低的确认，依靠的是事实评价，而不是依靠价值评价。效率原则和事实评价本质上体现着物质本位，现代企业管理理论在事实评价之上，日益重视价值评价。①

儒家义利观有助于人们正确理解企业的效率目标与价值目标之间的关系，在追求效率目标的同时，还应当树立起社会责任意识，自觉地融入整个社会的和谐目标之中。

孟子说："老而无妻曰鳏，老而无夫曰寡，老而无子曰独，幼而无父曰孤。此四者，天下之穷民而无告者。文王发政施仁，必先斯四者。"（《孟子·梁惠王下》）把"穷民而无告者"作为治国之"先"，明显的是为了实现一种价值目标，而不是取向功利效率，追求的是"义"而不是"利"。这一原则告诉我们，企业除了面向自身的目标和责任之外，还应当把社会公益（"义"）当作自己所追求的目标，承担起对公众的社会责任。这种责任意味着，企业不可以只看到利润和自己职工福利的增长，对企业行为给社会带来的可能的损害（如环境污染、对青少年心理成长的损害、对社会风气的危害等）全然不顾。不仅如此，这种责任还意味着企业赢利之后应当主动、直接地（不只是通过提供产品、服务和税金而间接地）反馈社会，通过各种慈善捐助活动推动社会向更加安全、公正、文明、高尚、和谐的方向发展。一个具有现代文明品格的企业，应当关注公众利益，毫不犹豫地约束自己的行为，积极反馈社会。甚至这种关注、约束和反馈不应是着眼于换取将来的更多利润，而应将其视为现代企业固有的责任。

二、以"仁"为本

有人认为，企业是一种营利组织而非公益性慈善组织，其任务是生产分配交换物质财富和经济价值，因此它和伦理道德无关，也无须讲究企业伦理。这一认识的前提是正确的，但结论却是错误的。和伦理道德不发生任何关系、超越社会伦理道德关系而采取所谓"伦理道德中立"的企业历来不存在。企业这种社会经济形式，从其历史上产生的第一天起就不可避免地处身于人、群体、社会所形成的各种社会关系之中，不可避免地在各种伦理关系中充当某种伦理

① 刘志扬. 儒家文化、企业的社会责任与社会和谐［J］. 山东经济，2008（1）

道德的主体；作为企业人格化代表的企业家，既是经济关系中的角色，也是伦理道德关系中的角色。①

儒家的"仁"即强调组织对人的价值的社会责任。孟子说："人皆有不忍人之心。先王有不忍人之心，斯有不忍人之政矣。"（《孟子·公孙丑上》）不忍人之心即仁爱之心，不忍人之政也就是对人的价值的尊重和对人的命运的关切。站在这样一个立足点，当面对把由众多人们组成的群体变为一个高效运转的组织时，就会在致力于完成既定的组织功能目标的同时，去关注组织中所有人的命运，理会他们的感受。以"仁"为本，即重视"人"，尊重和关怀天下的所有人，把人作为一切社会活动的出发点。

对于企业来说，重视人的价值要从组织内部做起，因此企业的社会责任首先表现为尊重和关爱自己的职工，这是对职工的社会责任。确立对职工的社会责任，关键在于不能仅仅用效率原则和事实评价体系对他们进行管理，如力图以最小的工资和福利支付、最低廉简陋的工作环境和安全保障条件，换取最长的工作时间、最大的工作强度和最多的工作成果，如此等等。此等管理理念关注的只是效率，全然不去真心关注职工的需求与感受，实际上是把职工看作为实现企业目标而购买（表现为工资）的，应当"充分使用"的工具。这种对职工管理的原则，单从事实的层面上评价是合理的，因为它的确可以以最小的支出带来最大的收益，从而实现高效率；但从价值的层面上评价，它漠视人的基本价值（它只把人当作手段而不当作目的）。

以"仁"为本，企业应当关心职工的生存状态，努力为职工提供更好的工作条件和各项福利。关心职工的生存状态，努力为自己的职工提供更优良的工作条件、更丰厚的收入和福利是企业尊重和关爱职工的基础。企业应当避免单纯以成本观念看待职工的工作条件、工资收入和福利，而应同时以价值的眼界来看这个问题。一个有现代意识的企业管理者应当清醒地认识到，为职工提供良好的工作条件和福利，绝不是为了维护企业的效率被动的、不得已而支付的成本，而是企业理应承担的社会责任。企业的社会责任这个概念意味着，企业除了应当为其投资人、管理者获取利润之外，有义务使此收益惠及全体职工，使职工的生存状态不断得到提升。

趣味阅读

长江大厦是李嘉诚拥有的第一幢工业大厦，又是他赢得"塑胶花大王"盛

① 吴元樑. 市场经济和企业伦理［J］. 哲学研究，1997（5）

183

誉的老根据地。到了 20 世纪 70 年代后期，塑胶花早过了黄金时代，根本无钱可赚，然而这里仍然在生产塑胶花。之所以维持小额的塑胶花生产，知情人知道，李嘉诚"不外是顾念着老员工，给他们一点生计"。

后来，长江大厦租出后，塑胶花厂停工了。而老员工还被安排在大厦里做后勤工作。李嘉诚说："一间企业就像一个家庭。他们是企业的功臣，现在他们老了，作为晚一辈，就该负起照顾他们的义务。"

如何看待职工是企业管理的根本问题。如果企业仅仅把自己与职工的关系看成一种市场契约关系，就会对职工只以功利算计对待之，不会投入任何感情关爱；与此对应，职工对企业也就没有归属感，抱一种"给多少钱，干多少活"的隔膜态度。要改变这种状态，除了在观念上把职工看作企业的根本，真心诚意地尊重他们，还应当把企业建成"利益—情感共同体"。一方面通过各种责、权、利分享的制度设计使企业成为一个上下共享的利益共同体；另一方面努力在冷漠的雇佣关系机制中加入情感因素，使尊重和关爱成为企业制度中的必要因素。这种制度上的支撑，才能使职工真正成为企业的"成员"，从根本上强化企业的职工本位意识。

以"仁"为本，企业应当重视对职工的教育和培养，不断提高职工的素养和能力。真正关爱一个人不能只是尊重他和为他提供好的生存条件，还应培养他，使他不断获得提高和发展。企业同样不能囿于效率视角，只看到职工教育和培养中的成本与收益；企业应当真正认识到，提高人、发展人是最大的爱人，在不断提高职工物质生存状态的前提下，使自己的职工在精神上不断得到提升从而获得更加全面的发展，是对他们更高层次的尊重和关爱，而这样对待自己的职工同样也是企业重要的社会责任。

补充知识

日本 YKK 公司每年生产拉链的长度是地球与月亮间距的 5 倍，占日本九成、世界 1/3 市场。YKK 拉链改变了 20 世纪的人类生活方式，为生活现代化增添了一项新的内容。

YKK 拉链的创办人是吉田忠雄。他所创办并掌管的吉田工业公司奉行"善的循环"的经营哲学。

所谓"善的循环"哲学，吉田忠雄自己解释说："不为别人的利益着想，就不会有自己企业的繁荣。""我一贯主张办企业必须赚钱，多多益善，但是利润不可独吞。我们将利润分成三部分：1/3 以低价的方式交给消费者大众；1/3 交给销售我们公司产品的经销商及代理人；1/3 用在自己的工厂。""要控制利润，多方受益。""如果我们播种善的种子，与人为善，那么，善还会循环归给我们。善在我们之间不停地循环运转，使大家都得到善的实惠。"

吉田忠雄从"善的循环"哲学出发，通过物美价廉，适销对路，"让利"于消费者。他强调："只要市场有需求，无论利大利小，都要生产。"YKK 拉链靠质量和价格低廉，让消费者得到实惠，赢得信赖。据有关资料，1950 年的日本市场上，每公尺的 YKK 拉链售价 106.5 日元。到 1980 年时，物价上涨了许多倍，而 YKK 拉链的每米售价却降低到不足 70 日元，下降了 35%。

吉田忠雄也很重视产品宣传，但它强调，主要是通过生产优质产品，让"YKK 拉链自己宣传自己"，"让消费者了解利益所在"。

为了"让拉链自己宣传自己"，"让消费者了解利益所在"，从吉田忠雄本人到总经理、分公司经理、部长、推销员，每个人都穿着没有一粒纽扣而是到处装用拉链的工作服，从容而自豪地迈步于大庭广众之中，形成了一个流动展览会。吉田忠雄还在公司本部创办了一个"YKK 拉链展览馆"，用图片、录像和实物介绍公司的历史沿革，宣扬产品的质量、性能和用途，介绍拉链的维护和使用知识。在这个展览馆里，你简直想不出还有什么东西不可以用拉链的。看过展览的人都会认为：这正是自己的利益所在。

吉田忠雄从"善的循环"哲学出发，"让利"于经销商、代理人，以及竞争对手。在日本的拉链市场上，竞争对手众多，然而没有一家的竞争实力与市场占有率与吉田忠雄相接近，没有一家对吉田忠雄形成威胁。他遵从"善的循环"哲学，不愿意看到那些同行们的失败，劝说他们做他的代理商。而后来证明，当他的经销商、代理人的经营者，都赚了钱，有的甚至赚了大钱。在同业竞争中的 70 多家厂商中，有近 40 家成了他的代理商。

吉田忠雄是从"善的循环"哲学出发，注意"让利"于职工。他鼓励本公司雇员购买公司股票。目前，这个公司的职工所拥有的股份已占公司总股份的 50% 以上，持股者每年可以获得 18% 的股息。他还规定，职工要把工资的 10% 和奖金的一半存放在本公司，用来改善生产设备，每月以比日本银行高得多的利率支付给职工利息。近几年中，YKK 支付出的红利中，60% 给了职工，他本人只占 1%，家族成员占 24%；职工年退休金高达 330 万日元。

以"仁"为本除了"内仁"，即对企业员工待之以仁之外，还有"外仁"即与外部的关系，如与国家、与社会的关系，与同行的关系，与供应商的关系，与经销商或消费者的关系等。在对外关系上，企业如何"以仁为本"呢？

对国家、对社会的"仁",就是要取得良好的经济效益,为国家经济建设出力。这是一个企业存在的基本的功能,也是最基本、最大的"仁"!企业必须尽力挖掘潜力,提高效益。因此,从这个意义上讲,企业亏损是不人道的。其他如诚信守法、遵章纳税也是"仁",做好安全、环保、节能工作等也都是企业的"仁"。不加强安全管理,不进行环保治理,对员工是"不仁",对社会是"不仁",对国家也是"不仁"。

市场经济是竞争经济,但竞争也是有伦理的。现实中的市场竞争中经常会出现一些伦理问题:[①]

1. 混淆行为

市场混淆行为是指不正当经营者在市场经营活动中,利用种种不实手法对自己的产品或服务做出误导性标示,使其与特定竞争对手的商品和服务相混淆,从而造成或者足以造成顾客误认误购的行为。常见的混淆行为包括有假冒仿冒他人注册商标、擅自使用知名商品所特有的或近似的名称、包装、装潢、仿冒他人的企业名称等。

2. 诋毁行为

诋毁竞争对手行为是指从事生产、经营活动的市场经营主体,为了达到其各种目的,故意捏造、散布虚假事实或信息,损害竞争对手的商业信誉、商品声誉,使其无法参与正常市场交易活动,削弱其市场竞争能力,从而使自己在市场竞争中取得优势的行为。诋毁行为的普遍做法又分为故意制造事实和直接捏造和传播虚假信息两种。

3. 低价倾销行为

低价倾销行为是指经营者为排挤竞争对手,故意在一定的细分市场上和一定的时期内,以低于商品成本的价格出售某种商品,以挤垮对手,造成自己长期独占市场的行为。

4. 限制竞争行为

限制竞争行为是指经营者利用各种不正当手段,迫使或者诱使分销商或消费者购买其商品,从而将其他经营者排除在公平的市场竞争之外的行为。常见做法有利用优势地位限制竞争,如某些经营者利用其依法具有的独占地位强制用户或消费者购买、对行政主管部门进行公关或者通过商业贿赂手段排挤竞争对手等。

孔子曰:"君子无所争,必也射乎!揖让而升,下而饮,其争也君子。"(《论语·八佾》)

---

① 刘慧杰. 浅议市场竞争中的伦理问题和竞争伦理规范 [J]. 现代商业,2008(24)

意思是，君子没有什么可与别人争的事情。如果一定要争的话，那就比赛射箭吧。相互作揖行礼，上堂比试，完毕后下来喝酒。君子进德修业，不争就能得到自己所想得到的，所以无所争。即使要争，也要彬彬有礼地争，光明正大地争，而不是不公正乃至卑劣地竞争。这种竞争的精神有其积极的意义。在现代市场经济条件下，竞争无处不在。良性的竞争利人利己，恶性的竞争损人不利己，所以，竞争也应该遵守法制规定与约定俗成的礼制规范，以德为先，文明竞争，共同发展。可见，君子的竞争也是有风度见仁爱的。

以"仁"为本的竞争，就是要引入"竞合"理念，建立起双赢模式，在适度竞争中促进行业发展。

对供应商的"仁"，就是不能一味地"压迫"（从本质上讲，一个企业利润的取得，总是建立在对上游的"压迫"和对下游的"剥削"之上的）。不能把降低成本的重点一味地放在压低原材料的采购价格上，应该更多地放在内部挖潜上。因为原材料的价格再低总有一个极限，太低了质量就难以保证。一种极端的情况是，把供应商压得无利可图了，致使其不能维持经营，那么，"皮之不存，毛将焉附？"所以对供应商应采取一种"仁"的态度，适当让利，适当扶持发展。

对经销商（消费者）的"仁"，就是要适当克制自己的"剥削"欲望，适度谋利而不是超额榨取。短期内榨取超额暴利，只会缩短这种产品的市场生命周期，对企业、对行业都是利小于弊。因此，对产品要有一个理性的利润判断，企业要在合理的利润与欲望中的最大利润之间寻找平衡点，应该是谋求"合理的最大利润"或者是"最大的合理利润"。"仁"有"大仁""小仁"之别。保护消费者利益，不生产假冒伪劣产品，不强买强卖，这也是"仁"的表现。能够提供更好的质量、更好的价格、更让上帝满意的服务，这是更进一步的"仁"了。

补充知识

最近，以民生银行股东身份在银行业搅起风浪的史玉柱，又因其新的网游计划被推至风口浪尖。昨日（2011 年 9 月 5 日），《每日经济新闻》记者从巨人网络方面获悉，继汽车下乡和家电下乡之后，史玉柱高调发起国内首个"网游下乡"计划。不过这个计划在业内人士看来，无非是"脑白金营销"的网游版。

这也是在巨人网络 2011 年第二季度财报公布后不久，史玉柱对外披露的信息。在第二季度财报中，该公司总营收实现了环比和同比的增长，但是净利润却下跌超过 90％，"网游下乡"因而被认为是寻找利润增长点之举。

亿元拓荒农村市场

"我们计划投入上亿元将《征途 2》拓展进五六线农村市场。"巨人网络副总裁纪学锋在接受《每日经济新闻》记者采访时说。纪学锋口中的《征途 2》拓展项目，正是史玉柱正在力推的"游戏下乡"计划的一部分。

按照巨人网络自己的说法，此次网游下乡活动"旨在改善农村网民的精神文化需求"。

有行业专家指出，该"网游下乡"计划迎合了国内游戏企业的市场拓荒需求。中国网游市场在过去 10 年中取得了爆炸式增长，三线以上城市的竞争白热化，已有饱和之势。相比之下，适龄人口众多的农村市场则是一片尚未开垦的"蓝海"。

据易观国际《2011 年第二季度中国网络游戏市场季度监测》显示，2011 年第二季度，中国网络游戏市场规模达 87.6 亿元，实现环比增长 3.1％，同比增长 12.6％。同时，2011 年第二季度市场增长明显放缓。

日前，中国互联网络信息中心（CNNIC）发布了第 28 次中国互联网络发展状况统计报告，报告指出，截至 2011 年 6 月底，中国农村网民规模为 1.31 亿，占整体网民的 27％，较 2010 年底增长 4.9％。"这为网游下乡提供了非常有利的基础条件。"纪学锋说。

传统市场增长乏力，或为史玉柱进入农村市场的初衷。不仅仅是拓展市场，"网游下乡"的另一作用也在逐步凸显。

巨人网络第二季度财报显示，公司第二季度营收 4.362 亿元，环比增长 8.2％，同比增长 35.6％；净利润为 1020 万元，环比大幅下降 96.1％，同比下降 94.5％。对于净利润大幅减少的主要原因，财报指出，是因为第二季度产生了支付特殊现金股利相关的一次性预提所得税。

尽管如此，净利润的大幅下降和对于新的利润增长点的追求，很可能是史玉柱将《征途 2》推向农村市场的理由和目的。

"脑白金"模式再现

"这个和'脑白金'的营销手法如出一辙。"某国内网游上市企业高管在接受《每日经济新闻》采访时表示，"这事儿只有拥有脑白金营销团队的史玉柱能干得成，其他公司很难搞定，而且巨人的游戏特色也适合农村。"

此前，让史玉柱赚得盆满钵满的脑黄金产品，正是使用了"农村包围城市"的战略。成熟的保健品营销网络和多年的游戏经验，可能给《征途 2》在开拓农村市场上扫除一些障碍。

《征途 2》是巨人网络 2011 年的新旗舰游戏，也是史玉柱最看好的产品。为了《征途 2》能迅速成为盈利增长点，史玉柱在短短两个季度中就给《征途2》制造了 3 次话题。2011 年初，史玉柱推出《征途 2》时就极力打造其"公平交易"模式，当时业内掀起一阵讨论。

同时，史玉柱砸下亿元重金，在央视买下 2011 年的广告时段为《征途 2》造势。

上述网游企业高管坦言："（网游下乡）对整个网游盘子的扩大有好处，这批玩了巨人游戏的用户会开始尝试其他网游，对行业是件好事。"

评论："网游下乡"是潘多拉魔盒

传说中，潘多拉是宙斯为惩罚人类而送给人类的礼物，她美丽迷人、集所有可爱的因素于一身。但是，宙斯给潘多拉一个密封的盒子，里面装满了祸害、灾难和瘟疫等，让她送给娶她的男人。潘多拉被好奇心驱使，打开了那只盒子，里面所有的灾难、瘟疫和祸害立刻都飞了出来。

近期，作为中国本土在线游戏的领军企业巨人网络，拟高调发起国内首个"网游下乡"计划。这个计划一旦实施，正是即将被打开的潘多拉魔盒。

如果仅从经营的角度看，巨人网络和网游下乡计划成功的可能性非常大。一方面，网游市场在三线以上城市竞争越发激烈，已经远非蓝海。为实现利润持续增长，巨人集团有其强大的内在需求。从历史来看，无论是脑黄金、脑白金抑或是黄金搭档，史玉柱及其团队成功的秘诀都在于以消费者为导向设计产品。

另一方面，农村正处于从只注重物质需求，过渡到物质、精神需求并重的阶段。现代化农业机械的应用，减轻了农业生产的劳动强度，农民也不必承受高房价以及交通不便的影响，这使得农民拥有了远超过城市上班族的空余时间，如何填补其空闲时间，就成了农民面临的新问题。史玉柱正是看准了这一需求，准备大举杀入这一市场。

但是，对商业成功可能性的判断，并不等于这一计划应获得赞同。相反，"网游下乡"如果推广，很可能造成严重的社会问题。

网游下乡与科技下乡、家电下乡完全不同，也不同于网络下乡，它是给农民提供了类似于精神鸦片的产品，鼓励人们在一种虚拟世界中去奋斗。这不仅不能产生任何实体的收益，而且这种奋斗还需要以现实世界的奋斗成果去交换。人生毕竟是有限的，在虚拟世界耽搁的时间增多，就意味着在现实世界中努力的时间减少。如果大量农民去虚拟世界中耕耘，谁又为现实世界中的人提供粮食？

不仅如此，与城里居民相比，一旦接受，农民很可能更容易沉迷于网游。

农村与城市不同。在城市中，很多人即便希望沉浸于网络世界，也不一定有充裕的时间，这在客观上减少了沉迷于网游的可能性。而农民，因其工作的特殊性，在非农忙时间和大部分夜晚，一旦被网游吸引，更容易深陷其中无法自拔。另外，大城市能提供可以替代网游的多方面文化娱乐，而大部分农村除了电视，农民没有任何现代娱乐活动。这也使得农民有可能成为更具"粘性"的网游客户。

更严重的是，现在的农村，很多青壮年父母到外地务工，留在农村的多是老人和小孩。小孩在玩网游的时候，由于老人对电脑并不了解，很可能以为孩子还在使用电脑学习。而对电脑有一定了解的父母却不在身边，又无法直接管教。孩子的意志力薄弱，一旦过早接触网游，尤其是一些带有暴力和淫秽内容的网游，很可能就会深陷其中不能自拔，并使学业完全荒废，最终没有一技之长，无法立足社会。

此外，由于网游需要经费支持，这对农村孩子也是一个负担。如果沉迷网络又无钱上网，还可能因为上网费等原因诱发盗窃、抢劫等青少年犯罪问题。

并不是所有的钱都可以赚的

作为一个企业家，在获得经济利益之外，还需要考虑到其应肩负的社会责任。"网游下乡"，看起来是企业经营策略问题，实际上可能引发非常严重的社会问题，甚至可能危害一整代农村儿童。这绝非危言耸听。如果因为自己获得经济的成功而贻害一整代人，相信这样的企业也无法成功。

令人稍感欣慰的是，史玉柱已经喊停了网游下乡计划，理由是无法做到"规避农村未成年人进网游"这个问题。但是，这也只是暂时的喊停，而并不是彻底喊停。从这个角度上看，从政府治理的角度来说，对网游下乡的行为应通过立法方式加以规范管理，否则一旦魔盒被打开，再想收回就会很困难了。

资料来源：http://www.cnbeta.com/articles/154077.htm

参考文献

1. Bass, B. M. , Leadership and Performance Beyond Expectations [J]. New York: Free Press, 1985

2. Bass, B. M. . Bass and Stogdill's Handbook of Leadership (3rd edition) [M]. New York: Free Press, 1990

3. Blake, R. R. & Mouton, J. S. The Managerial Grid [M]. Houston, TX: Gulf Publishing, 1964

4. Drucker P F. The coming of the new organization [J]. Harvard Business Review, 1988, 66 (1)

5. Fleishman E. A. Development of prototype occupational information network content model [R]. Utah: Utah Department of Employment Security, 1995

6. Fiedler, F. E. A contingency model of leadership effectiveness. In L. Berkowitz (Ed.), Advance in exoweimental social psychology [M]. New York: Academic Press, 1964

7. French, J. R. P. , Raven, B. The bases of social power. In D. Cartwright and A. Zander [M]. Group dynamics. New York: Harper & Row, 1959

8. Gibb, J. , Gibb, L. . Role Freedom in a TORI Group. In A. Burton (Ed.) [M]. Encounter Theory and Practice of Encounter Groups, 1969

9. Koontz H. A Model for Analyzing the Universality and Transferability of Management [J]. Academy of Management Journal, 1969, 12 (4)

10. Newman K. L. , Nollen S. D. Culture and Congruence: the Fit Between Management Practices And National Culture [J]. Journal of International Business Studies, 1996, 27 (4)

11. 陈序经. 文化学概观 [M]. 中国人民大学出版社，2005

12. 杜维明. 儒家思想新论——创造性转换的自我 [M]. 江苏人民出版

社，1991

13. 冯友兰. 中国哲学史 [M]. 华东师范大学出版社，2000

14. 葛荣晋. 中国哲学智慧与现代企业管理 [M]. 中国人民大学出版社，2004

15. 方朝晖. 儒家修身九讲 [M]. 清华大学出版社. 2011

16. 傅明贤. 行政组织理论 [M]. 高等教育出版社，2003

17. 罗国杰. 伦理学 [M]. 人民出版社，1989

18. 刘长林. 中国系统思维 [M]. 中国社会科学出版社，1997

19. 彭新武. 管理哲学导论 [M]. 中国人民大学出版社，2006

20. 苏东水. 管理学 [M]. 东方出版中心，2001

21. 苏东水. 东方管理学 [M]. 复旦大学出版社，2005

22. 徐复观. 中国思想史论集 [M]. 上海书店出版社，2000

23. 张岱年. 中国文化与文化论争 [M]. 中国人民大学出版社，1990

24. 张文贤. 管理伦理学 [M]. 复旦大学出版社，1995

25. 李维武. 中国人文精神之阐扬：徐复观新儒学论著辑要 [C]. 中国广播电视大学出版社，1996

26. 杨恺钧. 《周易》管理思想研究 [D]. 复旦大学博士学位论文，2004

27. [美] E. 希尔斯. 论传统 [M]. 上海人民出版社，1991

28. [美] 彼得·德鲁克. 管理：任务、责任、实践 [M]. 中国社会科学出版社，1994

29. [美] Simen H. A. 管理行为 [M]. 詹正茂译. 机械工业出版社，2004

30. [美] 劳伦斯·米勒. 美国企业精神 [M]. 中国友谊出版公司，1985

31. [美] 雷恩. 管理思想演变 [M]. 中国社会科学出版社，1986

32. [美] 米歇尔·沃尔德勒. 复杂 [M]. 三联书店，1997

33. [美] 卡普拉. 物理学之"道"——近代物理学与东方神秘主义[M]. 朱润生译，北京出版社，1999

34. [美] 加里·尤克尔. 组织领导学 [M]. 陶文昭译. 中国人民大学出版社，2004

35. [美] 斯蒂芬·罗宾斯. 管理学（第四版）[M]. 中国人民大学出版社，1997

36. [美] 哈罗德·孔茨，海因茨·韦里克. 管理学（第十版）[M]. 经济科学出版社，1998

37. [美] 塞缪尔. 文化的作用 [C] //塞缪尔，劳伦斯. 文化的重要作

参考文献

用：价值观如何影响人类进步．程克雄译．新华出版社，2002

38．〔美〕阿奇·卡罗尔，安·巴克霍尔茨．企业与社会：伦理与利益相关者〔M〕．机械工业出版社，2004

39．〔加〕Mintzberg H．经理工作的性质〔M〕．孙耀君，王祖融译．中国社会科学出版社，1986

40．〔英〕苏·纽厄尔．构建健康组织〔M〕．机械工业出版社，2004

41．〔英〕梅因．古代法〔M〕．罗娣伦等译．商务印书馆，1995

42．〔德〕马克斯·舍勒．价值的颠覆〔M〕．刘晓枫等译．三联书店，1997

43．〔德〕韦伯．儒教与道教〔M〕．江苏人民出版社，1995

44．〔德〕M.韦伯．社会经济组织理论．组织理论精粹〔M〕．〔英〕D.S.皮尤编，中国人民大学出版社，1990

45．〔罗马尼亚〕A.佩奇．世界的未来——关于未来问题〔M〕．中国对外翻译出版公司，1985

46．〔法〕P Bourdieu，〔美〕L. Wacquant．实践与反思：反思社会学导引〔M〕．李猛，李康译．中央编译出版社，1998

47．〔日〕三隅二不二．领导行为科学〔M〕．刘允之，王南，文宝忠等译．光明日报出版社，1991

48．杨伯峻．论语译注〔M〕．中华书局，2006

49．钱穆．论语新解〔M〕．三联书店，2002

50．（清）尚秉和．周易尚氏学〔M〕．中华书局，1991

51．（清）刘宝楠．论语正义〔M〕．中华书局，1990

52．（宋）黎靖德．朱子语类〔M〕．王星贤点校，中华书局，1986

53．（宋）周敦颐．周子通书〔M〕．上海古籍出版社，2000

54．（宋）朱熹．四书章句集注：新编诸子集成〔M〕．中华书局，1983

55．陈敏．朱子论诚敬〔J〕．福建师范大学学报（哲学社会科学版），2001（2）

56．陈述德．论荀子"性伪合而治"的人性管理模式〔J〕．中华文化论坛，1999（2）

57．陈恩林．论《周易》的社会和谐思想〔J〕．吉林大学社会科学学报，2007（2）

58．常涛．警惕非正式组织的"紧密化"〔J〕．中国新时代，2004（9）

59．邓文平，雷涛．儒家天人合一思想的内涵与实质〔J〕．江西社会科学，2010（4）

60. 杜维明．儒家传统的现代转化［J］．浙江大学学报（人文社会科学版），2004（2）

61. 冯超．领导者非权力性影响力研究［J］．吉林大学社会科学学报，1998（4）

62. 冯浩菲．关于孔子忠恕思想的界说问题［J］．孔子研究，2003（4）

63. 葛荣晋．中国管理与人性假设［J］．湖南科技学院学报，2007（7）

64. 葛荣晋．儒家"德性"智慧与企业家"道德形象"［J］．东方论坛，2008（5）

65. 葛荣晋．儒家"仁学"的现代诠释——对儒家"仁学"的两点新认识［J］．中共中央党校学报，2009（2）

66. 葛荣晋．儒家的性情论与企业的情感管理［J］．理论学刊，2007（2）

67. 葛荣晋．儒家"三达德"思想与现代儒商人格塑造［J］．学术界，2007（6）

68. 葛龙华，张成群．中庸思想在领导决策中的作用［J］．领导科学，1996（9）

69. 郭齐勇．儒家人文精神的特色与价值［J］．新华文摘，2002（6）

70. 胡发贵．追求德性的升华——儒家"成人"论［J］．学海，2000（4）

71. 胡继明，黄希庭．君子——孔子的理想人格［J］．西南大学学报（社会科学版），2009（4）

72. 黄有东．"同归而殊途"：孔子与老子"无为而治"治道思想之比较［J］．船山学刊，2007（1）

73. 霍福广．论西方管理理论的发展趋势［J］．华南理工大学学报（社会科学版），2000（2）

74. 姜展鹏，黄寅．和谐管理的传统文化视阈——基于中庸之道的当代发掘［J］．浙江大学学报（人文社会科学版），2008（5）

75. 姜国柱．儒家的自强不息论［J］．中国文化研究，2000

76. 吉献忠．孔子中庸思想及其管理价值［J］．广东工业大学学报（社会科学版），2007（1）

77. 蓝德荣，何华征．董仲舒"正名"说在企业人力资源管理中的运用［J］．当代经济，2008（7）

78. 刘刚．先秦儒家义利观与企业社会责任建设标准［J］．中国人民大学学报，2008（2）

79. 刘文瑞．管理与文化的关系探讨［J］．管理学报，2007（1）

80. 刘炳香．论领导影响力［J］．理论学刊，2003（6）

81. 刘伟. 试论领导非权力性影响力 [J]. 株洲师范高等专科学校学报, 1999 (2)

82. 刘志扬. 儒家文化、企业的社会责任与社会和谐 [J]. 山东经济, 2008 (1)

83. 刘慧杰. 浅议市场竞争中的伦理问题和竞争伦理规范 [J]. 现代商业, 2008 (24)

84. 黎红雷. 荀子的组织哲学与现代管理 [J]. 中山大学学报 (社会科学版), 1998 (1)

85. 彭彦华. "为己之学" 探析 [J]. 理论学刊, 2006 (3)

86. 彭薇. 团队管理的问题与策略 [J], 商场现代化, 2008 年 9 月 (下旬刊)

87. 蒲建彬. 中庸思想在领导决策中的运用 [J]. 理论探讨, 2007 (2)

88. 苏东水. 论东西方管理的融合与创新 [J]. 学术研究, 2002 (5)

89. 邵龙宝, 李晓菲. 儒家伦理对当下中国人的影响 [J]. 文史哲, 2005 (6)

90. 孙实明, 卢美华. 论传统文化的仁与忠恕 [J]. 学术交流, 1999 (5)

91. 孙健, 田星亮. 中庸之道的现代转型及其管理价值 [J]. 甘肃社会科学, 2010 (1)

92. 史文. 儒家的天道贯通观——人与社会及自然的和谐之道 [J]. 兰州学刊, 2005 (5)

93. 吴元樑. 市场经济和企业伦理 [J]. 哲学研究, 1997 (5)

94. 吴铸新. 论中国儒家思想的仁学 [J]. 华中农业大学学报 (社会科学版), 2009 (2)

95. 夏道辉. "和" 的思想与团队精神 [J]. 闽西职业大学学报, 2003 (2)

96. 夏显泽. "天人合一": 儒家关于和谐社会的价值追求 [J]. 昆明理工大学学报 (社会科学版), 2006 (3)

97. 向世陵. 儒家人文精神与快乐境界 [J]. 河北学刊, 2006 (4)

98. 王颖. 试析荀子的理想人格理论 [J]. 北京青年政治学院学报, 2006 (1)

99. 王丰. 孔子 "无为而治" 思想刍析 [J]. 史学月刊, 2008 (8)

100. 王志东. 孔子的政治理想与无为而治 [J]. 湖南大学学报 (社会科学版), 2006 (2)

101. 徐柏青. 有为而进无为而治——略论孔子的政治思想 [J]. 江汉石油

学院学报（社科版），1999（4）

　　102. 徐群，韩雯. 以无为而治的组织文化构建和谐组织 ［J］. 华东理工大学学报（社会科学版），2006（2）

　　103. 肖忠群. 儒家为己之学传统的现代意义 ［J］. 齐鲁学刊，2002（5）

　　104. 阎钢. 儒家仁学思想对构建和谐社会的当代价值 ［J］. 西南民族大学学报（人文社会科学版），2007（5）

　　105. 袁闯. 论儒家组织人本主义的管理哲学 ［J］. 复旦大学学报（社会科学版），1996（2）

　　106. 杨晓智. 儒家伦理与企业社会责任 ［J］. 经济论坛，2006（12）

　　107. 杨丹地. 儒家组织理论与家族式管理 ［J］. 经济界，1997（4）

　　108. 赵靖. 谈孔子的管理艺术 ［J］. 孔子研究，1998（4）

　　109. 张曙光. 关于管理的哲学思考 ［J］. 河南大学学报（社会科学版），1997（1）

　　110. 张践. 忠恕之道的现代价值 ［J］. 学术界，2004（108）

　　111. 张华强. 中庸：经理人的职业精神 ［J］. 现代企业文化，2008（Z2）

　　112. 周建波. 从管理与文化的关系看中国特色的管理学 ［J］. 管理学报，2007（2）

　　113. 朱丹. 论先秦儒家思想中的人和取向——兼论其对现代企业的意义 ［J］. 江西社会科学，2002（6）

　　114. 郑国锋，李万明. 浅析我国企业中的非正式组织 ［J］. 现代管理科学，2008（4）

　　115. 邹振卿. 孟子大丈夫理想人格的内涵及其精神特征 ［J］. 郑州航空工业管理学院学报（社会科学版），2010（2）